Pickwick: Feminine Chicanery (Kadın Hilesi)

An Ottoman Turkish Reader

پیق ویق
قادین حیله‌سی

Edited and Translated by

Dr. Züleyha Çolak, Damian Harris-Hernandez, Shuntu Kuang

Contributing Translators:

Nadia Abedi, Tolga Kobas, Adrien Zakar, Christin Zurbach

Deep Institute Online !

www.deepinstitute.org

www.deepapproach.com

Certificate in Deep Education

Copyright   2019 by *Deep Education Press*
A subsidiary of Deep University Inc., Wisconsin, USA
Member of Independent Book Publishers Association (IBPA)

All rights reserved. Permission is granted to copy or reprint portions up to 5% of the book for noncommercial use, except they may not be posted online without written permission from the publisher.

For permissions, contact: publisher@deepeducationpress.org

ISBN   978-1-939755-41-4 (Paperback)
Library of Congress Cataloguing-in-Publication Data
1. Language Education, Turkish, Ottoman, Teaching
Keywords: Ottoman Turkish language, Ottoman Turkish textbook, Ottoman Studies, Turkology
Public: Teachers, Students, Academia
Cover: Ceramic tile from Rüstem Pasha Mosque Istanbul, photo I. Druc.
Front cover page design by Halit Omer Camci.

Blue Mounds, Wisconsin, USA

Table of Contents

Comments by Reviewers	iv
Foreword by Dr. Züleyha Çolak	v
Mister Pickwick and the Mystery of the Pseudo-translation by Damian Harris-Hernandez	vii
Guide to Usage	ix
Reproduced Ottoman Turkish Text of *Pickwick: Kadın Hilesi*...	1
Ottoman Turkish Text with Modern Turkish Transliteration and English Translation	87
Select Glossaries by Folio (by order of first appearance)...	258
Glossary by Alphabetical Order	294
Bibliography	326
Biosketches	327
Deep Education Press and Guide to Authors	328

Comments by Reviewers

An intriguing Ottoman Turkish reader with authentic content. Dr. Çolak and other contributors seem to have paid extraordinary attention to details and made a valuable contribution to multiple fields (Ottoman Turkish Studies, Applied Linguistics, among others) with their exceptional professionalism.

This reader has many outstanding qualities: Pedagogically, it is a gem and one of a kind with the brilliant choice of its content that will motivate any reader. I have no doubt students and readers of Ottoman will be more than willing to finish reading it as soon as they can and improve their Ottoman reading skills on the way. In fact, I can imagine fans of mystery/crime novel genres enjoying *Pickwick: Feminine Chicanery/Kadın Hilesi*. Both the English translation and the modern Turkish transliteration are seamless and smooth. I strongly recommend this reader to anyone who studies or teaches Ottoman Turkish. It can be a self-study reader as well as a book to be adopted in teaching Ottoman Turkish.

— Gülşat Aygen,
Professor of Linguistics and Presidential Teaching Professor
English Department, Northern Illinois University

Müthiş bir çalışma. Gerçekten çok yararlı olacak "Osmanlıcaya Giriş" derslerinde. Ben şahsen kullanacağım önümüzdeki yıldan itibaren. Seni ve öğrencilerini candan tebrik ediyorum. Gönülden, dervişane yapıldığı belli. O yüzden de çok yararlı. Başarılarının devamını dilerken baki selam ve sevgilerimi gönderiyorum!

— Kemal Silay,
Chair Professor, Central Eurasian Studies and Director, Turkish Studies Program
Department of Central Eurasian Studies, Indiana University Bloomington

Foreword

by Dr. Züleyha Çolak

(Columbia University)

The classroom for me is like a laboratory, to see whether things work out or not. I look for shining and excited eyes, an interest and eagerness on the part of the students. When I first encountered Tochon's Deep Approach in the summer of 2009, just before I started teaching at Columbia, I thought this was great idea to test out in my classroom. I worked with Dr. Tochon on the philosophical roots of the Deep Approach, its theoretical background and its implementation in the classroom. I was amazed with its depth, and the approach resonated with my understanding at a level that only increased my fascination over time.

My introductory Turkish class was the first opportunity I had to compare the results with more conventional approachs. And the results were impressive. I felt I had found a treasure, and I wanted to share it with more students. Thus, I started pondering about possibilities of implementing Tochon's Deep Approach in my first-year Ottoman Turkish class. American students are normally required to take two years of modern Turkish before even starting to explore the Ottoman language. To me it was too much time to wait, especially for the graduate students of Ottoman history. Hoping to circumvent this time-consuming process, I was intrigued by the possibility that students could start reading Ottoman earlier.

I was having a difficult time finding truly authentic materials for students who had only one year of Turkish and a limited vocabulary to transition to authentic Ottoman materials. Authentic literary and historical texts have excessive new vocabulary and complex syntax structure not suitable for students who have just been introduced to Turkish grammar. We needed authentic materials which could help them initiate their transition and facilitate their interaction with the text in an enjoyable fashion. In the summer of 2011, I was in Turkey wandering around Bayezid, the old rare book bazaar to see if I could find some easy-to-read, interesting, and fun but useful material for my American students. I came across *Pickwick: Kadın Hilesi/Pickwick: Feminine Chicanery*, a short detective novel which takes place at the beginning of the 20th century in New York, and it sparked much interest by providing a curious story and a text that meets the needs of a beginner student. The novel features comparatively short sentences in dialogues, but a complexity of topics that keeps providing suspense in the unfolding of the events, and introduces new vocabulary at a level where students can maintain active learning.

American classrooms of Ottoman are made up of students who are mostly graduate students and some undergraduate students who have taken Turkish for a year and planning on reading authentic Ottoman materials, including archival documents. While having some background in Turkish grammar, they lack the required vocabulary and knowledge of grammar specific to Ottoman. Instead of dealing with linguistic details of such a complex language like Ottoman, they need to delve into texts they can understand and increase their vocabulary in a shorter period of time in an enjoyable fashion. *Pickwick: Kadın Hilesi/Pickwick: Feminine Chicanery* combines all these features in a way that provides authentic vocabulary.

After starting work on *Pickwick: Kadın Hilesi/Pickwick: Feminine Chicanery* with joy and excitement, the possibility of publishing it as a reader for beginners made it even more captivating and engaging for the students. They formed editorial committees for the Turkish, Ottoman, and English translation, and started working on it as a hobby in their free time. The reward was the joy of creating and publishing a new material for public use and helping others to learn Ottoman in a fun and engaging way. The teamwork required to create a real-life project, even as they were still learning, sparked a genuine connection among the team members. The purpose of Deep Approach is to teach students how to walk right from the beginning; this project is a real product that came from this understanding. According to motivational research, self-determination and self-success create a strong sense of fulfillment. Deep Approach focuses on process rather than outcome per se, diminishing the fear of failure. The goal is for students to become responsible curriculum builders, and to learn for proficiency instead of merely passing exams. This was exactly what was happening in this class with this material.

What fascinated me the most is the fact that when students were allowed to act as curriculum builders and implement their topics of interest in the curriculum, they demonstrated ownership and performed with more creativity. It kept them working on the material even after the course was over. Now that they have decided what they want to study as class material, I did not feel the need to control what they were working on. They took responsibility and ownership of the materials. The class dynamics had changed from being a controlled classroom to a more dynamic, independent and interactive atmosphere that fostered creativity. This reader is a result of intrinsic motivation and diligent work by my once Ottoman class students— now my colleagues— Shuntu Kuang and Damian Harris-Hernandez. As a result of their eagerness, motivation and tireless efforts, we are grateful to see it published today. As members of our team, Nadia Abedi, Tolga Kobas, Adrien Zakar, and Christin Zurbach contributed to the modern Turkish transliteration and English translation. A grateful applause to all these teammates. I feel very humbled to be a part of the project and very thankful to have worked with such amazing students in an experience that helps me grow and feel humble at the same time. At the same time, I cannot be thankful enough to my partner in life Ihsan who has always been a great support in all endeavors in my life.

Mister Pickwick and the Mystery of the Pseudo-translation[1]

by Damian Harris-Hernandez

Kütüphane-i Sudi published a peculiar detective series in 1921 featuring the "famous American police detective Pickwick," at a time when Istanbul was under occupation by foreign armies. While Turkey's detective fiction expert Erol Üyepazarcı regards the series as a translation,[2] we propose that the series is a pseudo-translation, produced either to capitalize off the heated British versus American mandate discussion or to influence it. It is nearly a century later that we, as students of Ottoman Turkish, became interested in this text, not only as a teaching material, but also as a linguistic artifact and historical document. We have transliterated the text into modern Turkish and translated it into English, most likely for the first time, with the hope that it would help learners transition from modern Turkish to Ottoman Turkish.

In *Kadın Hilesi*, one of the series' eight books, textual clues and the novel's Mithat-esque ending belie its authenticity. Under the guise of a translation, the Ottoman author creates a powerful yet merciful American detective and a beautiful and beguiling antagonist against the backdrop of an imagined New York City at the turn of the twentieth century. Certain clues found in *Kadın Hilesi* reveal its Turkish origin. Gideon Toury suggests that if authors of pseudo-translations genuinely wished for their work to pass as a translation, then they would make an effort to mimic the original texts.[3] Yet inaccurate place descriptions in the novel expose the author's unfamiliarity with New York geography and the spelling of proper nouns follows a French, rather than an English, phonetic system. Both details point away from a single American source text and towards a multiplicity of influences, many if not all of them French. Elaborate Turkish idioms and forms of address also flag the work as a pseudo-translation. For example, Pickwick's client, Clarita Downing, addresses the detective in earnest as "Your Most Sublime Excellency," a form of address suitable for a sultan in Istanbul, not a police detective in New York City.[4] Also, the series' illustrated covers credit neither an author nor a translator, and no source text has turned up anywhere.[5]

The 88-page novel runs through the expected proceedings of a detective story up until the last few pages. The client approaches the detective with a problem, he listens to her testimony, goes undercover to investigate, and deduces

---

[1] This essay was originally written as part of Damian Harris-Hernandez, "Prowling the Avenues of Contested Imaginings."
[2] Erol Üyepazarcı, *Korkmayınız Mister Sherlock Holmes!*, 564.
[3] Gideon Toury, *Descriptive Translation Studies and Beyond*, 45.
[4] *Kadın Hilesi*, fol. 16.
[5] No detective named Pickwick appears, under any spelling variation, in Stanford University's extensive dime novel collection, nor do searches in major online databases turn up anything besides Charles Dickens' character of the same name. But Dickens's character, Samuel Pickwick, lives in London and does not solve crimes.

the guilty party. When Pickwick barges in on the criminals, he even pulls off his disguise and announces, "I am Pickwick!" à la the French detective Vidocq. The detective has at his mercy the villain and her gang of criminals, who have just broken into his house the night before and kidnapped his assistant Kathy. But then the detective does something unusual, at least in American detective fiction. He decides to let the criminals go, giving them twenty-four hours to vacate the city. "Sooner or later," he assures them, "You will be avenged by the hand of justice."[6] But if Pickwick has already decided to free them from his grasp, who will administer justice? The situation leaves little room for doubt that Pickwick is referring to divine justice. The ending places *Kadın Hilesi* closer to Mithat's *Esrar-ı Cinayat* than it does a Nick Carter or Nat Pinkerton dime novel, where the criminal receives justice at the hand of the detective and the law. Mithat's innovation proves to be influential to the genre.

The *Pickwick* series stands out as an anomaly among other early twentieth-century Turkish pseudo-translations. The numerous Sherlock Holmes series, for example, aimed to capitalize on the success of popular authors and characters.[7] Instead the work conceals all authorship and features an original and unknown American detective hero. By eliminating the general markers of familiarity, the publisher banks *Pickwick*'s success entirely on the genre's popularity and the detective's foreign appeal. The fact that Sultan Abdulhamid II loved detective novels and that the series came out in 1921 amid a fierce debate may have guaranteed the publisher a substantial readership. When the Allied powers had occupied Istanbul the previous spring, they presented the empire with two possibilities: a British mandate, or an American one.[8] The third option of course, was the struggle for independence. But the palace entourage and the high-level bureaucrats supported a British Mandate, which would secure their power, yet at the expense of political and economic sovereignty. Others, including Halide Edip Adivar, advocated for an American mandate, which claimed it would prevent further territorial loss and grant greater autonomy.[9] Amid this dispute, a cover that boasts an American detective may arouse curiosity, while the story in which the American hero defeats his enemies only to let fate have its way, may direct sympathies to the American mandate cause.

The *Pickwick* series was unlikely to be the translation it purported to be. Instead, we suggest that the stories were local productions that aimed to appeal to readers anxious over foreign rule. The American detective's mercy on his adversaries could hope to assuage fears in a time of anxiety over possible American rule. And the victorious detective's subordinate position to the divine would be appealing at a time of political and civil instability following World War I when foreign powers threatened to carve up the empire.

---

[6] *Kadın Hilesi*, fol. 88.
[7] Tahir-Gürçağlar, *Politics and Poetics, 1923–1960*, 134.
[8] Feroz Ahmad, *From Empire to Republic*, 198–99.
[9] Adivar, *Memoirs of Halidé Edib*, xi.

Guide to Usage

The core contents of this reader are the reproduced Ottoman Turkish text of *Kadın Hilesi*, its modern Turkish transliteration, and its English translation. Though *Kadın Hilesi* is a very late Ottoman Turkish work, its orthography still suggests the older pronunciation of many words. Our modern Turkish transliteration always gives the present-day pronunciation of the words, but will often include the older pronunciation in parenthesis at the first appearance of a word, for instance, "için (içün)." This transliteration method is meant to ease the transition for students with prior knowledge of modern Turkish attempting to learn Ottoman. The English translation attempts to strike a balance between smooth-flowing English and capturing the maximum scope of the meaning of each sentence. As such, it is not a literal translation, and the glossaries should be consulted to better understand unfamiliar Ottoman Turkish vocabulary.

To encourage reading Ottoman Turkish without transliteration or translation, the following section features only the Ottoman Turkish text. It is strongly recommended that the learner attempts to read this first. The subsequent section features the same Ottoman Turkish text alongside modern Turkish and English. The glossaries are at the end of this book, first displayed by order of appearance and then by alphabetical order.

Abbreviations Key for Glossaries

(Ar.)	Arabic origin
(Per.)	Persian origin
(Tr.)	Turkic origin (only indicated when necessary)
Turkish:	meaning(s) that may be unique to Turkish for non-Turkic words
Pl.	Plural
Syn.	Synonym
Masc.	Masculine form (Arabic words only)
Fem.	Feminine form (Arabic words only)

This page intentionally left without other text

Reproduced Ottoman Turkish Text of
Pickwick: Kadın Hilesi

(It is recommended that learners attempt to first read the Ottoman Turkish text without the modern Turkish or English)

ـ [سودی] نك ضابطه رومانلری كلیاتندن

پیق ویق

آمریقالی مشهور پولیس خفیه سی [پیق ویق]ك شمدی یه قدر امثالی نشر اولنمه مش اسرار انكیزمراق و هیجانلی سركذشتلرندن

قادین حیله سی

هر كتاب باشلی باشنه بر سركذشتی محتویدر

صاحب و ناشری : كتابخانهٔ سودی

استانبول ـ باب عالی جاده سی

۱۹۲۱

قادين حيله سى
ميراث غصبى

كبار قيافتلى بر قادين , پيق ويقك صالوننده اوطوره رق پوليس خفيه سنى بكليوردى.
براز صوكرا پيق ويق ايچرى كيره رك نازكانه اكيلدى , زائره , آياغه قالقه رق :
ـ ميستر پيق ويقله مى كوروشمك شرفيله مباهى اولويورم ؟ دييه صوردى .
ـ أوت، مادام .. سبب زيارتكزى آكلايه بيلىرمى يم ؟
ـ بر آز بنمله مشغول اولمكزى رجا ايتمك ايچون كلدم ..
ـ نه كبى بر ايش ايچون مادام ؟
ـ غايت اسرارانكيز بر ايش ..
ـ آكلايورم ..
ـ بكا معاونتده بولونمغى وعد ايدييورميسكز ؟
ـ ايشك نه اولدوغنى آكلامدن سوز ويره مم .. فقط ، لطفاً سويلييكز . اولا ، كيم اولدوغكزى سويلرميسكز ؟

ـ اسمم قلاريتا دوونينغدر .
ـ مادامّى ، مادمازه لميسكز ؟
ـ متأهل دكلم .
ـ پك اعلى ، يوزكزى كوسترمك ، ايچون لطفاً پچه كزى قالديرر ميسكز ؟
زائره ، بر آز تردد ايتدى ؛ فقط ، پچه يىده قالديردى .
ـ پيق ويق ، قادينك صوكدرجه كوزللكى قارشيسنده مبهوت قالدى ، بويله كوزل و جاذبه لى بر قادين كورممشدى .. قلاريتا , حقيقتهً بر تمثال ملاحت ايدى . قادين :
ـ خيلى زماندنبرى ايلك دفعه اوله رق بر يبانجى يه يوزمى كوسترييورم .. ديدى .
ـ يوزكزى كيمسه يه كوسترمك ايسته ممكدهكى سبب نه در ؟
ـ بنمله ديكر بر قادين آراسنده كى مشابهت ..
ـ او قادين كيمدر ميس ؟
ـ اونك ده آدى قلاريتا دوونينغدر .
ـ نه دييورسكز !. ديمك ، بربرينه تماميله بكزه ين وعينى اسمى طاشيان ايكى قادين موجود اويله مى ؟
ـ اوت ، اويله افندم .
ـ غريب بر جلوۀ تصادف ..
ـ بو بر تصادف دكل ، بر جرم ..
ـ بر جرممى ؟
ـ اوت؛ چونكه، كنديسنه قلاريتا دوونينغ اسمنى ويرن او قادين بو اسمى طاشيمق حقنى حائز اولمديغى كبى بر دسيسه ايله اله كچيرديكى

۵
ثروتی ده محافظه ایتمك حقنه مالك دکلدر. ایشته سزه، حقمی میدانه چیقارمکزی رجا ایچون کلدم، میستر پیق ویق ..
ـ او ساخته میس دوونینغك حقیقی اسمی نه در؟
ـ بیلمیورم .
ـ اونی طانمیورمیسکز؟
ـ خایر ..
ـ بو قادین ، اقربالرکزدنمیدر؟
ـ اونی ده بیلمیورم .
ـ غریب شی .
ـ اوت بن ده غریب اولدوغنی اعتراف ایده رم .
ـ لطفاً دها آچیق سویلرمیسکز ؟
ـ میستر پیق ویق طبیعی ایشیتمشسکزدر ، بعض کیمسه لر واردر که بربرلرینه صوکیدرجه ده بکزرلر و حتی اك یقین اقربالری بیله بونلری تفریقده دوچار مشکلات اولورلر .
ـ اوت .
ـ لاکن ، اوچ کیشینك بو صورتله بربرلرینه بکزه مسنی هیچ (هیچ) ایشیتمدیکز دکلمی؟
ـ خایر ایشیتمدم .
ـ ایشته باشمه کلن فلاکته بو اوچ مشابهت سبب اولدی .
ـ دیمك ، بربرینه بکزه ین اوچ کیشی وار ؟
ـ اوت ؛ میستر پیق ویق . بربرینه او قدر بکزه ین اوچ کنج قیز وار که بونلری بربرندن تفریق ایتمك غیر ممکن .

- پكى اما ؛ ماضيدن نه يه بحث ايدييورسكز ؟
- چونكه ، بو اوچ قاديندن برى وفات ايتمشدر .
- هانكيسى ئولديكنى بيليورميسكز ؟
- خاير .
- سزه بكزه ين بو ايكى قاديندن برينك سزكله قرابتى وارمى ؟
- اوت بز قارده ش چوجوقلرى ايدك ويا قارده ش چوجوقلرى يز .
- يا ، اوته كى ؟
- اونك بزمله هيچ قرابتى يوقدر .
- ميس ، هپكزده عين سنه ده مى تولد ايتديكز ؟
- تيزه زادهمله بن , عين كون و همان عين ساعتده تولد ايتمشز .
يالكز ، او نيويوركده دوغمش ، بن ، مادريدده .
- يا ، اوچنجى كنج قيز ؟
- اونك نره ده و نه تاريخده دوغدوغنى بيلميورم .
- ديمك، او تماميله اسرارانكيز بر شخص ؟
- اوت .
- تيزه زاده كزك اسمى نه در ؟
- اكر حالا بر حيات ايسه اسمى ايزابه ل دانتوندر ..
- قرابتكز والده جهتندن دكلمى ؟
- اوت, والده لرمز ايكيز ايدى .
- شيمدى بو اوچ شخصه برر نومرو ويرهلم. سز، بر نومرولى ؛ تيزه زاده كز، ايكى نومرولى، مجهول قادينده اوچ نومرولى اوله جقسكز .
- پك اعلى .

- اوچنجی نومروڭ موجوديتندن نه وقت خبردار اولديڭز ؟
- تقريباً درت سنه اول .
- نه صورتله ؟
- بو قادينه، بو فالوده بر رفيقه مڭ نزدنده تصادف ايتدم .
- رفيقه كزی زيارته می كيتمشديڭز ؟
- اوت .
- او حالده ناصل اولويورده بو قادينڭ اسمنی بيلميورسڭز؟ رفيقه ڭز، اونی سزه تقديم ايتمدیمی ؟
- خاير، بوڭا لزوم كورمدی . بيق، حيرتله :
- نيچون؟ دييه صوردی .
- چونكه او قادين كنديسنه تيزه زاده م ايزابه ل دانتون سوسنی ويرمشدی .
- يا!. مادامكه بربركزه بو قدر بڭزييورديڭز ، او حالده اوچ نومروڭ تيزه زاده ڭز اولمديغنی ناصل بيليورسڭز ؟
- تيزه زاده مڭ آياغی بور غولديغی ايچون اوطه سندن چيقامديغنی بيليوردم .
- بوڭا تماميله امينمی ايديڭز ؟
- اوت .. هيچ شبهه م يوقدی ..
- آلدانمش اولمڭزڭ احتمالی يوقميدر ؟
- خاير .. بوڭا تماميله امين ايدم .
- نه صورتله ؟
- بو فالويه كيتديكم زمانده، تيزه زاده مڭ كندی اونده بولونديغنی تحقيق ايتدم .

ـ بالذاتمى كيدوب كورديكز ؟
ـ خاير ؛ او ، نيويوركده ، بن بوفالوده ايدم .
ـ او حالده , نه وجهله امنيت قطعيه حاصل ايتديكز ؟
ـ اوشاغمى كوندرمشدم .
ـ اوشاغكز شايان اعتماد بر آدممى ايدى .
ـ از هر جهت شايان اعتماد ايدى ..
ـ او آدام شيمدى نره ده ؟
ـ ئولدى ..
ـ نه وقت ئولدى ؟
ـ سويلديكم حادثه دن بر سنه صوكرا .. زاوالينك زهرلنمش اولدوغنه كسب قناعت ايتدم .
ـ نه‌يه زهرلنمش اولسون ؟
ـ آنى اوله رق و غايت اسرارانكيز صورتده ئولدى .
ـ سبب وفاتى نه اولدوغنى ميدانه چيقارمق ايچون اطبايه مراجعت ايتديكزمى؟
ـ خاير ؛ چونكه ، حين وفاتنده بنم خدمتمده دكلدى .
ـ كيمك ياننده ايدى ؟
ـ كرك ايكى نومرونك ، كرك اوچ نومرونك يانند ايدى .
ـ نه ؟ سزه بودرجه صادق اولدوغنى سويلديككز بو آدام سزدن آيرلديمى ؟
ـ حالا , بنم خدمتمده بولوندوغنى ظن ايديييوردى .
ـ عجائب !. ايش قاريشيور .. اوشاق ياشليمى ايدى ؟

٩

ـ اوت.. بن دوغديغم زمان اوياشلى بر آدمدى .
ـ ديمك، نوعما بر عائله ميراثى كبى بر شيدى ، اويله مى ؟
ـ اوت ، ميستر پيق ويق .
ـ سزى تا بشيكدن برى طانيان بو اوشاقده آلداتدى اويله مى ؟
ـ اوت ، بر مدت ايچون ..
ـ بو صورتله تحديددن مقصدكز نه در ؟
ـ زواللينك زهرلنه رك وفات ايتمسنه سبب، قربانى اولدوغم دسيسه يى كشف ايتمش اولمسيدر .
ـ بو دسيسه يى كشف اولنديغنه امينميسكز ؟
ـ اوت ؛ وفاتندن بر كون اول كنديسندن بر مكتوب آلدم .
ـ مكتوب پوسته ايله مى كلدى ؟
ـ خاير، بر قوميسيونجى كتيردى .
ـ او مكتوبى صاقلاديكزمى ؟
ـ اوت ، يانمدهدر .
: ـ زائره، مكتوبى پوليس خفيه سنه اوزاتدى. پيق ويق، اوقودى
عزيز ميس قلاريتا ،
بنى آلداتديلر ؛ حقكز وارمش .. و شيمدى اصيل خانممك كيم اولديغنى بيليورم . بعض غير قابل رد دلائل الده ايتمسه ده يولده غائب اولملرندن قورقديغم ايچون بونلرى سزه كوندرمكه جسارت ايده‌ميورم . فرصت بولور بولماز بالذات كتير‌هجكم . دون بردنبره خسته‌لندم و بوكون پك فنا بر حالده يم . اكر يارين ايپلشمزسه‌م ، هر تهلكه يى كوزه آلارق مذكور دلائلى تشكيل ايدن اوراقى سزه

بری ایله کوندرهجکم یکانه آرزوم , هویتکزی انکار ایتمك صورتیله سزه قارشی یاپمش اولدوغم حقسزلغی عفو ایتمکزدر ..
« صوك نفسنه قدر صادق بنده كز »

« فیلیپ »

مکتوبده ، آیریجه برده حاشیه واردی :
بو دلائلی بندن چاله چقلرندن اندیشه ایتمیکز ، بوتون اوراقی بر پاکت یاپارق امین بریره صاقلادم . پاکتك اوستنده : « ۱۷ ـ آ » یازیلی اولدوغندن کورونجه درحال طانیرسکز پیق ، دالغین بر حالده
ـ غریب بر مکتوب .. دیدی .. ایرتسی کون سزی صحتندن خبردار ایتدیمی ؟
ـ خایر .. بو مکتوبی یازدقدن بش ساعت صوکرا وفات ایتمش
ـ زهیرلنمش اولدوغنه قانعمیسکز ؟
ـ اوت .
ـ فیلیپك مکتوبده بحث ایتدیکی « ۱۷ ـ آ » مارقه لی پاکتی آرادیکزمی ؟
ـ بو آنه قدر ، آرامقدن منع ایدلمشدم .
ـ سبب ؟
ـ بنی موقوف بولوندوردیلر .
ـ نرهده ؟
ـ بونی سزه سویلرسه م اینانمیه جغکزدن قورقارم .
ـ سویلمکز لازم ..

١١
ـ خصوصی بر دارالشفاده ..
ـ یا !.
ـ اوت . حقمی مصراً طلب ایتدیکم ایچون بنی اورایه کوندردیلر .
ـ کیمك طرفندن وقوعبولان مراجعت اوزرینه دارالشفایه کوندرلمکز تقرر ایتدی ؟
ـ بوکون کندیسینی قلاریتا دوونینغ دییه طانتان قادینك مراجعتی اوزرینه .
ـ نه مدت اورایه کوندرلدیکز ؟
ـ اوچ سنه قدر اولیور . آنجق دون او منفور یردن قاچمه یه موفق اولدم .
ـ قاچدیکزمی ! دارالشفا نره ده در ؟
ـ قناداده، هونتینغتونده .
ـ کیمك طرفندن اداره ایدیلور ؟
ـ دوقتور سیپلین نامنده بری طرفندن .
ـ وظیفهم ، سزی در حال اورایه کوندرمك اولدوغنی بیلیورمیسکز میس دوونینغ ؟
ـ اوخ ! میستر پیق ویق .. بنی ئولدیریکز ، فقط اورایه کوندرمیکز .
ـ مستریح اولکز ، بویله بر حرکتده بولونمیه‌جغم ..
کنج قیز ، پولیس خفیه سنه قورقو ایله باقیوردی .. پیق ویقك خیرخواهانه سوزلری اوزرینه مستریح اولدی . کوزیاشلرینی توقیف ایتمکه مقتدر اوله مقسزین متألمانه بر طورله :

- سوزلرمه اعتماد ایدییورمیسکز ، میستر بیق ویق ؟ دلی اولمدیغمه امینسکزیا ؟ دییه صوردی .
- میس «۱۷ ـ آ» مارقه لی پاکتی معاینه ایتدیکم زمان سزه بو خصوصده بر جواب ویره جکم او آنه قدر ، عقللی اولدوغکزه حکم ایتمکه چالیشه جغم ..

چالنمش طاسم

- میستر بیق ویق ، اکر درعهده ایده جك اولورسه كز سزه ایشمی میدانه چیقارمق وسائطی تهیه ایتمك مقصدیله دها سویلیه جك بر چوق سوزلرم وار .
- سزی دیکلیورم .
- اولا شونی اعتراف ایده یم که ، شیمدیلك یالکز یوز دولارقدر بر پاره م وار . فقط، پاره سزلغم موقتدر.
- طبیعی ، بو پاره بر ثروت دکلدر .
- خایر . سزه ، خدمتکزه مقابل پاره ویره جك بر حالده دکلم .
بونك ایچون بر آز بكلمكلكم ایجاب ایده جك .
- نه یی بکلیه جکسکز ؟
- «۱۷ ـ آ» مارقه لی پاکتی بولمکزی.
- اکر بوکا موفق اوله جق اولورسه م ؟
- بن ده ثروتمه تصرف ایده جکم .
- میس دونینغ ، میراث مهمجه بر شیمی ؟

- پدرم بكا بر ميليون دولاره يقين بر پاره براقدى .
- والده كزده وفات ايتديمى ؟
- اوت .. اون بش سنه اول .. يكرمى آلتى ياشندهيم .
- ديمك شيمدى، سزه بكزه ينلردن هانكيسنك ثروتكزه تصاحب ايتديكنى و هانكيسنك ئولديكنى بيلميورسكز دكلمى ؟
- خاير .
- جداً غريب !
- وقايعه آكاه اولانلر، تيزه زادمك ئولديكى ، اوچ نومرولو مجهول قادينك دار الشفاده بولوندوغنى و بنم ده ثروتمه تصاحب ايتمش اولدوغمى ظن ايدييورلر .
- نه چپراشيق ايش !
- سزه سويلدم .. ايش پك چتالليدر .
- بو غريب مجادله نك وقوعنه سبب اولان مالكانه نرهده كائندر .
- هودسون نهرينك صاغ ساحلنده دوه ست پوآنه قريب بر محلده .. مالكانه يه « قليف قاستل » دينير .
- ساخته تيزه زاده كز نه وقت اولمش ؟
- قنادايه حركتمدن اون بش كون اول .
- صوك نفسنى نره ده ويردى ؟
- قليف قاستلده.. اونك ده فليپ كبى زهرلنه رك وفات ايتديكنه قانعم .
- شيمديلك , تيزه زاده كزك ئولديكنى و اوچ نومرولو مجهول قادينك كنديسنى قلاريتا دوونينغ ديه طانيتديغنى قبول ايدهجكز.

- ناصل ایسترسه کز ، میستر پیق ویق .
- تیزه زاده کز وفات ایتدیکی وقت سز نره ده ایدیکز؟
- بوراده نیو یورقده .
- نه یاپیوردیکز ؟
- میراثمی الده ایتمك ایچون بعض تشبثاته باشلامشدم .
- نه صورتله باشلادیکز ؟
- بر آووقاته مراجعت ایتدم . وقعه یی دیکله ینجه ، بکا آجیر کبی کوروندی و حقمی میدانه چیقارمق ایچون یری کوکی آلت اوست ایده جکنی وعد ایتدی . ایشته ، بنی بیمارخانه یه سوقان بو سفیل حریفدر .
- اوت، آكلادم .. خریف ، ظاهراً سزك منفعتکزی کوزه‌تیر کبی داورانمش و فقط ، اوته كی طرف ایچون چالیشمش .
- اوت ، میستر پیق ویق .
- بو آووقاتك آدی نه در ؟
- غره نلاف .
- کیدوب اونی کوره جكم. سزك نامکزه دعوا یه باشلادیغی زمان نه کبی بر طرزده حرکت ایتدی .
- بو بابده سزه مهم بر شی سویلیه مم «میستر پیق ویق» بو آدام بر چوق کاغد قارالادی. نهایت بکا ، املاكمك اعاده سنی بالذات طلب ایتمك اوزره قلیف قاستله كیتمکلکمی توصیه ایتدی ؟
- قلیف قاستلده نه جریان ایتدی ؟
- بکا بر دلی ایمشم کبی معامله ایدلدی. ایستدیكم قدر سویلمه مه مساعده اولوندی ؛ فقط ، سوزلرمه قهقهه ایله جواب ویرلدی

١٥

نهايت ، وقت آخره تعليق قيلندى .

ـ ديمك، دشمنكزله بر دفعه دها ملاقات ايتمك مجبوريتنده قالديكز ؟

ـ اوت ؛ ينه قليف قاستلده .

ـ اصولى دائره سنده اويوشوله جغنى اميد ايدييور ايديكز دكلمى ؟

ـ اوت ميستر پيق ويق .

ـ آووقاتكز سزه بو خصوصده تأمينات ويرمشميدى ؟

ـ اوت .

ـ غره نلافك سزه قارشى آلچقلق ايتمش اولدوغنى آكلار كبى اولويورم ؛ نه ايسه ، دوام ايديكز .

ـ يكى ملاقات اوچ خفته صونكرا وقوعه كله جكدى .

ـ آكلاديغمه كوره ، تيزه زاده كز بو ايكى ملاقات آراسنده كى زمان اثناسنده وفات ايتدى دكلمى !

ـ اوت .. ملاقات ده اولمدى . مطالباتم نظر اعتباره آلنمدى . بنى معاينه ايتديردیلر. هر ايشى ياپمق ، محكمه دن كلمش ظن ايتديكم و فقط صوكرا طبيب اولدوقلرينى آكلاديغم ايكى ذاتدر .

ـ سزك دلى اولدوغكزى سويلديلر دكلمى ؟

ـ اوت .

ـ او وقت نه اولدى ؟

ـ سزه سويلديكم و جهله ، بنى قناداده بر دار شفايه كوندردیلر و بكزه رم ده ، يالكز اسممى دكل ، بوتون اموال و ثروتمى غصب ايدره ك دعوى مصارفمله بيمارخانه مصارفمى ويره جكنى سويلدى .

پيق ويق :

اصالت بويله ايجاب ايتدیرر .. دییه استهزا ایتدی .
ـ اوت , بكا قارشی جعلی بر مرحمت كوستردی ... بالخاصه ، اسممی ، حال و موقعمی ، ولادتمی كشف ایتمك امكانسزلغندن دولایی اظهار تأثر ایدییوردی. غایت خیرخواهانه بر وضع و طورله ، ثروتنی غصب ایتمك تشبثنده بولوندوغمدن دولایی بكا كوجنمیه‌جكنی ده سویلدی . بعضیلرینك ، بنم دار الشفایه دكل حبسخانه یه كوندرلمكلكم ایجاب ایده‌جكنی بیان ایتملری اوزرینه بو تكلیفی ده حدتله رد ایده‌رك یاپدیغم شیلری ، سائقهٔ جنتله یاپمش اولدوغمدن مسئول اوله میه جغمی بیان ایتدی .
ـ سزك ، قلیف قاستلك صاحب مشروعی اولدوغكزی صورت قطعیه ده اثبات ایده جك بعض تاریخلر و وقعه لر ذكر ایده میورمیدیكز ؟
ـ بر چوق دلائل ابراز ایده‌جكدم ، فقط سوز سویلتمدیلر كه .. حتی ، تحقیق هیئتنی ، كیمسه نك بیلمه دیكی كیزلی بر دولاب بولونان اوطه مه كوتورمك ایستدم ؛ فقط بو سوزلرم ده ، قهقهه لرله قارشیلاندی .
ـ نهایت دلی اولدوغكزه حكم ایتدیلر دكلمی ؟
ـ اوت . بو وقعه دن صوكرا بر مدت حقیقةً چیلدیردیغمی ظن ایدییورم. بویله حقسزلقلره مقاومت ایده بیلمك ایچون انسانك دماغی چلیكدن اولملیدر . مع هذا یواش یواش اییلشدم ، عقلم باشمه كلمكه باشلادی . میستر پیق ویق ، بر كون بورادن فرار و حمایه كزه التجا ایتمك امیدی ، بكا بو مدهش فلاكته تحمل ایتمك جسارتنی ویردی .
ـ بنی طانییورمی دیكز ؟
ـ مهارتكزی ، علو جنابكزی ایشیتمشدم .

- سزی مدافعه ایده جكم .
- اوخ ! سزه نه صورتله تشكر ایده جكمی بیله مم .
- نه سویله سه‌م یاباجقسکز دكلمی ؟
- مع الممنونیه .
- اویله ایسه ، ویره جكم تعلیماتی حرفیاً تعقیب ایده جكسكز .

قادین كمال متانتله :

- مع الممنونیه .. دیدی .
- بر قاچ سؤال دها صورایم ..
- صوریكز، افندم .
- مجهول كنج قیز اولمیدر ؟
- اوچ سنه اول دكلدی .
- او زماندنبری نه اولدیغنی بیلمیورمیسكز ؟
- خایر ، بیلمیورم .
- تیزه زاده كز ، زوجك تحت تأثیرنده میدی ؟
- خایر .
- تیزه زاده كز ، ناصل اولویورده قلیف قاستلده اولمش بولنیور ؟ سوزلركزدن ، میس دوونینغله میس دانتونك قاریشمش اولدقلرینی استخراج ایدر كبی یم ..
- حقیقت بودر عائله لرمزی بربرندن آییران غوغایی سزه بر قاچ كلمه ایله ایضاح ایده جكم .
- بونی پك رجا ایده‌رم .
- اولجه ده سویله دیكم وجهله پدرم زنكین ایدی ؛ ایزابه لك

ابوينى دائما فقر و ضرورت ايچنده ياشايورلردى . والده لرمز ايكيز ايديلر.
ايزابه للہ والده سى ، والده مك وفاتنه قدر بزه صیق صیق كلیر و هفته لرجه قالیرلردى
. او زمانلر تیزه زادمله بن ، اون ایكی یاشلرنده ایدك .
ـ او وقتلر بربركزه بكزه یورمیدیكز ؟
ـ اوت . ایزابه للك والده سى ، اكر قیزندن زیاده شن و شاطر اولمسیدم بزى طانمق
ایچون قوللرمزه مختلف رنكلى قوردە لەلر باغلامق مجبوریتنده قاله جغنى سویلردى .
خدمتجیلرده ، عین صورتله كیندیكمز زمان على الاكثر شاشیررلردى . ذاتاً همان اكثر
زمانلر عین قیافتده ایدك ..
ـ سز ، كیمك تشویقیله عین صورتله كینیر ایدیكز ؟
ـ بونى تیزه زاده م ایستردى بنم البسه لرمى كیمك ویا بنمكیلرینه مشابه البسه یاپدیرمق
پك خوشنه كیدردى . خدمتجیلره كندیسنى بن دییه طانتمق و بنم ناممه اونلره امرلر
ویرمك اك بویوك ذوقى ایدى .
ـ ایشته بوده پك جالب دقت ! انسانك مجهول قیزك ئولدیكى و تیزه زاده كزك ده بو آنده
قلیف قاستلى اداره ایتدیكنى ظن ایده جكى كلیور . نه ایسه، دوام ایدیكز .
ـ یالكز یاكیلمایان پدرم ایدى . و آره مزده كى فرقى پك ایى كوردیكنى سویلردى .
بیلسه كز، پدرمى نه قدر سەوەردم !.
كنج قیز ، طوره رق ایچنى چكدى . بر آز سكونت بولونجه سوزینه دوام ایتدى :
ـ بر كون پدرمله یالكز بولونوركن ایزابه للك دائما بنى تقلید

ایتمسنی اصلا خوش کورمدیکنی حدتله سویلدی و : « ایلریده بو یوزدن بر مناسبتسزلك ظهوره کلمسنه مانع اولمق ایچون ایجاب ایدن شیلری یاپدم . خدمتجیلره بر شی امر ایتمکلك لازم کلدیکی زمان اونلر طرفندن طاننمقلغك ایچون بو یوزوکی کوسترمك مقصدیله صول النی شویله طوتاجغنی کندیلرینه آکلاتدم . » دیدی. و بو سوزلری متعاقب بکا ، تحف شکلنده بر آلتون خلقه ویردی. ایشته ، صادق فیلیپك آلدانمسنه سبب ده بو خلقه‌در .

- وای !.. یوزوکی غائب ایتدیکز اویله می ؟
- اوت .
- نه صورتله ؟
- بونی مع التأسف ایضاح ایده مم . اسرارانکیز بر صورتده غائب اولدی . اویورکن پارمغمدن آلنمش ..
- لطفاً او یوزوکك ناصل اولدوغنی بکا تعریف ایدیکز .
- بو ، اوستنده کوموشدن کوچوك یوراکلر و « غاما » حرف یونانیسنی حصوله کتیره ن یاقوتلر بولنان بر آلتون حلقه در . پدرم، تبسم ایده رك ، بو یوزوکك بر طلسم اولدوغنی سویلدی .. اونی اله کچیره نه سعادت بخش ایدرمش و غائب ایدیلیرسه دائما دشمنلغه معروض قالینیرمش .. پدرم ، بو یوزوکی بویوك بر اهتماله محافظه ایتمه می توصیه ایتدی و بنده محافظه ایده جکمی وعد ایتدم .
- پدرکزك بو اخطاری ، وقایعله تأید ایدییور .
- اوت .. بو طلسمی بکا کسب ثروت ایتدیکی هندستاندن کتیرمشدی. بر قاچ دفعه بو یوزوکك حکایه سنی سویلمسنی رجا

ایتدمسه ده سویلمك ایسته مدی . تیزه زاده م ، خدمتجیلرك آرتق اونی بن ظن ایتمدكلرینك پك چابوق فرقیه وارمشدی . مع هذا ، بونك سببنی كشف ایده مدی . میستر پیق ویق ، او وقت چوجوق اولدوغغمزی ده اونوتماییكز . والدامك وفاتی اوزرینه پدرمله برابر آوروپایه كیتدك . ایزابه ل ایله تیزه م قلیف قاستلده قالدیلر. آنجق ایكی سنه صوكرا عودت ایتدك .. ظن ایدرسه م ، تیزه زاده م سرمی كشف ایتمك ایچون غیبوبتمدن استفاده ایتمش .. ایكی عائله آراسنده كی مناسباتك قطع ایدلمسنه سبب اولان شیئی ایی بیلمیورم ؛ بو وقعه ، آوروپادن عودتمزدن بر سنه صوكره تحدث ایتمشدی . پدرم ، كونك برنده، دانتونلرك قلیف قاستلدن كیتملرینی سویلدی. غایت جدی، ایی دوشونور و ویردیكی قراردن دونمز بر آدم ایدی . بو صورتله آیرلمق بنی پك متأثر ایتدی . تیزه زاده مه ، آرامزده اونودولماز بر محبت و مودت پایدار اوله جغنی وعد ایتمشدم . فقط ، ایزابه ل مغرور و محقر بر طور آلدی. او زماندن بری بربرمزی پك نادر اوله رق كوردك .. فقط ، أصلا قلیف قاستلده دكل .. ایزابه لك پدری ، ایكی سنه صوكرا ئولدی ؛ والده سی ایسه ، پدرمدن بر قاچ آی اول وفات ایتمشدی .

آلچقجه سنه دسیسه

پیق ویق :

ـ دیمك ، دها بدایتدن اعتباراً مشروع میراثكزه صاحب اولمقدن

منع ایدلدیکز ، اویله می ؟ دییه صوردی .
- اوت ؛ بنده شیمدی سزه بونی سویلیه جکدم .
- منازع فیه بر شیئه مالك اولان بر كیمسه ، بالخاصه سزككنه مشابه بر حالده ، دشمنه قارشی عظیم بر تفوق تأمین ایدر . تصرف حقه مرجحدر . فقط ، سزی نه صورتله یقه دن آتدیلر ؟
- غایت بسیط و فقط منفور بر احوال ایله میستر پیق ویق .. موسم حسبیله قلیف قاستلی قپامش اولدوغمدن ساراتوغاده اونیته د شته ت اوتلنده اقامت ایدییوردم .
- میس دوونینغ ، او صره ده تیزه زاده كز نره ده ایدی ؟
- بیله میورم .
- دوام ایدیكز .
- موسم اولدقجه ایلریلمش و دكزه كیرمك ایچون كلنلرده یواش یواش چكلمكه باشلامشدی . رفاقتمده محبه لر وار ایدی. بزده كیتمكه قرار ویردك هفته نهایتنده حركت ایتمك اوزره حاضرلاردنق ... فقط ، پنجشنبه كونی ساراتوغا جوارنده كی هالف مون قریه سنه كیتمكلكمی مسترحم بر تلغراف آلدم .
- تلغرافده نه یازیلی ایدی ؟
- عائله مزك اختیار بر خدمتجی قادینی ئولمك اوزره بولوندوغندن قبل الوفات بنی كورمك ایسته مش..   بن ، بو مشروع آرزویی رد ایتمكی مناسب كورمدم . ایرتسی كونی ساراتوغایه عودت ایتمك اوزره اورایه كیتدم .
- امیدكز وجهله عودت ایده میدكز دكلمی ؟

٢٢

ـ خایر ؛ خدمتجی سوزانی صوك دم خیاتنده بولمشدم . بالمجبوریه پازار ایرتسی كوننه قدر یاننده قالدم و آنجق او كون ساراتوغایه عودت ایده بیلدم .

ـ بو سیاحتی یالكز باشكزه می یاپدیكز ؟

ـ اوت ؛ حتی ، اوطه خدمتجیمی بیله كوتورمدم .

ـ پك شایان تأسف بر حال ، میس دوونینغ .

ـ اوت ، بونی ده مؤخراً آكلادم ، میستر پیق ویق . اوتله واصل اولنجه دوغروجه دائره مه چیقدم ؛ اوطه خدمتجیمی بوله جغمی ظن ایدركن قپونك اوكنده ، هیچ كورمدیكم بر قادینه تصادف ایتدم .

ـ او وقت نه یاپدیكز ؟

ـ دائره می شاشیردیغمی ظن ایده رك بیان اعتذار ایتدم و عجله ایله اوز اقلاشدم . فقط ، صوكرا قپولرك نومرولرینه باقارق یا كیلمدیغمی آكلادم .. بر قاچ دقیقه دوشوندكدن صوكرا ، اوطه خدمتجیمك ، امرلرمی یاكلش آكلامش اولدوغنه حكم ایتدم .

صندوقلرمز اولجه حاضرلانمش اولدوغندن قادین ، بنم یالكز اوله رق أوه عودت ایلدیكمه ذاهب اولمش و بو سببله ترە نه بینوب كیتمش ظننده بولوندم . اوتلك مدیرینی چاغیرتدم . كندیسنه بر آز درشتانه قطعی مساعده م اولمقسزین دائره می بر باشقه سنه ناصل كیرالادیغنی صوردم . مدیر، سوزلرمدن بر شی آكلامدیغنی و بنم خمعه كونی عودت ایده رك حسابی كوردیكمی و ایرتسی كون یعنی جمعه ایرتسی كونی رفیقه لرم و اوطه خدمتجیمله برابر اشیالرمی آلوب كیتدیكمی سویلدی .

ـ طبیعی بو حال سزه بر معما کبی کوروندی دکلمی ؟
ـ اوت ، میستر پیق ویق .. نهایت ، غیبوبتمدن بالاستفاده بنمله فنا بر شقه ایتدکلرینی ظن ایتدم و پك قیزدم .
ـ میس دوونینغ ، تیزه زاده کزك بو وقعه ده علاقه دار اولدوغی عقلکزه کلمدیمی ؟
ـ خایر .
ـ صکره نه یاپدیکز ؟
ـ دوغروجه قلیف قاستله عودت ایتدم .
ـ اورایه واصل اولونجه شبهه سز ، میس دوونینغك جمعه ایرتسی کونی اوکلین عودت ایتمش اولدوغنی و سزده ، آرزوکز خلافنه اوله رق میس دانتون یعنی کندی تیزه زاده کز اولدوغکزی اوکزندیکز دکلمی ؟
ـ اوت ، طبقی دیدیکیکز کبی اولدی .
ـ سزی قلیف قاستله صوقمدیلر دکلمی ؟
ـ خایر . صوقمدیلر . فیلیپی ایستدم .
ـ کلدیمی ؟
ـ اوت . فیلیپ تیزه زاده می هیچ چکه مزدی . دها چوجوقلغنده اوندن نفرت ایدردی بنی کورونجه ایزابه ل دانتون ظن ایتدی. نازکانه جواب ویرمکله برابر امرلرمی اجرا ایتمك ایسته مدی . او وقت ، یوزوك عقلمه کلدی و اونی غائب ایتدیکمی آکلاینجه شاشیروب قالدم .
ـ او زمانه قدر طلسمك غائب اولدوغنك فرقنده دکلمیدیکز ؟

- خاير .
- تیزه زاده کزی صوردیکزمی ؟
- البته .. اوطه مه چیقمق ایستدم. فیلیپ کیرمه مه مانع اولدی .
- بکا قارشی کوستردیکی معامله دن او درجه متأثر اولمشدم که صوکرا نه یاپدیغمی بر درلو خاطرلیه میورم .
- سوکیلی تیزه زادکز سزی قبول ایتمکه موافقت کوستردیمی ؟
- خایر .
- بر آز خاطرلامغه غیرت ایده رك جریان ایدن حالی بکا سویلیکز .
- فیلیپله مجادله ایده رك کندیسنی اقناعه چالیشدم .
- طبیعی ، بوکاده موفق اولامادیکز دکلمی ؟

مع التأسف اوله مادم ، میستر پیق ویق . فیلیپ ، اولا بنی حرمتکارانه بر طورله دیکلدی و فقط صوکنده صبری توکنمش بر حالده : « بیهوده کندیکزی یورویورسکز ، میس دانتون . خانمم ، عودتنده بکا هر شیئی آکلاتدی . کندیکزی دائما میس دوونینغ اوله رق طانیتمق ایسته مکه اوتانمیورمیسکز ؟ فقط ، امین اولکز، احتیار فیلیپی آلداته میه جقسکز . » دییه باغیردی .. میستر پیق ویق باشمه کلن بو فلاکتك دهشتندن او درجه یأس و فتوره دوچار اولمشدم که ، صادق اختیار اوشاغی یوله کتیره جك بر سوز بولوب سویلیه دم . اکر او قدر متهیج اولمیه ایدم ، بلکه فیلیپی اقناع ایده بیله جکدم ؛ لاکن ، طالعمه کوسه رك و اویالانجی قاری یه میدانی براقه رق چکلدم ..

- اوچ نومرولو بكزركزه ، بو وقعه لردن نه قدر اول بوفالوده راست كلديكزی ؟
- بر چوق آيلر اول ..
- اكر ياكلميورسهم ، او كون اوچ نومرولينك كنديسی تيزه زاده كز اوله رق طانيتديغنی سويلمشديكز ؟
- اوت .
- فيليپی ده ، ايزابه ل دانتونك آياغی بورقولمسندن دولايی او كون أوده قالمش اولدوغنه امين اولمق ايچون نيو يورقه كوندرمشديكز ، دكلمی ؟
- اوت ، ميستر پيق ويق .. عودتنده اوشاق ، ميس دانتونك اوده بولوندوغنی سويلدی .
- اونی ، بالذات كورمش و قونوشمش می ؟
- اوت ، ميستر پيق ويق ..
- فيليپك صداقت و حسن نيتندن هيچ شبهه لنمديكزمی ؟
- خاير .. اونك ابراز ايتديكی صداقت ، نهايت وفاتنه سبب اولدی .
- فيليپ ، نيو يورقدن عودت ايدنجه ، كنديسنی تيزه زاده كز اوله رق كوسترن قيزك كاذب اولدوغنه قناعت حاصل ايتديكز دكلمی ؟
- اوت ، ميستر پيق ويق .
- اوكا قارشی نه كبی معامله بولوندوكز ؟
- كلوب بنی كورمكه دعوت ايتدم .
- بو دعوته اجابت ايتديمی ؟

- اوت . فقط ، هیچ طورینی بوزمدی .. كنديسنی يالانجيلقله اتهام ايدنجه بنی استهزا ايتدی .
- صوكرا ؟
- بونی ، تيزه زاده می نيو يوركده كورديكنی ادعا ايدن فيليپله يوزلشديردم .
- او وقت ؟
- اوشاغمك سرد ايتديكی دلائلی رد ه لزوم كورمكسزين يالكز كولمكله اكتفا ايتدی . بعده ، فقير اولدوغی ايچون كنديسنی طانيمق ايسته مديكمی سويلدی ..حتی ، فيليپك مواجهه سنده ، حياتده كوره جكی جزئی بر سعادتی غصب ايتمك ايچون عليهنده تزويراتده بولونولديغمی بيله سويلدی .
- سزكله ايكی بكزه ركزك آراسنده كی مشابهت ، هر حالده فوق العاده بر حالدر . بو قادينك سوزلرينه فيليپ نه جواب ويردی ؟
- حدتلنمش ايدی ؛ فقط ، بنمله قونوشمق ايچون مسافرك چكلمسنی بكلمشدی .. نهايت ، يالكز قالدق و او وقت : « ميس قلاريتا ، بن سزك يركزده اولسه م چكينيردم . » ديدی. « نه ديمك ايستيورسكز ؟ » دييه صوردم . « بو قادينك سويلديكی تزويرات بلكه اوته كی طرفده موجوددر .. كيم بيلير ، بلكه تيزه زاده كزده بو قادينله متفقدر؟ » جوابنی ويردی .
- ميس دوونينغ ، فيليپك سرعت انتقال صاحبی اولدوغنی كوريیورم .

قلاريتا ، مقام تصديقده باشنی صاللایه رق :

۲۷

ـ فيليپ بكا شو سوزلری سويلدی :

«حتی تيزه زاده كزك ، زيارتكزه كلن بو قادينمی اولدوغنی قطعيتله تفريق ايده ميه جكسكز. مع هذا ، كرك بو اولسون و كرك اوته كی اولسون ، سزك ايچون مساوی .. بونلر ، سزی متضرر ايده جك اقتداری حائز دكللر .. ميس دانتون ايستديكی قدر اوغراشسين ..

ـ بو دفعه ، فيليپ دها تدبيرسز كورونيور .

ـ اويله ظن ايده رم ، ميستر پيق ويق .. فقط ، فيليپك نصيحتنی تعقيب ايده رك بو وقعه يی ذهنمدن چيقاردم .

ـ بوفالو ده خانه سنده ساخته تيزه زاده كزه تصادف ايتديككز قادينه بو خصوصده بر شی سويلديكز می ؟

ـ خاير .

ـ بو ده ايی اولمدی .

ـ بلكه . مع هذا ، او زمان بويله بر فكرده بولونمشدم .

ـ مذكور قادينی تكرار كورديككز وقت ، سزه بو تصادفدن بحث ايتديمی ؟

ـ اويله ظن ايديپورسه مده تماميله امين دكلم .

ـ ميس دوونينغ ، قربانی اولدوغكز حيله و دسايسه او زمان توسل ايدلمش و خيلی ايلريلنمش اولدوغنی ظن ايديپورم ..

ـ بن ده بو قناعتده يم .

ـ ايشلرك ايلريلديكی صره ده حيله كارلرك برينك وفاتی ، شريكی ايچون بويوك بر فائده تأمين ايتدی .. سزده بو فكرده ميسكز ؟

(Folios 28-29 of the original text are missing)

٣٠

- میستر پیق ویق ، هنوز بونی دوشونمه مشدم .
- میس ، هر شیئی دوشونمه مز لازمدر . استقبالکز حقنده بعض تصورلرکز وارمی ؟
- خایر . دوغروسی ، بو خصوصده هیچ بر شی دوشونمدم . شیمدیلک کندمه بر یر بوله جغمی امید ایدییورم .
- میس دوونینغ ، بوندن واز کچیکز .. یوزکزه قارشی مدح ایتمك کبی اولمسون اما ، پك کوزل اولدوغکز ایچون نظر دقتی جلب ایده جککزه هیچ شبهه یوقدر . دشمنلرکز در عقب یرکزی کشف ایده جکلر و سزده ، بلا مرحمت ، یا تیمارخانه یه کوندریله جکسکز و یا ئولدیریله جکسکز .
. کنج قیز یأسله : ئولومی بیك کره ترجیح ایده رم ! .. دییه باغیردی
- مستریح اولکز ، عزیز یاوروم ، بر پلانم وار .
- نه کبی ؟
- سزی ، بر مدت ایچون پولیس خفیه سی یاپاجغم .

آوو قاتك آلچقلغی

قلاریتا ، حیرتله پیق ویقه باقدی . استاد تبسم ایده رك :
- بر پولیس خفیه سی ، بر ئه لکتریك پیلی کبیدر ؛ عین زمانده هم مثبت و هم منفیدر . دشمنلرینی کشف ایده بیلمك ایچون مثبت و

٣١

كنديني اونلره كشف ايتديرممك ايچون منفى اولمليدر . نيو يورق سوقاقلرنده طانيمق
تهلكه سنه دوچارِ اولمدن و دشمنلركزدن قورقمقسزين كزه بيلمكزى تأمين ايچون
سزى ، اولا موقةً عنصر منفى ايله تجهيز ايده جكم .
ايرى قره كوزلرينى مخاطبنه ديكن قلاريتا دوونينغ :
ـ ميستر پيق ويق ، ظن ايدرسه م مقصدكز دوغردن دوغرى يه بر پوليس خفيه سى
وظائفنى ايفا ايده جكمى سويلمك دكلدر ؟ دييه صوردى .
ـ اوت . سزى ، بنمله تشريك مساعى ايتمكه مجبور قيلمق فكرنده دكلم .
قلاريتا ، پوليس خفيه سنك فكرينى قبول ايدر كبى كورونيوردى ؛ فقط ، كوزل معنيدار
سيماسنى بردنبره يأس قاپلادى . پيق ويق ؛ بونك سببنى آكلاديغنى ظن ايتدى .
ـ ميس دوونينغ ، سزه سويليه جك باشقه شيلرده وار .
ـ سزى ديكليورم .
ـ اكر ايشلرى درعهده ايده جك اولورسه م بكا كورى كورينه اطاعت ايده جككزى
وعد ايتمشديكز ، دكلمى ؟
ـ اوت، بويله بر وعدده بولنمشدم .
ـ اولا ، مساعده م اولمقسزين بورادن چيقميه جقسكز .
ـ فقط ، ميستر پيق ويق .
ـ اقربامدن ميس كه تى اسمنده بر قيز واردى ، اوسزه مشفق بر رفيقه ، بر قارداش
اوله جقدر . سزى شيمدى اونك ياننه كوتوره جكم .

٣٢

فكرمجه ، بو قيافتله سوقاغه چيقديغكز آندن اعتباراً كندكزى پك بويوك تهلكه لره معروض قيله جقسكز . بيمارخانه دن قاچاركن اشياكزدن بر قسمنى قورتاره بيلديكزمى ؟

- يالكز كوچوك بر يول چانطه سى .

- نره ده در ؟

- ايندیكم اوتلده .

- چانطه ده قيمتدار اشيا وارمى ؟

- خاير .

- اويله ايسه اونى اوراده براقيكز .

- فقط .

- كهتى ، شيمديلك محتاج اولدوغكز شيلرك كافه سنى سزه تدارك ايده جك . كيدوب چانطه يى اوتلدن آلمكز كار عقل دكلدر ؛ چونكه بو صورتله دشمنلركزه ايزكزى كوسترمش اوله جقسكز . اكر اوتله كيتمز ، چانطه كزى آرامازسه كز ، سزى تعقيب ايدنلر ايزكزى بولمغه موفق اوله ميه جقلردر . آكلاديكزمى ميس دوونينغ ؟

- اوت ميسر پيق ويق .

- پكى ، سزه سوك بر سؤال دها صور اجغم « ١٧ ـ آ » ماركه لى پاكتده نه كبى اوراق مثبته بولوندوغنى بيليورميسكز ؟

- خاير .

- پك فنا . بونى شيمديلك براقه لم . كليكز ، سزى كه تى نك يانيه كوتورهيم .

اون دقيقه صوكرا ، پوليس خفيه سى، كندى اوطه سنده معاونى

ژاقله برابر بولونیوردی . معاوننه ، قلاریتانك ایشنی آكلاتدقدن صوكرا :
- ژاق ، بوكا نه دیرسك ؟ ایجه آكلادكمی ؟ دییه صوردی .
- اوت .
- او حالده ، فكرك نه در ؟ قلاریتا دوونینغ ، عقللیمی ، دلیمی ؟
- غایب عقللی .
- فقط ، الیوم قلیف قاستلده بولونان كیمدر ؟ تیزه زاده سیمی یوقسه مجهول قیزمی ؟
- بونی الله بیلیر .
- بو نقطه ، هنوز بنم ایچون ده بر معمادر ؛ مع هذا سؤالی باشقه بر شكله قویه جغم .
- نه كیبی ؟
- ئولن هانكیسی ؟ مجهول قیزمی ؟ بوقسه .
- بونی ده بیلهمم .
- ژاق ، زهر لنمك كیفیتی حقنده نه دوشونیورسك ؟
- ظن ایدرسه م میس دوونینغ بو خصوصده حقلیدر .
- پكی بونی قبول ایده لم . در عقب باشقه بر نقطه یی تدقیق ایتمك مجبوریتنده قالیورز .
بو ایكی مغدوری تداوی ایدن دوقتورلر كیملردی ؟ كنج قیزله اوشاغك طبیعی ئولومله ئولمدكلری فرضیه سنه كوره اول امرده بو جهتی آرایه جغز .
- پك دوغرو پیق .
- ژاق بو وظیفه یی سن كوره جكسك . همان ایشه باشلا .

٣٤

ـ پك اعلى .

ـ يارين آقشام غروب شمسده ، قليف قاستلك باغچه قپوسنده بنى بكله .. محقق كله‌جكم .

ـ ژاق بر چاريك ساعت صوكرا كنج بر چيفتجى قيافتيله أودن چيقدى . پيق ويقه كلنجه، اوده كويلو قيافتنه كيره رك دوغروجه آووقات غره نلافك يازيخانه سنه كيتدى . آووقات كوزل بر قولتوغه قورولمشدى . دائره سنده غايت مكلف دوشه لى متعدد اوطه لر وار ايدى. پيق ويق، مراجعت ايتديكى زمان غره نلاف، مشغول كبى كورونيوردى؛ بكلديكى مشترى ده يوقدى. چيفتجى يه نه ايستديكنى صورمق اوزره آياغه قالقان كاتبه اهميت ويرميه رك دوغروجه كوزل بر يازيخانه نك آرقه سنده اوطوران آووقاتك ياننه كيتدى .

غره نلاف ، آغزنده بر پورو سيغاره سى اولدوغى حالده قورولتوغه قولتوغه ياسلنمش و آياقلرينى ماصه نك اوستنه اوزاتمشدى . چيفتجى يه ، استهزا آميز بر تبسمله باقدى ، چيفتجى ، شاپقه سنى يازيخانه نك اوستنه قويارق و صلاقجه اكيله رك:

ـ ميستر جيمس غرنلاف سزميسكز دييه صوردى .

ـ اوت ؛ اسمم جه يمس غرنلافدر. سزك ايچون نه خدمتنده بولونه بيليرم؟ جوابى ويردى.

ـ ميستر غره نلاف ، پك چوق فائده كز اوله بيلير. ظن ايدرسه م پك مشغول دكلسكز . چيفتجى ، بو سوزى سويليه رك اطرافنه باقمغه باشلادى . و صافدلانه :

٣٥

ـ بويله بر يازيخانه ايچون پك چوق پاره صرف ايتمش اولمليسكز مشتريلركزدن پك چوق پاره آلميورسكز دكلمى ؟
غره نلاف، كولويوردى .
ـ وقتم پك قيمتدار اولدوغندن مقصدكزى سويله بيكز. ديدى .
ـ ميستر غره نلاف ، بكا سزى مدح ايتديلر. دوستلرم ، بنم ايشمى سزدن باشقه‌سى كوره‌ميه‌جكنى سويلديلر .
غره نلاف، صبرسزلانمشدى .
ـ اسمكز نه در؟ دييه صوردى .
ـ پابودى . ناتان پابودى، اختيار پابودينك اوغلى .. بويوك بابام .. جانم، سلاله كزى صورمدم .
ـ مساعده ايديكز ! بويوك بابام ، آمريقا اختلالى اثناسنده انكليزلرله چارپيشدى. بونى اهميتسزمى كوربيورسكز؟ نه ايسه، بوندن باشقه زمان بحث ايدرز .
ـ چيفتجى ، آووقاته دوغرو اكيلدى ، كوزينى معنيدار بر صورتده قيرپارق :
ـ زائد، بر آدامى بيمارخانه يه كوندره بيليرميسكى؟ دييه صوردى. غره نلاف ، حدتلنمش كبى بر حركتده بولوندى . مخاطبنه ، اعتمادسزلق دلالت ايدر بر طورله باقدى و :
ـ سوزلركزدن بر شى آكلايه مدم . مقصدكز نه در، آدام ؟. ديدى .
ـ قيزمك دلى اولدوغنى و اونى بر بيمارخانه يه قپامق ارزو ايتديكمى سويلمك ايستيور. بونى ، وه ستبروقه سويلدم و اوده بكا ديدى كه :

٣٦

غره نلاف ، كوهزه مشترينك سوزينى كسه‌رك :
- نره ده اقامت ايدييورسكز؟ دييه صوردى .
- هودسون نهرى اوزرنده كائن ده ست پو آنله نه و به رغ آرسنده وه ستبروق ، كنديسنى كليف قاستلك صاحبه سى ظن ايدن بر مجنونه وقعه سنى آكلاتدى و مزبوره ىى بو سببله بر بيمارخانه يه كوندرمك ده اولدوغكزى سويلدى . بونك اوزرينه ، قيزم ايچون ده فكركز استمزاج ايتمكى دوشوندم .
- ميستر پابودى ، بن بويله بر ايشله مشغول اوله مام .
- اوله ماز ميسكز؟ نچون اوله مازسكز؟ او قدر ايشكز اولمسه كرك .
- بن اويله ايشلره قاريشمق ايسته مم، ميستر پابودى .
- ايى اما، وه ستبروق بويله ايشلرده اختصاصكز اولدوغنى سويلمشدى .
- دوستكز وه ستبروق آلدانمش. هم . غره نلاف سوزينى كسدى .
- دوام ايديكز، جه يمس! . هم .
- بكا ميستر غره نلاف دييه خطاب ايتسه كز دها ايى اولور .
- باش اوستنه جه يمس . پاردون غره نلاف دييه جكدم . نه ايسه سويلييكز باقالم .
- بويله بر ايش ايچون اولايكى طبيبك معاونتنى تأمين ايتمليسكز آكلاديكزيمى؟ اكر ياغلى بر ايش ايسه او زمان آووقات طرفيندن برينك منافعنى محافظه ايچون مداخله ايدر .
- اوت ، اوت ، آكلادم . دوستمك بكا سويلديكى وقعه كبى .
- اوت .
- پابودى صافدلانه :

۳۷

ـ غریب بر حال دکلمی؟ دییه صوردی . [و آووقاته معنیدار بر صورتده کوز قیرپارق] ـ بیمارخانه یه کوندردیککز بر قیزدی اویله می ؟

ـ عزیزم ، او قیزك بیمارخانه یه قپاتیلمسنده بنم هیچ علاقه م یوق . اونی دوقتورلر کوندردیلر! وظیفه م بالعکس او زاوالینك دلی اولمدیغنی اثبات ایتمك ایدی ؛ حالبو که او عقللی دکلدی . فقط بنی معذور کورمکزی رجا ایدرم .

ـ نه ؟ دلی قیزك عقللی اولدوغنیمی اثبات ایتمك مجبوریتنده ایدیکز؟ امان یارابی ! او دیکیککز شی وقوعه کلدیمی ؟

ـ خایر . فقط شیمدی میستر پا ..

ـ دیکلییکز .

ـ صبری توکنن آووقات :

ـ نه یی؟ دیدی .

ـ او قیزی معاینه ایدن دوقتورلر . کیملردر؟

ـ آدامم بنی بلا لزوم اشغال ایتمه ییکز .

ـ ژولیمی معاینه ایتدیرمك ایچون او دوقتورلری اوکرنمك ایسترم .

ـ وقتم یوق .

ـ عناده لزوم یوق ! نه یه خشینلشیورسکز، جه یمس !

ـ رجا ایدرم ، میستر غره نلاف دییبکز .

ـ ها اوت ؛ غره نلاف . اونلر غالبا کندیلرندن بحث ایدلمسنی ایستمین آدملر، دکلمی؟ ایشته بکاده بو لازمدر .

اك مقدس حسیاتنه طوقونولان آووقات :

ـ آرتق یتیشیر! قپویی کورییورمیسکز؟ دییه باغیردی و الیله

۳۸

قپویی کوستردی.

ـ اوت ایچری کیررکن قپونك مدهش صورتده غیجیردادیغنك فرقنه واردم . فقط نه یاپمامی ایستیورسکز؟ لطفاً بکا آدرەسی ویرمك عنایتنده بولونکز ؟

حدتندن قیب قیرمزی کسیلن و آیاغه قالقان غره نلاف :

ـ قپویی کورییورمیسکز؟ سوزینی تکرار ایتدی .

بو کرك وجودینك ایریلکی و کرکسه طور و حرکتی اعتبار ایله هیبتلی بر آدام ایدی و پولیس خفیه سی ده ایچری کیررکن بونك فرقنه وارمشدی .

ـ سزه اونی کوردیکمی اولجه سویلمشدم . دها آچیقجه فکرکزی سویلییکز جەیمس!

شدت تهورله اختیاری منسلب اولارق غره نلاف :

ـ چقیکز ! دییە باغیردی .

ـ بنمی، نچون ؟

ـ اوت، سز .

ـ در عقبمی ؟

ـ همان شیمدی .

ـ فقط هنوز سویلیە جکلرمی بیتیرمدم .

ـ اویلە ایسە، چابوق اولکز ! اکر ارزوکزلە چیقمازسە کز سزی طیشاری آتارم .

ـ آلای ایدییورسکز جە یمس . حدتندن قودورمش درجە لر ینە کلدیکی کورولن آووقات :

٣٩

ـ خایر ، اصلا !.
اویله ایسه چیقمه می نه یه ایستیورسکز ؟
ـ بلکه اون دفعه ، سزه وقتم اولمدیغنی و ایشکزله مشغول اوله میه جغمی سویلدم .
ـ یاکلش صایمشسکز . اوچ دفعه سویلدیکز .
ـ های قفا که ییلدیرم دوشسون ! عزیزم ، اکر در حال چیقماز سه کز هر شیئی اونوتەرق ..
ـ الله عشقنه بویله بر حرکتده بولونماییکز ! دوشونکز ، سزی هیچ بوله میه جقلرینی می ظن ایدییورسکز .. غره نلاف کویلینك اوستنه یورییەرك :
ـ تربیه سز ! دییه باغیردی .
کویلو ، متبسمانه :
ـ ایشی اورایه واردیرماییکز . او قدر صوقولماییكز جەیمس .
بكا طوقونولدیغی زمان حرکات اختلاجیه یه دوچار اولورم .
ـ های سنی شیطان آلسین !
ـ باق سز فنا بر خرستیانسکز !. فقط شونی دیکلیکز ، جه یمس ویا غره نلاف ، سزك کبی بر چوق بویوك اشکلرك قولاقلرینی چکدیکمی پك ایی خاطرلیورم . آوقات آرتق کندندن کچمشدی . کویلینك یقه سندن طوتمق ایچون النی اوزاتدی . فقط ، کویلو ییلدیرم سرعتیله دوندی. ملحم آوقاتی طوتدی. بر ببك کبی قالدیره رق قولتوغنك اوستنه قویدی و بر آز سرتجه باصدی . صوکرا قهقهه لرله کولەرك :

٤٠

ـ غره نلاف ، بكا طوقونولديغی زمان احتلاجه دوچار اوله جغمی سزه اولجه سویلمشدم . سز مسكين بر ايش آداميسكن . بالخاصه مشغول اولمديغكز زمان مشتريكزه بويله معامله ايتمكز طوغری بر حركت دكلدر . ديدی . بعده ساخته كويلو ، آووقاتك اوطه سندن چيقدی . غره نلاف ، آغزی آچيق ، شاشقين بر حالده بونك آرقه سندن باقا قالمشدی . كويلو آسانسوره بينه جكی آنده ، آسانسوردن بر پچه لی قادين چيقدی و كوز اوجيله ساخته پابودی یه باقدی و : ـ پيق ويق ايمش ! عجبا بورايه نيچون كلدی؟ دييه ميرلداندی .

جانيلر ايش باشنده

پچه لی قادين ، دوغروخه آووقاتك دائره سنه كيردی . اوزونتولی بر مراقله :
ـ بر زيارتمی قبول ايتديكز؟ دييه صوردی .
غره نلاف ، آصغين چهره و حدتله :
ـ اوت. ديدی .
ـ كلن كيمدی ؟
ـ سفيل بر دلی ، قبا بر كويلو .
ـ بو آدم نه ايستيوردی ؟
ـ قيزينك دلی اولدوغنی و بو سببله بر دارالشفايه كوندرمك ايستديكنی سويلدی .

٤١
- آخ ! آكلايورم .
- فقط ، حريف قيزندن دها ظيپير .
- بن ده سزك هر ايكيسندن دها زياده عقلسز اولدوغكزه قانعم .
- نيچون بويله سويليورسكز ؟
- او آدمك سزه سويلدكلريني آكلاتيكز .
- اونى بيليورميسكز ؟
- قيزينى بر بيمارخانه يه كوندرمكلككزيمى ايستدى ؟
- اوت .
- دوغروجه سزه مراجعت ايتمسنك سببى نه ايمش ؟
- دوستلرندن برى طرفندن توصيه ايدلديكمى سويلدى .
- او دوستى كيم ايمش ؟
- قلاريتا دوونينغ ك وقعه سنى ايشيدن برى . بونده موجب حيرت نه وار ؟
- دوشونديكم چيقدى .
- نه دوشونديكز ؟
- سزه كلن آدام پيق ويق .
- غره نلاف بر صيچر ايشده آياغه قالقدى . سيماسنده بر برينى متعاقب قورقو ، يأس ، حدت آثارى مشهود اولويوردى .
نهايت :
نه سويليورسكز ؟ دييه باغيردى .
- نه سويلديكمى ايشيتديكز .
- بوكا آمينميسكز ؟

٤٢

ـ صورت قطعيه ده ! كنديسنى صوفه ده كورونجه در حال طانيدم . اونى اولجه ده بو صورتله تبديل قيافت ايتمش اولديغى حالده كورمشدم .
ـ بلكه آلدانمشسكزدر .
ـ بن اصلا آلدانمام .
ـ واقعا اوله ..ـ
ـ او سزى طانيديمى ؟
ـ خاير .
ـ امينميسكز ؟
ـ اوت .
ـ او حالده بور ايه كلمسنك سببى نه اوله بيلير ؟
ـ كشف ايتميورمسكز ؟
ـ خاير .
ـ او حالده بن سزى ارشاد ايده بيليرم .
ـ پكى ..
ـ غره نلاف ، نه صاف آدمسكز !
ـ نه يه جانم !
ـ قادين قاچدى .
ـ هانكى قادين ؟
ـ قلاريتا دوونينغ ..
ـ نه سويليورسكز ! نه وقت قاچدى ؟
ـ درت كون اول .. يالاندن خسته لانمش و رولى پك كوزل اويناديغندن كنديسندن ذرهجه شبهه ايدلمه مش .. نهايت ، كيمسه

٤٣

طرفندن ياقالانمه دن بيمارخانه دن چيقه رق تره نه بينمش و نيو يورقه كلمش .

- اينانيلميه جق شى !
- فقط ، حقيقت !
- سپلين نره ده ايمش ؟
- اويويورمش !
- اونى تكرار دردست ايتمك ايچون بر تشبثده بولونمامشمى ؟
- بولونمش اما موفق اولهمامش .
- قلاريتانك ايزينى بولمشمى ؟
- اوت ؛ نيو يورقه كيتمك اوزره تره نه بينديكنى اوكرنمش .
- سپلين شيمدى نره ده ؟
- نيو يورقده ، كنج قيزك يول چانطه سنى ده بولمش .
- صحيحمى ؟
- اوت ، نورود اوتلنده ..
- يا ، قلاريتا ؟
- او هنوز بولونمدى .
- طبيعى كلوب چانطه يى آرايه جق ؟
- ظن ايتمم .
- نيچون ؟
- پك ويق سزه كلمش اولدوغى ايچون .
- بوندن نه چيقار .
- صوكرا ؟
- حريف پك قورنازدر ؛ هيچ قيزى تكرار اوتله كوندررمى ؟

٤٤

- بيق ويڤك ، بو ايشى درعهده ايده جكنى ظن ايديورميسكز ؟
- تماميله امينم ، غرهنلاف .
- قيزى اومى صاقلادى ديرسكز ؟
- اوت ، حتى كندى أونده .
- او حالده نه ياپملى ؟
- بن يالكز بر چاره كوريپور . قلاريتايى بر طوزاغه دوشورملى .
- بو قابل اوله ماز .
- دنياده قابل اولميان هيچ بر شى يوقدر . انسان ايستديكى شيئه هر زمان موفق اوله بيلير. قلاريتايى بيق ويڤك الندن آلهجغز.
- و صوكرا ؟
- صوكرا ، اونى قاچميه‌جغى بر يره صوقاجغز .
- آكلايورم هر كس هجوم دم دماغيدن ئوله بيلير .
- اويله دكلمى يا !
- اونك هر شيئى بيق ويڤه آكلاتديغنى ظن ايديورميسكز؟
- اوكا نه شبهه . خفيه نك بورايه كلمسى ، قلايتانك سوزلرينى دوغرومى دكلمى دييه تحقيق ايچوندر .
- بزم ايچون ايى بر شى دكل ..
- مع التأسف اويله . مع هذا ، قلاريتانك وجودى اورته دن قالقارسه بيق ويڤ آرتق بزه قارشى هيچ بر شى ياپاماز .
- فقط شبهه لنير وكنج قيزك وفاتندن بزى مسئول ايتمكه قالقارسه؟ قيزى ئولدورمك مطلقا لازممى ؟
- اوت ، غرهنلاف اكر اونى صاغ براقيرسه ق ، بيق ويڤ

٤٥

اونك ايچون صوكنه قدر بزمله اوغراشه‌جقدر . فقط ئوله‌جك اولورسه خفيه نك علاقه‌سى آزاله‌جق . طبيعى ، ايزمزى اويله قاريشديره‌جغز كه پيق ويق ، بزى اتهامه مدار اوله‌جق بر شى الده ايده‌ميه‌جك .

- سزى كندمه دشمن كورمك ايسته‌مزسه‌مده ، قلاريتايى پيق ويقك أوندن چيقارمغه موفق اوله‌مديغمز تقديرده ..

- بر چاره‌مز قالير كه اوده پك ته‌لكه‌ليدر .

- نه در ؟

- پيق ويقك وجودينى اورته دن قالديرمق .

- آوقاتك سيماسنده ، قورقو و اوزونتو آثارى كورولدى قادين :

- بو ايشك پك قولاى اوله‌جغنه ده قانعم . هر حالده پيق ويقك تعقيباتنده مصون قاله‌جق اولورسه‌ق راحتجه بر نفس آله‌جغمزه امينم و پلانمزى‌ده موفقيتله تطبيق ايده بيله‌جكز.

- حقليسكز اما ، اولا نه ياپمق فكرنده‌سكز ؟

- وارئه‌نك ايشنى بيتيرمك ..

- بوكا ناصل موفق اوله‌جقسكز ؟

- او ايشى بكا براقيكز . شمديلك سزه احتياجم يوق .

قادين قپويه دوغرى يورومشدى .. غره‌نلاف اعتمادسزلغه دلالت ايدن بر طورله :

- واى !. كيدييورميسكز ! ديدى .

- اوت .

- نه وقت كوروشه‌جكز ؟

- بلكه بر ساعت ، بلكه سكز كون صوكرا .. فقط احتياطلى حركت ايديكز .

٤٦
- نه خصوصده ؟
- دائما متيقظ بولونكز ، و يبانجيلرله قونوشوركن سوزلركزه دقت ايديكز .
- مستريح اولكز .
- كيم اولورسه اولسون قادين و اركك ، بياض ، زنجى دائما احتياطلى بولونكز . بلكه پيق ويق تكرار تبديل قيافتله كلير ..
- بوكون اوكرهنديكم درسى اوتوتميهجغم .
- اويله لازم .
- بورتونك معاونتيله ايش كورهجككزى اميد ايديورسكز دكلمى ؟
- اوت .
قادين پچه سنى بر آن بيله قالديرمه دن يازيخانه دن چيقدى ، سوقاقده بر آز اوزاقده دور ان بر آرابه يه اشارت ايتدى .. بوكابيندى و آرابهجى يه بشنجى جادهدكى قوناغنه كيتمسى ايچون امر ويردى .
قوناغه واصل اولونجه ، قادين دوغروجه دائرهسنه چيقه رق چينغراغى چالدى و كلن اوشاغه :
غيبوبتم اثناسنده بنى بر جنتلمن آراديمى؟ دييه صوردى .
- اوت ، ميس .. آشاغيده كتبخانه ده بكليور ..
- صالونه كچسين ، كنديسنى اوراده قبول ايدهجكم .
بش دقيقه صوكرا ، اسرارانكيز قادين ، سوسلى مكلف صالونه كيرمشدى . اوزون بويلو ، غايت تميز و كبار قيافتلى بر آدم قادينى كورونجه آياغه قالقه رق سلاملادى .
بو دوقتور سيپلين ايدى . كنج

٤٧

قادين ، بونى صالونك ، ترصدا بكلمه دن كوروشه بيلەجكى بر كوشه سنەچكەرك :

- دوقتور ، پكى نه وار ؟ دييه صوردى .
- مع التأسف ، هيچ بر شى ..
- قيزك ايزينى بوله مديكزمى ؟
- خاير .
- يول چانطه سنى آلديرمشمى ؟
- خاير !
- اونى آلميه جقدر .
- اويله مى ظن ايديورسكز ؟
- تماميله امينم .
- سبب ؟
- چونكه اونك بولونديغى يرى بيليورم دوقتور .
- عجائب !. نرده صاقلانمش ؟ چابوق سويلیكز . همان صاقلانديغى يره كيدوب ياقەلايەيم .
- او قدر عجله يه لزوم يوق ، دوقتور . سويله مك ياپمقدن قولايدر .
- ياپمق ده قولايدر . او كنج قيز قانوناً بكا تسليم ايدلمه مشميدى ؟
- اوت .
- دليلكى فناً ثابت اولمامشميدى ؟
- اوت .
- او حالده اونى خسته خانه مه كوتورمكدن بنى كيم منع ايده بيله جك ؟
- دوقتور، نيو يورقده بولوندوغكزى و مؤسسه كزكده قناداده اولدوغنى اونوتماييكز .
- شبهه سز . او قادين مملكتمزك مأمورلرى طرفندن بكا تسليم

٤٨

ايدلدى . حدودك بو جهتنده بر مؤسسهم بولوندوغنى بيليورسكز . شيمدى دلى قيز نرهده ؟

- پيق ويقك أونده و اونك حمايهسنده .

- پيق ويق ديديككز كيمدر ؟

- طانيميورميسكز ؟

- خاير . بو اسمى ايشيتديكمى ظن ايدر كبىيم . بو آدم نرهده اوطورييورسه سويليكزده كيدوب مجنونه يى آلهيم. حق بندهدر .

- دوغروجه پيق ويقك أوينه كيدهرك قيزى مى ايسته مك نيتندهسكز. دوقتور ، او پيق ويق آمريقانك اك مشهور پوليس خفيهسيدر .

- ايسترسه شيطان اولسون؟ اون پوليس خفيه سنه معادل اولسه بيله ينه اونك حقندن كليرم .

- حريف پك دكرليدر ! اونى پك ايى تقدير ايتديكز دوقتور .

- نه اهميتى وار ! بن خسته مى ايستيورم و اوده قيزى اعاده يه مجبوردر .

- پك اعلى بر كره تثبت ايديكز . ايشته آدرس .. بر سوز دها سويليهييم .

- سويليكز نه ايمش ؟

- اكر كنج قيزى تكرار مؤسسه كزه قپايه بيليرسكز سزه اميد كزك فوقنده پاره ويرهجكم .

- بيليورم و بو منبع وارداتى غائب ايتمك ارزو ايتمم ..

- سزى بويله عزمكار كورديكمدن دولايى پك ممنونم ، دوقتور . اكر فرارى يى چابوجاق بيمارخانه يه كوتورورسه كز بيك دولار مكافات آلهجقسكز ..

٤٩
- تشكر ايدەرم . او بيك دولارى حتى بو آقشام قازانهجغم .
- ايى اما ، شيمدى ساعت سكز ..
- نه اهميتى وار ..
- دوقتور ، نه صورتله حركت ايده جكسكز ؟
- خسته مك بكا اعاده ايدلمسنى آچيقجه طلب ايدهجكم .
- دوغرو بر شى دكل . او آدامه قارشى حيله ايله حركت ايتمليسكز .
- آدام سنده ! بر پوليس خفيه سنك قارشيسنده تتره يه جكمى مى ظن ايدييورسكز ؟
- دقت ايديكز دوقتور ، اكر قورنازلقله حركت ايتمزسه كز هيچ بر شيئه موفق اولهمازسكز . پيق ويق ، اويله قولايجه يوله كلير آداملردن دكلدر .
- دوقتور ، عظمتله :
- دوقتور سپيلينك ، ارزو ايتديكى بر مقصده موفق اوله مامسى قابل دكلدر . مهارتمى ، قدرتمى نه يه بويله هيچه صاييورسكز ؟
- پيق ويق ناصل بر آدام اولدوغنى بيليرمده اونك ايچون .
- پك اعلا .. صوكرا كوريرز .
- جريان حالى بكا نه وقت بيلديرهجكسكز ؟
- يارين صباح .
- سزى ساعت اونده بوراده بكلرم ..
- باش اوستنه !
دوقتور ، كمال حرمتله اكيله رك قاديندن آيرلدى .

٥٠

آرسلان ایننده

پیق ویق ، یازیخانه سنه هنوز كله رك اوطورمشدی .. اوشاغی نیقولا، بر قارتویزیت كتیردی .
پولیس خفیه سی ، اسمی اوقوینجه تبسم ایتدی .
ـ دوقتور آرشیبالد سپیلین . حریفك مطلقا بر شیطانلغی وار، نه اصابت ! . راحتسز اولمه مه بیله لزوم یوق .. هر ایكی طرفده آیاغمه كلیور . دوقتوره ، بنی كندیسنی آرامق زحمتندن قورتاردیغی ایچون نه قدر تشكر ایتسهم آزدر دییه میرلداندی .
پولیس خفیه سی ، قالقه رق ، كه تیڭك اوطه سنه كیتدی . میس دوونینغ اوراده ایدی . بوكا :
ـ بیلیكز باقایم ، شیمدی بنمله كوروشمك ایچون قارتنی كوندهرن كیمدر ؟ دییه صوردی .
ـ كنج قیز ، باشنی صاللایهرق !
ـ ناصل بیله یم ، میستر پیق ویق دیدی .
ـ دوقتور سپیلین ..
ـ دوقتور سپیلینمی؟ غیر قابل !
ـ فقط ، ایشته كلدی ، میس ..
ـ اوخ ! اللهم ! دیمك بو قورقونج آدام بنی آرامغه كلدی اویله می ؟
ـ بلكه ..

٥١

ـ ميستر پيق ويق ، بنی حمايه ايدهجكسكز دكلمی ؟ بنی تسليم ايتميهجكسكزيا ؟
ـ مستريح اولكز ميس ! اولا بو آدامك نه سببه مبنی كلديكنی آكلايه جغم . بلكه سزی آرامق ايشنی بكا حواله ايتمك ايچون كلمشدر . بلكه سزك بوراده بولوندوغكزدن خبردار دكلدر .
ـ بنی تسلی ايتمك ايستيورسكز ، ميستر پيق ويق .. خاير دوقتور خبر آلمشدر .
ـ ناصل خبر آله بيله جكنی اميد ايديورسكز ؟
ـ يا ، سزه كلديكم زمان بری كوروب خبر ويردی و ياخود ، دشمنلرم بوراده بولوندوغمدن باشقه صورتله خبردار اولديرلر .
ـ نه يه بويله فرض ايديورسكز ، ميس دوونينغ ؟
ـ چونكه ، دوقتور سپلين بويله مشوش بر ايش سزه حواله ايتمك ايچون بورايه كلمكه اصلا جسارت ايدهمز .
ـ بلكه .. باقالم ..
ـ پيق ويق ، صالونه كيرديكی وقت ، كنديسنی صبرسزلقله بكله ين دوقتور بر آز قباحه :
ـ پوليس خفيه سی ميستر پيق ويق سزسكز دكلمی؟ دييه صوردی استاد ، نازكانه :
ـ اوت ، بن ايم .. بر امركزمی وار ؟
ـ دوقتور ، عظمتله :
ـ فراری بر مجنونه يی بوراده صاقلامش اولديغكزی ايشيتدم . حريفك ، دوغروجه مقصدی سويلمسی پيق ويقی ممنون ايتمشدی .

۵۲
- سزه بویله می سویلدیلر ؟
- اوت .
- بو عادی لطیفه یه جرأت ایدن کیمدر عجبا ؟
- او بکا عائد بر شی ..
- اویله می ؟
- بن طبیبم و سویلدیکم او قیزی بکا تودیع ایتمشلردی .
- نه سویلیورسکز !

دوقتور ، حدتله :
- مقصدمی آکلامش اولدوغکزی امید ایدهرم . بلاتردد و تعلل او مجنونه یی بکا تسلیم ایتمکزی طلب ایدهرم .
- دوقتور، او قدر عجول اولماییکز .. بکا ، اعتدال دائرهسنده سویلمك لازم ؛ چونکه ، بر آز کوج آکلهرم . اولا ، خسته کزك اسمی نه در ؟
- اسمی بیلنمیور .
- عجائب !
- اوت ..
- او حالده هویتنی نه صورتله تثبیت ایدهجکسکز ؟
- قیافت خارجیه سیله ..
- پکی بر اصول !. طبیعی ، حالنده کی غرابت و سوزلرنده کی مغالطه ایله ..
- البته . فکر ثابتی کندیسنی طانیمغه کافیدر .
- اونك بو ثابت فکری نه ایمش صورا بیلیرمییم ؟

۵۳

ـ مزبوره كنديني بويوك بر ثروتك مشروع وارثه سى ظن ايدهرك اسمنك قلاريتا دوونينغ اولدوغنى ادعا ايدييور .

ـ يا !. شيمدى اويله بر وقعه يى تخطر ايدر كبى اولويورم . پك قاريشيق بر ايش ايدى . دكلمى دوقتور ؟

ـ افندى ، بو رايه سؤاللر كزه جواب ويرمك ايچون دكل، يالكز خسته مى طلب ايچون كلدم .

ـ دوقتور، خسته يى تحت نظارتده بولوندورمق وظيفه سيله مكلف اولدوغكزه دائر اوراق رسميه و مثبته كز وارمى ، دوقتور ؟

ـ اوت .. اونلرك نسخهٔ اصليه لرينى كتيردم ..

ـ مساعده ايدرسه كز بونلرى اوقويهيم ..

ـ هاى هاى ! . فقط ، اولا خسته مك بور اده اولوب اولمديغنى سويلييكز ؟

ـ حالا اويله مى ظن ايدييورسكز ؟ صانكه تماميله قانع ايمشسكز كبى بور ايه كلديكز ، دوقتور ..

ـ امين بر منبعدن خبر آلدم .

ـ سزه بو خبرى ويرن كيمدر ؟

ـ خبردار اولان برى.

ـ آخ ! آخ !

ـ اوت ، خسته مك بور ايه كيرديكنى كورهن برى .

ـ او حالده مخبركزه ايستديككز قادينى پك ايى طانيور اويله مى .

ـ شبهه سز .

ـ اونى ناصل طانيور ؟

٥٤

دوقتور ، درشتانه بر طور وادا ایله :

ـ سزه بر كره دها اخطار ایدییورم ؛ بنی بویله مناسبتسز سؤاللرکزله ازعاج ایتمییکز .

ـ افندی ، سزده أومده بکا قارشی دها نازکانه دها ادیبانه بر طور آلمدقچه طلبکزی هیچ بر صورتله اسعاف ایدهمیهجکمی بیان ایدهرم .

ـ سزی مجبور ایدهجکم که ..

ـ پیق ویق ، مستهزیانه بر طورله مخاطبنك سوزینی کسدی :

ـ نه صورتله ؟

ـ ضابطه یه مراجعت ایدهجکم .

ـ بوراده ، یعنی جماهیر متفقه ده بو مثللو مراجعات فضله وقته محتاجدر .

ـ اونیده کوریرز ..

ـ بو اثناده ، اکر حقیقةً خسته كز بنم أومده ایسه ، اونی باشقه امین بر یره صاقلایه بیلیرم .

ـ بوحرکتکزدن مسئول اولاجقسکز .

ـ بلکه فقط ، اولا ، كنج قیزك خانه مده اقامت ایتمش اولدوغنی اثبات ایتمکز لازمکلیر.

ـ بوراده اولدوغنی بیلیورم .

ـ پکی . بوراده اولدیغنی بنده خاطركز ایچون تصدیق ایدهیم. اما ، بونی نه صورتله اثبات ایدهجکسکز ؟

ـ وقتی کلنجه ، بوندهده کوچلك چکمیهجکم .. نه ایسه قیصه کسه‌لم . شیمدی ، مجنونه یی بکا تسلیم ایدهجکمیسکز ایتمیهجکمیسکز ؟

۵۵

- آنجق بكا ایكی شیئك قطعی دلیلی كتیردیككز زمان تسلیم ایدهرم ..
- اونلر نه ایمش ؟
- اولا ، كنچ قیزك بوراده بولوندوغنك ثانیاً ، اونك حقیقةً دلی اولدوغنك ..
- وای !. اونك دلی اولدوغنه اینانمیورمیسكز ؟
- مساعدهكزله ، اوت ..
- او حالده سزی بو خصوصده تأمین ایده بیلیرم . شو اوراقی تدقیق ایدیكز .
- معالممنونیه .
- پولیس خفیه سی ، زائرك كندیسنه اوزاتدیغی اوراقی آلدی . فقط ، یالكز قیزی تداوی و معاینه ایدن اطبانك اسمنی قوپیه ایتمكله اكتفا ایدهرك اوراقی اوقومقسزین تكرار سپلینه ویردی .
دوقتور حیرتله :
- ایی اما بونلری اوقومدیكز ، دیدی .
- لزوم كورمدم .
- نیچون ؟
- چونكه بوكا اهمیت ویرمیورم . یالكز بكا لازم اولان شیئی اوكرندم .
- اطبانك اسملرینی اویله می ؟
- اوت .
- شیمدی ، مجنونه یی بكا اعاده ایدهجكمیسكز ؟

٥٦

- اگر سؤاللرمه شایان ممنونیت بر صورتده جواب ویرمجك اولورسهکز .
- سویلیڽکز ، نه صورمق ایستیورسکز ؟
- اولا ، سزی بورایه کیم کوندردی ؟
- بو سؤاله جواب ویرهمم .. قادین اسمنك ذكر ایدلمسنی ایستهمیور .
- یا ! . دیمك ، سزی بر قادین کوندردی .
- اوت .
- شبهه سز میس دوونینغ نامیله طانیدیغکز قادین ، دکلمی ؟
- کیمدن بحث ایتمك ایستدیککزی بیلمیورم .
- سؤالمی باشقه شکله صوقجاغم .. اولجه میس دوونینغ نامیله طانیمش اولدوغکز کنج قیز بلکه بوکون باشقه بر اسمله یاد ایدیلیور .
- خایر .
- خسته نك اجرتنی کیم تأدیه ایدییور ؟
- بونی بیلمك ایسته مکزدهکی مقصد نه در ؟
- بنی علاقه دار ایتدیکی ایچون ..
- پك اعلی اویله ایسه . پاره یی اسمنی دمین ذكر ایتدیککز قادین ویرییور .
- یعنی ، اولجه میس دوونینغ اولان قادین . بویله می ؟
- اوت .
- خسته کزك بوراده بولوندیغنی ده سزه او قادینمی سویلدی ؟
- طوزانه دوشن دوقتور ، خطاسنی تصحیح ایتمك ایستیه مهرك :

٥٧

ـ خاير ، او سويلمدى . كنديسنى كورمدم بيله . ديدى .

ـ بيق ويق ، مستهزيانه :

ـ دوغرومى سويليورسكز؟ دييه صوردى .

ـ افندى بنى يالانجيلقله مى اتهام ايدييورسكز !

ـ دوغريسى بو ..

ـ ادبسز يوزمه قارشى ناصل بويله بر حقارته جرأت ايليورسكز بنى يالانجلقله اتهام ايدييورسكز ! اگر كندى اوكزده اولمسيديكز ..

ـ سكونت بولكز عزيزم دوقتور . اگر اومده اولمامش اوليديكز حققكزده دها اول تدابير شديده اتخاذ ايدردم سز پك صايغيسز بر آدامسكز . اگر مناسبتسز بر سوز دها سويلرسه كز ، سزه ايى بر درس ادب ويره جكمه امين اولكز ..

ـ نه ياپا بيلهجككزى كورمك ايسترم . خسته مى بكا اعاده ايتمكزى مصراً طلب ايدييورم .

ـ ايستديككز قدر اصرار ايديكز يالكز آغزيكزى قپاييكز و بورادن چيقون كيديكز. زيرا پارمقلرمك قارنجه لنديغنى حس ايدييورم .

ـ ديمك ، دلى قيزى بكا تسليم ايتميهجكسكز اويله مى ؟

ـ اوت صورت قطعيه ده تسليم ايتميهجكم .

ـ سؤاللر كزه جواب ويرديكم تقديرده اونى بكا تسليم ايدهجككزى وعد ايتمشديكز .

ـ خاير بويله بر وعدده بولونمدم يالكز بلكه دييه تقييد ايتدم. ايشته سزه ده ، باشقه صورتله قرار ويرديكمى سويلدم .

٥٨
- پك اعلى اويله ايسه ، قيزى سزك موافقتكز اولمقسزين آلهجغم .
- عجائب ! . مقصدكزى آچيقجه سويلرميسكز ؟
- بونده آكلاشيلميه جق نه وار؟ خسته مى بورادن جبراً كوتورهجكم .
- نه وقت !
- همان شيمدى ..
- دقوتور ، سز چيلديرييورسكز ..
- صوك بر دفعه دها صورييورم ويرهجكميسكز ويرميه جكميسكز؟
- خاير ... ويرميهجكم !
- پكى .. اويله ايسه آليكز !
دوقتور سيپلين ، بارقه آسا بر سرعتله يكندن كوچوك بر صوپا چيقاره رق پيق ويقه اورمق اوزره قالديردى .. اكر ، صوپا پوليس خفيه سنه اصابت ايتسيدى اؤلمش و بايىلمش بر حالده يره دوشهجكدى فقط ، پيق ويق ، دها ايلك دقيقه دن اعتباراً جرأتكار مسافرندن شبهه لنمشدى و بو سببله دائما متيقظ بولونيوردى . دليلر طبيبى ، ايلك شبهه لى حركتده بولونور بولونماز استاد بردنبره يان طرفه فيرلايه رق صوپادن كندى قورتارمشدى . لا كن حدتى غلبه ايتمش اولمغله دوقتورك چكه سنه مدهش بر يومروق ايندىرەرك يره سردى .
سيپلين فوق العاده مقاوم ايمش كه همان آياغه قالقدى بر كفر صالالايه رق جبيندن اوزون بر بيچاق چيقاردى . و پوليس خفيه سنك اوستنه صالديردى .
پيق ويق ، دها آتيك داورانه رق بر آديم كريله دى و دوقتورك

۵۹

تام معده سنك اوستنه غایت شدتلی بر تكمه ایندیردی .
دوقتور جان آجیسیله باغیرهرق بیچاغی الندن براقدی . پولیس خفیه سی بو تفوقندن استفاده ایدهرك حریفك یقه سندن طوتدی . بیق ویق آرتق صوكدرجه ده متهور بولوندوغندن دوقتورك كوسترديكى مقاومت بیهوده ایدی .
كورولتو اوزرینه كلن نیقولایه :
ـ نیقولا ، بوتون قپولری آچیكز شو كبار افندی یی سوقاغه كوتورهجكم !. دیدی .
نیقولا بییق آلتندن كوله رك قپولری آجدی .
بر قاچ دقیقه صوكرا بر آز اول كندیسنه پك زیاده كوهن دوقتور سیپلین ، قپودن علی العجله چیقدی و آرقه سنه یدیكی بر تكمه ایله طاش مردیوهندن تكر مكر یوارلاندی ..
حدتنی بو صورتله آلان پولیس خفیه سی ، درعقب كسب سكونت ایدهرك قپویی قپادی و محمیه سنك یاننه چیقدی .

دسایس

نقل ایتدیكمز وقعه نك جریان ایتدیكی كونك آقشامی ، غروبدن بر آز اول قلیف قاستل مالكانه سنك كنیش رواقی اوكنده كنج بر زنجی مراقله طوردی .
سیاهی ، اطرافنه باقارق قولنده آغیر بر سپت بولونان اختیار

٦٠

بر كويلو قاريسنك زحمتله جاده يى تعقيب ايتديكنى كوردى . قوجه قارى ، كنج زنجينك حذاسنه كلنجه ايكليه رك بر طاشك اوستنه اوطوردى . سياهى ، قوجه قارينك ياننه صوقوله رق :

ـ قادينم ، كوشكه مى كيدييورسكز ؟ دييه صوردى .

پيق ويق :

ـ اوت ، ژاق . تحقيقاتك نه مركزده ؟

اختيار قادين شكل و قيافتنه كيرەن پيق ويق ايدى .

ژاق ، ممنونانه بر طورله :

ـ هنوز مهم بر شى يوق ..

ـ اولانى سويله ..

ـ فيليپله كنج قيزى تداوى ايدن دوقتورك اسمنى اوكرندم .

ـ بو پك مهم بر نقطه . بو آدامك اسمى نه در ژاق ؟

ـ موريس بورتون .

ـ بوراليمى ؟

ـ اوت . شيمدىده كوشكده اقامت ايدييور .

ـ نه سويليورسك !

ـ اوت ، پيق . حتى ، اليوم قليف قاستلك صاحبيدر .

ـ ناصل اولويور ؟

ـ كنديسنه ميس دوونينغ سوسى ويرن قادينله ازدواج ايتمش .

ـ نه وقت ازدواج ايتمش ؟

ـ بر آى اول ..

ـ دها نه بيليورسك ؟

٦١

ـ يكى زوج زوجه هيچ كچينه ميورلرمش ، كيجه كوندوز غوغا ايدييورلرمش .

ـ بونى سكا كيم سويلدى ؟

ـ كنديسنه ياردم ايتديكم باغچوان سويلدى .

ـ نه ايى بر فكر !

ـ بورتونى‌ده شخصاً كوردم .

ـ بو آدام حقنده فكرك نه در ؟

ـ انسان صورتنه كيرمش شيطان ، پيق .

ـ كنديسيله قونوشدكمى ؟

ـ اوت .. بنى سايس اوله رق ياننه آلدى . و ايشه بيله بشلادم .

ـ ايشكى پك ايى كوردك ژاق .

پوليس خفيه سيده معاونى ژاقه باشندن كلن وقعه يى آكلاتدى.

ـ بورايه بالخاصه راپورينى آامق حال حاضرندن سكا معلومات ويرمك ايچون كلدم . بورايه يرلشمك ايچون بر چاره بولاجغنه امين ايدم . سوك امريمه قدر موقعكى محافظه ايت كوزيكى آچ و هرشيدن اول ، فرصت بولورسه‌ك « ١٧ ـ آ » مارقه لى پاكتى آرا .

ـ مستريح اول شيمدى نره يه كيدييورسك ؟

ـ نيو يورقه ..

ـ وقت پك كچ ، ناصل كيدهجكسك ؟

ـ وهست شوره خطنده بر ترهن دها وار . اوكا يتيشه بيليرم كيجه ياريسى نيو يورقده اوله جغم .

ـ عودتى نه يه بوقدر آرزو ايدييورسك ؟

٦٢

ـ بلكه دوستلرمز قيزى أودن قاچيرمغه جرأت ايدرلر . بو سببله أوده بولونمق ايسترم . قارشيمز ، عزمكار دشمنلر وار . هيچ بر شيدن قورقولرى اولمابان بو آداملر پك تهلكه ليدرلر .
ـ بو چته نك قوتى سزجه نه قدردر ؟
ـ لااقل اوچ كيشى . بلكه ، دها زياده در . ئوله ن كنج قادينك نره يه دفن ايدلمش اولدوغنى اوكرنمكه چاليش . اونك مزارينى زيارت ايتمكى پك ارزو ايدييورم .
ـ پكى . بكا اعتماد ايت .
ـ استاد استاسيونه عودتله ترهنه بيندى و نصف الليلدن بر آز صوكرا نيو يورقه واصل اوله رق ساعت برده اوينه كيردى .
ايچرى كيرنجه ، ايچنده غريب بر اوزونتو حاصل اولدى . أو سكونت ايچنده ايدى . استاد بو سكونتى هيچ بكنمه مشدى .
مشئوم بر حس قبل الوقوع ايله ، كه تينك اوطه قپوسنى اوردى . جواب آله مدى . تكرار اوردى و سسلندى . ينه جواب آله مدى . قپويى آچدى . اوطه بوش ايدى .
ـ غريب شى ! . عجبا كهتى نرهده ؟ دييه ميرلاندى .
هر شى يرلى يرنده ايدى ؛ فقط ايكى كنج قيز غائب اولمشلردى برده كورديكى كوچوك بر قادين منديلى نظر دقتى جلب ايتدى منديل قانلى ايدى . استاد منديلى آلهرق كهتى يه عائد اولدوغنى اكلادى . ژاقله بولوشدقدن صوكرا ، شكل[و] قيافتنى دكيشديرهرك تكرار پوليس خفيه سى پيق ويق اولمشدى .
سيماسنده عزمكار بر ادا بليردى ؛ كوزلرى شمشك كبى پارلادى :

٦٣

اگر ایکی قیزك بر قیلنه دوقوندیلرسه ، وای جانیلرك حالنه ! . عجبا نیقولاده نرەده ؟ . ذیلی چالدیغم حالده كلمدی . یوقسه جانیلر بونیدە می ...؟
پولیس خفیه سی مردیوەنلری ایكیشر ایكیشر چیقارق صادق اوشاغنك اوطه سنه واصل اولدی. قپویی شدتله آچدی و مؤلم بر منظره قاررشیدنده قالدی . نیقولا اللری ، آیاقلری باغلانمش ، آغزی قپاتیلمش اولدوغی حالده یرده یاتیوردی . پیق ، نیقولانك بایلمش اولدوغنی كوردی . همان باغلرینی چوزدی . و اون دقیقه صوكرا ، نیقولانك وخیم یارالری اولمدیغنی آكلایه رق سه ویندی .
نیقولا بر آز كندینه كلنجه پیق صوردی :
ـ نه اولدی !. چابوق سویله سویله !. دیدی .
اوشاق ضعیف بر سسله :
ـ همان هیچ بر شی بیلمیورم میستر پیق ویق . جوابنی ویردی .
ـ تعرضه اوغرادیغكز زمان نرەده ایدیكز !
ـ یتاغمده .
ـ اپی زمان اولدیمی ؟
ـ حریفلر بنی باغلادقلری زمان ساعت اون ایكییی چالیوردی .
ـ بر ساعت اول عودت ایتمش اولیدم ، نه اولوردی !. نه ایسه دوام ایت . سن قاچ كشی كوردك ؟
ـ اوچ اركك ، بر قادین .
ـ قادینی كورسه كز طانیه بیلیرمیسكز ؟
ـ خایر پچه لی ایدی و ارككلرك یوزندەده ماسكه واردی .

٦٤

ـ كنديلريني طانيته بيلەجك بعض معاومات ويره بيلير ميسك ؟

ـ پك آز ميستر پيق ويق . بونلردن بری ايری و قوتلی ايدی ؛ اوته‌كيلرده اورته بويلی ايديلر .

ـ يا ، سسلری ؟

ـ يانمده قونوشمديلر يالكز قادين بر امر ويردی .

ـ نه كبی ؟

ـ بيچاغكزی قلبنه صاپلايیكز ، اك ايیسی بودر . ديدی .

ـ هر ايشی بو قادين اداره ايدييوردی دكلمی ؟

ـ اوت بنده اويله ظن ايدييورم .

ـ سنی باغلادقدن صوكرا حيدودلر نه ياپديلر ؟

ـ قادين بكا دوغرو اكيلدی . بدايتده بنی بالذات اولدورهجكنی ظن ايتدم ، فقط او تبديل فكر ايدەرك قولاغمه : « بونك ايلك دسيسه مز او اولدوغنی افندكزه سويليكزه و كلەجك دفعه ، صره اونكدر . زيرا كنديسنی اولدورمكه عهدم وار . بو سوزلری عيناً اوكا تكرار ايديكز » ديدی .

پيق ويق ، حدت و تأثرله :

ـ پك اعلی ! كلسينلر ، سفيل حيدودلر! باقالم قارشيلرنده كيمی بولەجقلر ! نه ايسه ، دوام ايديكز نيقولا بعده كيتديلرمی ؟

ـ اويله ظن ايدرم ، ميستر پيق ويق .

ـ هجومه اوغرامه دن اول كورولتو ايشيتديكزمی ؟

ـ خاير ..

ـ جرأتكار حيدودلرك تحريسنده بكا رهبر اوله بيلەجك بر شی اولسون سويليه مزميسك؟

٦٥
- خاير ..
- نيقولا ، سوقاغه چيقه بيلهجك بر حالده‌ميسكز ؟
- اوت ، افندم .
- او حالده بنم ايچون بعض شيلر ياپابيليرسكز ؟
- امركزه منتظرم افندم .
- بو صباح ، بنم ايچون نيو يورغه بر بيلت آلمشديكز دكلمى ؟
- اوت ، افندم .
- همان ، ايلك ترەنله نيو يورغه كيديكز ؛ اور اده بر آرابه بولوب قليف قاستله كيديكز.. زنجى سايس طونى ، جونسونى ايستيكز . آكلاديكز مى ؟
- اوت ، ميستر پيق ويق .
- سايس ، بزم ژاقدر .
- آكلادم افندم .
- وقعه يى قيصهجه اوكا آكلاتيكز و بو كيجه ، قليف قاستلدن كيمسه غيبوبت ايدوب ايتمديكنى صوريكز . كيروب چيقان هر كسه دقت ايتمسنى‌ده سويليكز .
- باش اوستنه ، ميستر پيق ويق ..
- همان يوله چيقيكز . دقيقه لر قيمتليدر . ژاقك سويله‌يه‌جكى شيلرى ايى ديكليكز و بر كلمه سنى اونوتماييكز ... امكان نسبتنده چابوق عودت ايديكز .
- نيقولا ؛ انديشه ايله :
- ميس كەتى ياراليمى ؟ دييه صوردى .

٦٦

ـ بیلمیورم ؛ ظن ایدرسهم وخیم بر شیئه اوغرامدی ، حیدودلر ، اونی قاچیرمشلر .
چابوق استاسیونه قوشوکز .
ـ نیقولا کیتدکدن صوکرا ، پولیس خفیه سی‌ده ، جانیلرك أوه نه صورتله کیردکلرینی
آکلامق اوزره تدقیقاته باشلادی .
ـ حیدودلرك یاننده ماهر برده خرسزوار . چونکه عادی بر آدم قپونك کلیدینی
آچه مزدی . قادین چته نك رئیسه سی و ارککلرده اونك امرلرینه تابع .. فقط جانیلر بنم
أوده بولونمدیغمی نصا خبر آلمشلردی ؟ اکر بوکا صورت قطعیه ده امین اولمسه لردی
بو حاله جرأت ایده مزلردی . جونك اذنلی اولمسی جداً پك فنا اولدی .

ضعیف اماره لر

پولیس خفیه سی ، تحریات و تدقیقاتنی بیتیردیکی زمان صباح اولمق اوزره ایدی . پیق
حیدودلرك هویتلرینی میدانه چیقارهجق اماره لره دسترس اولمق ایچون غایت دقت و
اهتمامله چالیشمشدی . مع هذا بتون مساعینك نتیجه سی قانلی مندیل أیله نیقولانك
ویردیکی جزئی معلماتدن عبارت ایدی .
پیق ویق ، محله نك پولیس قره قولنه کیده رك ، اوینك بولوندوغی آطه اطرافنده
آقشامك سکزندن نصف اللیله قدر نوبت بکلین و کزهن پولیسله قونوشمق ایستدی .
بیللی جرمین اسمنده اولان بو پولیس اسنه یه رك قرەقولدن چیقدی :

٦٧
پوليس خفيه‌سی :
ـ بيللی بو کيجه ساعت اون‌بر بچقده نرهده ايديکز؟ دييه صوردی .
ـ ميستر پيق ويق ماديسون جاده‌سنده‌کی اوکزك کوشه سنده ايدم .
ـ سزی اوراده می دکيشديردیلر ؟
ـ خاير آطه نك اوته‌کی اوجنده ، سزك أوك اوست طرفنده دکيشديرلدم .
ـ ديمك ، اون‌بر بچقدن اون ايکی‌یه قدر متماديا اومك يقيننده قالديکز .
ـ اوت . ميستر پيق ويق .
ـ اومك اوکنده بر آرابه نك طورديغنی کورديکزمی ؟
ـ اوت .
ـ ساعت قاچ ايدی ؟
ـ تقربا اون ايکی‌یه چاريك واردی . بنی دکيشديردکلری زمان آرابه حالا اوراده ايدی.
ـ او آرابه دن اينن آداملری کورديکزمی .
ـ بر قادين کوردمسه ده يوزينی کوره‌مدم .
ـ همان اوه کيرديمی ؟
ـ خاطرلديغمه کوره ، مرديوه‌نی چيقدی زيلی چالدی . اوت، همان کيرمش اوله‌جق .
ـ فقط ، بويله اولدوغنه تماميله امين دکلسکز ؟
ـ خاير ميستر پيق ويق .
ـ قادين يالکزميدی ؟
ـ اوت .
ـ آرابه ناصلدی ؟

٦٨

ـ غايت كوزل ايدی حتی نظر دقتمی بيله جلب ايتدی ميستر پيق ويق .
ـ بكا بر آز تعريف ايديكز بيللی :
ـ پك ايی تعريف ايده‌ميه‌جكم . چونكه دقتله باقمدم . يالكز شكل عموميسی خاطرمده .
ـ شبهه سز كيجه نك بو ساعتنده برينك زيارتنی قبول ايتديكمی ظن ايتديكز دكلمی .
ـ اوت . بندن بويله ظن ايتدم .
ـ واقعا حقكز وار . اما بيللی ، بن اوده يوقدم و زائره قارتنی بر اقمغی اونوتمش .
ـ پك زنكين بر قادين اولسه كرك ، دكلمی ميستر پيق ويق ؟
ـ نه‌يه ؟
ـ بويله ، بر آرابه‌جی و ايكی اوشاقله كلن بر قادينك البته زنكين اولمسی لازمكلير .
ـ نه ؟ آرابه‌جيدن ماعدا ايكی‌ده اوشاقمی واردی .
ـ اوت ميستر پيق ويق .
ـ آتلر نه رنكده ايدی ؟ بونی خاطرليورميسكز ؟
ـ ايكی كوزل ياغز آت .
ـ آرابه هانكی استقامتدن كلدی .
ـ بشنجی جاده‌دن ..
ـ كيدركن سز يوقديكز دكلمی ؟
ـ خاير ، ميستر پيق ويق .

٦٩

ـ آرابه اومك اوكنده طورديغى اثناده بوكا بر قاچ دفعه باقديكزمى بيللى !

ـ اوت ، ميستر پيق ويق ، مراق ايتمشدم ؛ فقط بر آز اوزاقده اولدوغم ايچون ايى كورهميوردم .

ـ اوشاقلر آرابه نك ياننده‌مى قالمشلردى .

ـ شيمدى دوشوندم ظن ايتميورم ..

ـ او حالده نه ياپيورلردى .

ـ آرابه‌جى ايله ايكى اوشاغك ايندكلرينى خاطرليورم .. فقط دكيشمه وقتى اولديقندن ترصداتمه دوام ايتمدم .

ـ سزى دكيشديرن آرقداشكزه آرابه دن بحث ايتديكزمى ؟

ـ خاير .

ـ سزى كيم دكيشديردى ؟

ـ جه يمس موللیغان .

ـ جه يمس حالا نوبتده‌مى .

ـ خاير اونى‌ده شيمدى دكيشديرديلر .. ايشته كليور .

ـ تشكر ايدهرم بيللى ويرديككز معلومات شيمديلك بنم ايچون كافى ..

ـ ميستر پيق ويق بر شيئمى اولدى .

ـ اوت بيللى فقط انشاءالله نتيجه سى فنا اولماز .

پوليس خفيه سى ، بو سوزلرى متعاقب ، ايچرى كيرهن موللیغانه دوشدى و اوكا :

ـ موللیغان ، نوبته كيرديككز زامن ، أومك اوكنده طوران

٧٠

قوناق آرابه سنى كورديكزمى ؟ دييه صوردى .

- اوت ، ميستر پيق ويق .
- آرابه يى ياقيندن مى كورديكز ؟
- اوت ، ياننده كچدم .
- ساعت قاچده ؟
- نصف الليلى بر قاچ دقيقه قدر كچيوردى .
- آرابه جى ، يرنده ميدى ؟
- خاير ، ميستر پيق ويق ؛ آرابه نك ياننده نه آرابه جى و نه ده اسپير وار ايدى . بو حال نظر دقتمى جلب ايتدى .
- آتلره كيم ياقيوردى؟ بيللى جرمين ، آتلرك پك حشرى اولدوقلرينى سويلمشدى ..
- آتلرى بر كنج چوجق طوتيوردى .
- اونكله قونوشديكزمى ؟
- اوت ، اوكا آرابه جينك نره ده اولدوغنى صوردم .
- نه جواب ويردى ؟
- سزك اوى كوسترهرك : « اوراده لر ؛ كوريله جك بعض ايشلرى وارمش .. آتلره باقمق ايچون بكا بر دولار ويرديلر » ديدى .
- يا !.. صوكرا ، نه ياپديكز ؟
- دولاشمغه دوام ايتدم .
- باشقه شى كورديكزمى ؟
- اوت ، آرابه نك كيتديكنى كوردم .
- نه وقت ؟

۷۱
- تخمیناً ، بر چاریك ساعت قدر صوكرا ..
- هانكی استقامته دوغرو كیتدی ؟
- بشنجی جاده استقامتنه دوغرو ..
- بر آرابه‌جی ایله ایكی اوشاق واردی ، دكلمی ؟
- خایر .. ایی كوردم ، بر اوشاق واردی .
- پك اعلی ! آتلری طوتان چوجوغی طانیورمیسكز ؟
- اوت .. پك ایی طانیرم .
- بو آنده اونی بولمق قابلمی ؟
- البته .
- موللینغان ، او یومقجی ، یوقسه یكرمی دولارلق بر بانقنوطیمی ترجیح ایدرسكز ؟
- پولیس ، كوله‌رك :
- طبیعی ، بانقنوطی !.. جوابنی ویردی .
- اویله ایسه بنمله برابر كلیكز ..كیدوب چوجوغی آرایه‌لم .
- همان شیمدیمی ؟
- اویله یا !

پیق ، قره‌قولده‌كی معاوندن اذن آله رق موللینغانی كوتوری .. یارم ساعت صوكرا ، آتلری طوتان چوجوقله قونوشمغه باشلامشدی . پات سوللیوان اسمنده اولان بو چوجوق حالا اویقو سرسمی ایدی . كوزلرینی اوغوشدیرییور . و كندیسی یاتدیغی آخورده بر آز شدتله اویاندیرن پولیسك نه ایستدیكنی آكلایه‌میوردی .
پیق ویق ملایمانه :

- حالا اويقوكمى وار ، يوروم ؟ دييه صوردى .
- وار كبى ، افندم !
پوليس خفيه سى ، بش دولارى چوجوغه اوزاتهرق :
- پات سوللىوان ، ايشته سنى شو اوياندير هجق !. ديدى .
پات ئه لكتريقلنمش كبى :
- واى !. دييه باغيردى .
- چوجوغم پاره يى جيبكه قوى و سؤاللرمه جواب وير .
- جديمى سويليورسكز افندم ؛ بو پاره يى بكامى ويرييورسكز ؟
- اوت سنكدر . نه ايسه ، كله لم ايشمزه . بو كيجه ماديسون جادەسنده آتلرينى طويديغك آرابه يى خاطرلىورميسك ؟
- اوت ، اوت افندم .
- آتلرك يانندە نه قدر مدت قالدك ؟
- يكرمى دقيقه قدر .
- سنى آتلره باقمغه كيم مأمور ايتدى؟
- آرابهجى .
- آرابهجيدن باشقه اوشاقلر ده وارميدى ؟
- اوت ، صيرمه شريدلى البسه لى ايكى آدام دها واردى .
- بو آداملر آتلرى سكا تسليم ايتدكدن صوكرا نه ياپديلر ؟
- اوه كيرديلر .
- آرقه لرندەكى البسه لرلەمى ؟
چوجوق ، بو سوزدن بر شى آكله مديغندن :
- نه ديمك ايستيورسكز افندم ؟ دييه صوردى .

۷۳

- یعنی اوشاقلرك البسه لری آرقه لرندهمیدی دییه صوردی ؟
- خایر . فقط بونلردن برینك قولتوغنده بر پاكت واردی .
- یا ! . بنده اویله دوشونمشدم . أودن چیقدقلری زمان بر شی كتیرمشلرمیدی ؟
- اولا ، بونلردن بری كله رك بنی صاودی .
- سن ده ، نه اولهجغنی كورمدن همان اودان صاووشوب كیتدك اویله می پات ؟
- چوجوق معنیدار بر صورتده كوزینی قیرپدی
- یقین بر یرده صاقلاندك و كوز هتلدك دكلمی پات ؟
- اوت .
- نه كوردك ؟
- اوتهكیلرك ده چیقدیغنی كوردم .
- بونلر غالبا بر شی كتیرمشلردی ؟
- اوت، اویله .
- او نه ایدی پات ؟
- بر قادین .
- صوكرا ؟
- بر دیكرینی دها كتیرمك ایچون كیتدیلر .
- بونلری نرهدن كوز هتلدك پات ؟
- ایكی أو ایلریده بر كوشه یه كیزلنمشدم .
- كتیردكلری قادینلر ، مقاومت كوستریپورلرمیدی ؟
- خایر .

- بوكا امينميسك ؟
- ئولولر كنديلريني ناصل مدافعه ايده بيليرلردي ؟
- اونلرك ئولو اولدويغنه قانعميسك ، پات ؟
- اوت .
- نه صورتله قانعسك .
- چونكه ، سوپوركه صاپى كبى ديم ديك ايديلر .
- صوكرا نه ياپدك ، پات .
- بن ده چكيلوب كيتدم .
- پات ، آرابه يى تعقيب ايتمش اوليدك ، چوق پاره قازانه‌جقدك .
- نه صورتله قازانه‌جقدم ، افندم ..
- نه ايسه ، بو سؤالى براقه لم ، سولليوان . سكا يكى بر البسه هديه ايديليرسه ممنون اولورميسك .
- پك دار اولمازسه ..
- يكى بر شاپقه ، فوطين ، بر جيب بيچاغى و ايچنده بش دولار بولنان برده پاره چانطه‌سى ..
- چوجوق ، حدتلى بر طورله :
- بنملە اكلنيورسكز ، افندم ! او قدر بدلامى‌يم ! ديدى .
- خاير ، پات ؛ جدى سويليورم .

قورقمغه باشلايان چوجوق :
- بونلرى ويرمكده‌كى مقصدكز نه در .
اگر بر اورغون اورمق فكرنده ايسه كز ، سزك ايچون كندمى آتشه اتامیه‌جقمى بيلیكز .

٧٥

ـ سولليوان، سن نه سويلديككي بيلميورسك.
ـ بن پك جدی سويليورم. بنم حسابمه بر ويا ايكی كون چاليشير ميسك.
ـ اكر، ضابطه طرفندن ياقالانمق تهلكه سی اولمايان بر ايش ايسه طبيعی چاليشيرم. نه وقت باشلايهجغم!
ـ همان شيمدی.
ـ اويله پوصو قورمق، آدم صويمق كبی شيلر يوق دكلمی، افندم.
ـ خاير، خاير.. بو جهتدن مستريح اول. هم ميستر مولليغانك بويله بر شيئه موافقت ايدهجككی ظن ايدرميسك.
ـ دوغرو.. بونی دوشونه ممشدم. مولليغان پك ناموسلو بر آدمدر. يا اوته كيلر!.. آللهم! محله مزك درتده اوچی فنا آدملردن.. نه ايسه بونلردن بحث ايتمك ايستهمم.

تعقيب ايديلن جانيلر

پيق ويق، اولا سولليوانی اوينه كوتوردی. بونك قيافتنی او درجه تبديل ايتدی كه كيمسه طانيه مزدی. بعده، كنديسنی ده طانينماز بر حاله قويدی.
پاته، كوندوزين ياپاجغی شيلره دائر تعليمات ويردی. چوجوق ذكی اولديغندن در حال آكلادی ـ صباحك ساعت اونده، پيقله سولليوان سوقاغه چيقديلر.
پيق ويق، اورته حاللی، قرق بش ياشلرنده قوهٔ باصرهدن

٧٦

محروم بر شهرلی قیافتنه كیرمشدی . پات بوكا رهبرلك ایدییوردی . ساخته اعمی ،
دوغروجه آووقات غرهنلافك یازیخانه سنه كیتدی . فقط آووقات اوراده دكلدی . وقت
غائب ایتمه مك ایچون خفیه پولیس سی بر بر تلفون مركزینه كیدهرك شهرك بویوك
اوتللریله متعاقباً قونوشدی . دائما :
مشتریلركز میاننده سپلین اسمنده بر دوقتور وارمی سؤالنی صورییوردی .
نهایت مادیسون پارقنه ناظر اسكی مشهور بر اوتل اولان هوفمان هاوزدن آتیدهكی
جوابی آلدی :
ـ او آدام بزه ایدی ، فقط بو صباح كیتدی .
ـ آدرهسنی براقدیمی ؟
ـ خایر .
استاد ، بر آن قدر دوشوندی . پلانی پاتله برابر بربرینی متعاقب آووقات غرهنلافی ،
دوقتور سپلینی ، دوقتور بورتونی كزمك و چوجوغه بونلری كوسترهرك آرابه ایله
اوه كلنلرك میاننده بونلرك بولونمدیغنی آكلامق ایدی . پیق ، كنج رهبرینه :
ـ غرهنلاف عودتی ایچون او كلنه قدر بكلمهمز لازم ، پات . اكر او وقتده كلمزسه ،
كندیسنی نرهده بولهجغمزی بیلیرم .. دیدی . اون ایكییی یكرمی كچه ، بونلر
غرهنلافك دائرهسنه كیتدیلر . آووقات كلمشسهده مشغول بولوندوغی سویلندی .
ـ خبر ویریكز ، كندیسنی بش دقیقهدن فضله راحتسز ایتمیهجكم . بنی قبولدن
قورقماسین ، وقتنی سوء استعمال ایتمم . ذاتاً بنمده عجله

ایشم وار . هم بکا پك زیاده توصیه ایدلدیکنی و قبول اولنمدیغم تقدیرده باشقه بر
اووقاته مراجعت ایتمك مجبوریتنده قالهجغی ده سویلیکز . اعمی اولدوغمدن دولایی
شایان اعتماد بر آدمله ایش کورمك ایسترم و نیو یورك ده یبانجیسی‌یم .
کاتب ، همان آووقاتك خصوصی اوطه سنه کیتدی .. پیق ویق کاتب چیقدیغی زمان
اوطه نك ایچنی کوره بیلهجك بر صورتده طوردی . بر دقیقه صوکرا ، کاتب چیقه رق
میستر غرەنلافك بر قاچ ثانیه صوکرا کندیسنی قبول ایدهجکنی پیقه سویلدی .
پیقله یکی معاونی ، مهم بر ترصدده بولونمشلردی .
پات ، یازیخانه سنده اوطوران آووقاتی یاندن پك ایی کورمشدی .
ـ پیق ویق ده ، آصلا کورمدیکی ایکنجی بر آدام کورمشدی .
مع هذا ، ژاقك تعریف ایتدیکی دوقتور نورتونك اشکالی تماميله بو آدمه توافق
ایدییوردی .
استاد :
ـ نه اعلی ! . اك مهم بر شی الده ایتدم . دییه دوشوندی .
پات ده بونك قولاغنه :
ـ اوراده ، بو کیجه کوردیکم بری وار ، افندم دییه فیصیلدادی .
ـ بوندن امین‌میسك ؟
ـ صورت قطعیه ده امینم . کندینی آرابه‌جی یاپمق ایچون ساخته بر صقال طاقمشدی .
اونی ، بروننك اکریلکندن طانیدم . بوندن باشقه ..
ـ ئەی ، سویله پات .

٧٨

- كوزلرينى اويله بر قيرپشى برون دليكلرينى اويله بر اويناتيشى وار كه ..
- پات ، سن جداً پك ذكى بر چوجقسك ..
- او كيجه بونى كورديكم زمان بو شيلر نظر دقتمى جلب ايتمش اولور .
- پكى ، پات . ترصداتكك دوغرولغنه امينم .
- پيق ويق ، طورنه یی كوزكندن اورمق ايستيەرك همان كاتبك ياننه كيتدى برونه طبانجه یی دايايارق :

كاتب قورقودن تتره يەرك :

- دوستم ، بونى كوريپورميسكز؟ دييه صوردى.

اوت ، كوريپورم نه ايستيورسكز ديدى .

- بو قپو نرەيه آچيلير ؟

استاد ، صالونده غرەنلافك خصوصى اوطه سنك قارشيسنده بولنان بر قپویى كوستردى .

- اوراسى ، ال ييقامغه مخصوص قاراقلق بر كوچوك اوطه در .
- پكى . همان اورايه كيريكز باقايم .
- بنمى . نيچون .
- بن اويله ايستيورم؛ اكر ئولمك ارزو ايتمزسه كز امرمه اطاعت ايديكز .
- پكى اطاعت ايدييورم .
- كاتب ، كوچوك اوطه یه كيردى پيق قپویى اناختارله كليدلدى .

يواشجه :

٧٩

ـ شيمدى ، اويونه باشلايه بيليرز . ديدى .
ـ بكا ، اويون باشلادى كبى كليور افندم .
ـ اگر قورقيورسه ك كيده بيليرسك ..
ـ خاير ، قاله‌جغم .
ـ فقط دقت ايت كه سكا بر شى اولماسك .
ـ كوزمى آچارم .

پوليس خفيه سى ، يواشجه آووقاتك خصوصى اوطه سنك قپوسنه كيدەرك قولاغنى دايادى . بر قاچ ثانيه قدر دقتله ديكلديسه ده ايچريده سويلنن سوزلردن هيچ برينى آكلايه‌مدى .

بردنبره قپويى ايتدى و ايچرى كيردى .
اوطه‌ده اوچ كيشى وار ايدى . بونلر ، بر صيچرايشده آياغه قالقديلر ..
بو اوچ كيشى ؛ غرهنلاف ، بورتون و دوقتور سيپلين ايدى .
آووقات تهورله :
ـ بونه ديمك اولويور دييه باغيردى .
پوليس خفيه سى ، باردانه بر تبسمله :
ـ سزى قانون نامنه توقيف ايدييورم ، ايشته بو ديدى .
ـ هر النده ، بر برووينغ طبانجه سى وار ايدى .
ـ ايچكزدن برى . شبهه لى بر حركتنده بولونور و بكا اطاعت ايتميه‌جك اولورسه بلا تردد بينى پاطلاتيرم ..
غرهنلاف :
بو ، صلاحيت و امنيتى سوء استعمالدر ! دييه اعتراضده بولوندى .

٨٠

دوقتور سپلين ده حدتله :

ـ كيمسكز ؟ بزه قارشى نه حقله بويله بر معامله ده بولونيورسكز ؟ دييه هايقيردى .

استاد مستريحانه :

ـ بن ، پوليس خفيه سى پيق ويقم .. جوابنى ويردى .

بو سوز ، اوچ جانيده پك بويوك بر تأثير حصوله كتيردى .. بونلر ، يأس و فتورله بربرلرينه باقيورلردى .

سپلين ، كندى كندينه لعنت ايدركن غرهنلاف رنكدن رنكه كيرييور و امداد اوميورمش كبى اوچنجى شخص اولان دوقتور بورتونه باقيوردى .

هپسندن دها آز قورقو آثارى كوسترن بو شرير ، آجى بر تبسمله و جعلى بر لاقيديله :

ـ ميستر پيق ويق ، حركتكز بر آز مغاير قانون دكلمى . دييه صوردى .

ـ بلكه .. فقط ، هر حالده دون كيجهكى حركتكز قدر قانونه مغاير دكلدر .

ـ بورتون ، معصومانه بر طورله :

ـ دون كيجهمى ... دييه صوردى .

ـ اوت .

ـ آكلايهميورم ، نه ديمك ايستيورسكز ؟

ـ شيمدى آكلارسكز . پات ، بر آز بورايه كل .

سولليوان قوشارق كلدى .

٨١

- بو آدملری طانیورمیسك ؟
- اوت .. ایکیسنی طانیورم .
- هانکیلرینی .
- شو ایکی‌یی ..
- قونوشدیغم آدامی طانییورسك، اویله می ؟
- اوت .
- اوته‌کیلری طانیدیغکه امینمیسك .
- اوت ، افندم .
- بورتون صوردی :
- بزی نه ایله اتهام ایدییورسکز .
- خیرسزلقله و قیز قاچیرمقله .
- ایی دوشونکز . انسان کلیشی کوزل بویله بر شیله اتهام ایدیلهمز .
- اخطاریکزه ، محتاج دکلم .
- الکزده بر طوقیف مذکره‌سی وارمی ؟
- اوکا ده احتیاجم یوق .
آو وقات :
- عفو ایدرسکز اما ! دیدی .
- افندیلر ، بوندن دولایی اوزولمه ییکز . توقیف مذکره‌سی صوکراده آله بیلیرم ..
شیمدیلك طرفمدن موقوفسکز .
- بز ده اویله قولای فولای کیدنلردن دکلز .
- هله مقاومت ایتمکه قالقکز ، او وقت کوریرسکز .
اوچ حیدود یك آواز اولهرق :

٨٢

- بونى سويلمكدن مقصدكز نه در دييه باغيرديلر .
- كيم يورومك ايسته مزسه قفاسنى پاتلاته‌جغم .
- ديمك بزى توقيف ايتمكده اصرار ايدييورسكز ؟
- اوت .. بر شرط مستثنا اولدوغى حالده :

بر آز تسلى بولان دوقتور بورتون :
- آخ ! غالبا ، بزدن پاره قوپارمق ايستيورسكز ؟ ديدى .
- سويلديككز سوزه اينانميورسكز يا .. لاكن ، سزه ايراد ايده‌جكم بر قاچ سؤاله سربستجه جواب ويررسه كز بلكه حقكزده دها مساعدكارانه داورانيرم .

دوقتور بورتون ، اميدله :
- نه يه دائر صوراجقسكز ؟
- بو كيجه أومدن قاچيرديغكز ايكى كنج قيزه دائر . اكر اونلره بر فنالق ايتمديككزى اثبات ايده‌جك اولورسه كز و بولوندقلرى يرلرى بكا كوستررسه كز سزده شيمديلك ايستديككز يره كيده بيلىرسكز . فقط شونى ده ايى بيلىكز كه ايركچ جزاكزى كورمجكسكز .

شيمديلك اويله‌مى ؟
- اوت .. و يالكز شخصمه عائد اولان جهت ايچون ..

بورتون :
- سويلديككز ، قاچيريلان كنج قيزلر حقنده هيچ بر معلوماتمز يوق .

پوليس خفيه سى ، تهديدكار بر طورله :
- يالان سويليورسكز ! دييه باغيردى .

٨٣

بورتون ، اموزلرینی سیلکه رك ، كوزلرینی یره دیكمش اولان غره‌نلافه باقدی .
غره‌نلاف ، نهایت :
ـ بورتون ، اك ایيسی هر شیئی سویله‌مكدر . میستر پیق ویق سوزینك أری در . مادامكه بزی براقه‌جغنی وعد ایتدی ، كندیسنه اعتماد ایده بیلیرز .. دیدی .
بورتون ، حدتله :
ـ غره‌نلاف ، اكر دیلكزی طوته‌مایه‌جقسكز میستر پیق ویقله سز قونوشكز ، ایشته بن چكیلیورم .
غره‌نلاف جدی بر تبسمله :
ـ میستر پیق ویق، میس كه‌تی‌یی صاغ و سالم اوكزده بوله‌جقسكز .
پولیس خفیه سی مخاطبه باقدی .
یا ، میس قلاریتا دوونینغ ؟
ـ سزه كندیسنی قلاریتا دوونینغ اولارق تقدیم ایدن و بزمكیلردن بری او لان او كنچ قیز ده بوراده در .
ـ اویله ایسه اونی همان بورایه كتیریكز .
ـ غره‌نلاف ، بورتونه بر اشارت ایتدی ؛ بیتیشیك بر اوطه‌نك قاپوسنی آچدی . آووقات:
ـ میس دوونینغ ، لطفاً بورایه كلیكز !. دییه باغیردی .
بو سوز اوزرینه پچه لی بر قادین یازیخانه یی كیردی .
بورتون :
ـ لطفاً پچه كزی قالدیریكز . دیدی .
قادین اطاعت ایتدی .

٨٤

پوليس خفيه سى قادينك كوزلى سيماسنه حيرتله باقيوردى .
مزبوره ، معاونت و حمايه طلبى ايچون كنديسنه كلمش اولان كنج قيزدن باشقه سى دكلدى .
افادهسنه نظراً سنه لرجه دار الشفاده بغيرجق صاراروب صولان قلاريتا دوونينغ شيمدى او ايدى .
اوت ، شبهه يه هيچ محل يوقدى . پيق حتى اونك قولاقلرندهكى منكشه شكلندهكى كوچوك كوپه لرى بيله طانيوردى .
آلداتيلان پوليس خفيه سى ، قاشلرينى چاتمش اولدوغى حالده حدتله دوداقلرينى ايصيره رق بو دساس قادينه باقيوردى .
تهديدكار بر طورله :
ـ سويله باقالم ديدى .
قادين ، لاقيدانه اوموزلرينى سيلكه رك مستهزيانه بر ادا ايله :
ـ نهايت ، قلاريتا دوونينغ اولدوغمه اينانديكزمى دييه صوردى .
پيق ويق آجى بر تبسمله :
ـ آرتق ، شبهه ايتمكلكم قابل دكلدر .. جوابنى ويردى .
ـ ميستر پيق ويق ، بندن نه ايستيورسكز .
ـ كهتيدن نه وقت و نه صورتله آيرلديكز .
ـ بر ساعت قدر اول ، سزك اوده كنديسندن آيرلدم .
پوليس خفيه سى ، كنج قيزه دها زياده دقتله باقمغه باشلادى .
ـ صاغ و صالممىدر قاچرلديغى اثناده كنديسنه بر فنالق ياپيلمدى يا .
ـ خاير . اوكا هيچ بر فنالق ياپيلمديغنه تماميله امين اولا بيليرسكز .
ـ بكا ويرهجككز باشقه ايضاحات وارمى ؟

٨٥

قادین ، تردد کوستردی ؛ بر آن قدر دوشوندکدن صوکرا ، شو شایان حیرت سؤالی صوردی :

ـ بو افندیلره عالیجنابانه بر صورتده بخش ایتدیککز عفوده بن ده داخلمی‌یم .

محمیه سنك ، جانیلره درجهٔ مناسبتنی هنوز آكلایه‌میان پولیس خفیه سی ، جواب ویرمدن اول بر آز دوشوندی صوكرا :

ـ سؤالكز ، سزك ده بو آداملرله مشترك اولدوغكزی تمامیله كوستریپور ، جوابنی ویردی .

ـ فقط ، بویله اولمسه بیله ، بكا ده ، بو ذواته وعد ایتدیککز کبی اوزون مدت سربستی بخش ایدهجكمیسكز .

پولیس خفیه سی ، آنی بر حسه قاپیله‌رق :

اوت .. دیدی . اونلره سوز ویردم و سزه قارشی ده عین وجهله حركت ایدهجكم . اكر كهتی‌یه حقیقةً بر شی اولمامشسه ، أوده صاغ و سالم بوله بیلیرسه‌م سزی ده سربست براقه‌جغم .

ـ تكلیفكزی كمال شكر انله قبول ایدییورم و سزه بر اعترافده بولونمغه حاضرم . بو وجهله حركتمك سببنی ایضاح ایتمدن اول سزه ، دوقتور قوآرچك مدهش بر دشمنی اولدوغكزی خاطرلاتمق ایسترم .

ـ اوت .. بلكه اویله در .

ـ میستر پیق ویق ، دوقتورك وفاتندن و جداناً سز مسئولسكز .

ـ بو ، بلكه سزجه اویله در . دوقتور قوآرچك پك شرفلی اولمایان عاقبتی ، متعدد جنایتلرینك نتیجه سی ایدی .

ـ دوقتورك ، صمیمی و صادق دوستلری ده وار ایدی . ایشته ، كهتی‌یی قاچیرانلر میاننده اونلرده بولونیورلردی

٨٦

ایشى آكلادیغنى ظن ایدن پیق ویق :
ـ ها ، آكلایورم ! دییه باغیردی ، سز ، معهود دوقتورك انتقامنى آلمق ایچون بو قومیدیایى ترتیب ایتدیكز .. بویله دكلمى ؟
ـ اوت . پك ایى كشف ایتدیكز ، میستر پیق ویق .. معاونه‌كز كه‌تى یى قاچیرمق صورتیله سزك اك حساس نقطه‌كزدن اوره‌جغمزى ظن ایدییوردق .
ـ ایى دوشونولمش بر پلان . بو ابلهانه پلانى سزمى تصور ایتدیكز ؟
ـ اوت ، بن .
ـ و ، ایشك فرقنه وارلمامسى ایچون ده كندكزى كه‌تى ایله برابر قاچیرتدیكز دكلمى ؟
ـ كندمى میس كه‌تى ایله برابر قاچیرته‌جق اولورسه‌م ، علیه‌كز ده یاپیلان ترتیبات خفیه ده مدخلدار اولمدیغمه حكم ایده‌جككزى دوشونمشدك .
پیق ویق ، بو درت شریك خباثتى تحت ترصدده بولوندور‌ه‌رق دوشونیوردى .
سیماسنده ، حدت و تهوردن متولد آثار مشهود اولیوردى . نهایت :
ـ ایى اما ، بو مكمل پلانى موقع تطبیقه قویدقدن صوكرا ، كه تى یى سربست براقمغه و اونى اوه قدر كوتورمكه نه سبیه مبنى قرار ویردیكز ؟ دییه صوردى .
ـ چونكه ، ایشك ایى نتیجه ویرمیه‌جكنى آكلامشدق . سز ایزمزى كشف ایتمشدیكز . واقعا ، دوقتور قوآرچك انتقامنى آلمغه پك ارزو ایدییوردق ؛ فقط ، هر شیدن اول كندى امنیت شخصیه‌مزى ده

٨٧

دوشونمك مجبوريتنده ايدك . ميستر پيق ويق ، سزى بحق تقدير ايده ممشدك . أوكزه كيرهن اشخاصك اشكالنى تماميله اوكرنمش اولدوغكزى خبر آلدق و او وقت ، پارتييى غائب ايتديكمزى آكلادق . ايشته بو سببه مبنى ، معاونهكز ميس كهتىيى اعاده ايتمكه قرار ويردك ، بو صورتله تعقيبكزدن قورتوله‌جغمزى اميد ايدييوردق . مع هذا، بزى بويله چابوجاق ياقالايه‌جگكز هيچ عقلمزه كلمه‌مشدى .

پوليس خفيه سى ، قادينه جواب ويرميه رك سوللى‌وانه غرهنلافك ماصه سى اوستنده طوران تلفون ايله مركزى ايسته‌مسنى امر ايتدى .

بونكله برابر ، ايكى بروونينغ طبانجه سنك تحت تهديدنده بولونديرديغى شريرلردن كوزلرينى آييرميوردى .

چوجوق ، النى پوليس خفيه سنه اوزاتدى . بوده تلفونى طوتمق ايچون طبانجه نك برينى جبينه قويدى كندى تلفوننك نومروسنى ايستدى . و بو نومرودن جواب آلنجه :

ـ سزميسكز ميستر پهتهرش ديدى .

پوليس خفيه سنك خدمتجيسى :

ـ اوت ميستر پيق ويق . جوابنى ويردى .

ـ ميس كهتى اوه كلديمى ؟

ـ اوت ، بر ساعت قدر اولويور .

پيق ويق ، تلفونى يرينه براقدى و شريرلره خطاباً :

ـ شخصنى ايشلرمدن دولايى سزى اتهام ايتمه‌مكه سوز ويرمشدم سزه يكرمى درت ساعتلك بر مهلت ويرييورم بوندن استفاده ايديكز . زيرا بو مهلتك ختامنى متعاقب نيو يورقدن مفارقت ايدهرك اوزاقلر

٨٨

كيتمزسه كز سزه قارشى صوك درجه شدتله حركت ايدهجكم .
اكر ينه سزه تصادف ايدهجك اولورسه م هپكزى متوفى دوقتور قوآرچك شركاى ملعنتى تلقى ايدرك او صورتله معامله ده بولونهجغم . اير كچ عدالتك دست انتقامنه دوشهجكسكز . هايدى شيمدى كيديكز .. سوزلرينى سويلدى .
درت شرير ، بر سوز سويلمكه جسارت ايده مكسزين يازيخانه دن چيقدقدن و كوچوك قاراكلق اوطه يه حبس ايديلن كاتب تخليه ايدلدكدن صوكرا ، پات ، پوليس خفيه سنى قولندن چكەرك :

ـ ميستر پيق ويق ، آرتق بنى يانكزدن آييرميهجقسكز دكلمى . دييه صوردى .
ـ البته باوروم . بوندن صوكرا ، سن ده بزمله برابرسك وظيفەكى پك ايى ايفا ايتدك .. ديدى .

صوك

هفته يه نشر اولنەجق [پيق ويق] ك خارق العاده سر كذشتلرندن [١٣ نومرولى لوقوموتيف] نامندەكى وقعه در .

Ottoman Turkish Text with Modern Turkish Transliteration and English Translation

Sudi'nin Zabıta Romanları Külliyatından

From the Collection of Detective Novels of Sudi

Pickwick

Amerikalı Meşhur Polis Hafiyesi Pickwick'in Şimdiye Kadar Emsali Neşr Olunmamış Esrarengiz Merakaver ve Heyecanlı Sergüzeştlerinden:

From the mysterious, sensational and thrilling adventures of the famous American police detective Pickwick, having remained unpublished until now:

From the Collection of detective novels of Sudi

Kadın Hilesi
Feminine Chicanery

Her Kitap Başlı Başına Bir Sergüzeşti Muhtevidir.

Sahip ve Naşiri:
Kütüphane-i Sudi
İstanbul- Bab-ı Ali Caddesi, 1921

- [سودی] نك ضابطه رومانلری كلیاتندن

پیق ویق

آمریقالی مشهور پولیس خفیه سی [پیق ویق]ك شمدی یه قدر امثالی نشر اولنمه مش اسرار انكیزمراق و هیجانلی سركذشتلرندن

قادین حیله سی

هر كتاب باشلی باشنه بر سركذشتی محتویدر

صاحب و ناشری : كتابخانهٔ سودی

استانبول ـ باب عالی جاده سی

۱۹۲۱

Sayfa/Folio 3

Kadın Hilesi
Feminine Chicanery
Miras Gaspı
The Usurpation of Patrimony

Kibar kıyafetli bir kadın Pickwick'in salonunda oturarak polis hafiyesini bekliyordu. Biraz sonra, Pickwick içeri girerek nazikane eğildi, zaire, ayağa kalkarak:

An aristocratically dressed lady was sitting in Pickwick's lounge, waiting for the police detective. A short while later, Pickwick entered and bowed politely, as the visitor stood up.

- Mister Pickwick'le mi görüşmek şerefiyle mübahi oluyorum? diye sordu.

"Do I have the honor of meeting with Mr. Pickwick?" she asked.

- Evet, Madam... sebeb-i ziyaretinizi anlayabilir miyim?

"Yes madam... may I understand the reason behind your visit?"

- Biraz benimle meşgul olmanızı rica etmek için (içün) geldim.

"I came to beseech you to undertake some toil on my behalf."

- Ne gibi bir iş için madam?

"For what sort of matter, madam?"

- Gayet esrarengiz bir iş.

"An extremely mysterious matter."

- Anlıyorum...

"I see..."

- Bana muavenet bulunmağı vâât (va'ad) ediyor musunuz?

"Will you promise to assist me?"

- İşin ne olduğunu anlamadan söz veremem... fakat, lütfen. Söyleyiniz, evvela, kim olduğunuzu söyler misiniz?

"Until I understand what the matter is, I cannot give you my word... but, please, will you first tell me who you are?"

٣

قادين حيله سى
ميراث غصبى

كبار قيافتلى بر قادين , پيق ويقك صالوننده اوطوره رق پوليس خفيه سنى بكليوردى. براز صوكرا پيق ويق ايچرى كيره رك نازكانه اكيلدى , زائره , آياغه قالقه رق :

- ميستر پيق ويقله مى كوروشمك شرفيله مباهى اولويورم ؟ دييه صوردى .
- أوت، مادام .. سبب زيارتكزى آكلايه بيلير مى يم ؟
- بر آز بنمله مشغول اولمكزى رجا ايتمك ايچون كلدم ..
- نه كبى بر ايش ايچون مادام ؟
- غايت اسرار انكيز بر ايش ..
- آكلايورم ..
- بكا معاونتده بولونمغى وعد ايدييور ميسكز ؟
- ايشك نه اولدوغنى آكلامدن سوز ويره مم .. فقط ، لطفاً سويلييكز . اولا ، كيم اولدوغكزى سويلر ميسكز ؟

Sayfa/Folio 4

- İsmim Clarita Downing'dir.
"My name is Clarita Downing."

- Madam mı? Matmazel siniz?
"Is it Mrs. or Miss for you?"

- Müteehhil değilim.
"I am not married."

- Pekala, yüzünüzü göstermek için lütfen peçenizi kaldırır mısınız? Zaire, biraz tereddüd etti, fakat, peçeyi de kaldırdı.
"Very well, would you please lift your veil to show your face?" The visitor was a bit hesitant, but she lifted her veil.

- Pickwick, kadının son derece güzelliği karşısında mebhût kaldı, böyle güzel ve câzibeli bir kadın görmemişti...Clarita hakikaten bir timsal-ı melahet idi. Kadın:
Pickwick was shocked by the extreme beauty that was standing before him, for he had never seen such a beautiful, alluring woman. Clarita was truly an image of grace.

- Hayli zamandan beri ilk defa olarak bir yabancıya yüzümü gösteriyorum, dedi.
"This is the first time that I am showing my face to a stranger in a long while," the lady said.

- Yüzünüzü kimseye göstermek istememekdeki sebep nedir?
"Why do you not want to show your face to anyone?"

- Benimle diğer bir kadın arasındaki müşabehet...
"There is a resemblance between me and another woman..."

- O kadın kimdir Miss?
"Who is that woman, Miss?"

- Onun da adı Clarita Downing'dir.
"Her name is also Clarita Downing."

- Ne diyorsunuz?! Demek, birbirine tamamiyle benzeyen ve aynı ismi taşıyan iki kadın mevcûd öyle mi?
"What are you saying?! You mean there are two women who look completely alike and are bearing the same exact name?"

- Evet, öyle efendim.
"Yes, that is so, sir."

- Garip bir cilve-i tesadüf...
"What a strange twist of coincidence..."

- Bu bir tesadüf değil, bir cürüm [cürm].
"This is not a coincidence, it's a crime."

- Bir cürüm mü?
"A crime?"

- Evet; çünkü kendisine Clarita Downing isimini veren o kadın bu isimi taşımak hakkını haiz olmadığı gibi bir desise ile ele geçirdiği

٤

ـ اسمم قلاريتا دوونينغدر .

ـ ماداممى ، مادمازه لميسكز ؟

ـ متأهل دكلم .

ـ پك اعلى ، يوزكزى كوسترمك ، ايچون لطفاً پچه كزى قالديرر ميسكز ؟ زائره ، بر آز تردد ايتدى ؛ فقط ، پچه يىده قالديردى .

ـ پيق ويق ، قادينك صوكدرجه كوزللكى قارشيسنده مبهوت قالدى ، بويله كوزل و جاذبه لى بر قادين كورممشدى .. قلاريتا , حقيقتةً بر تمثال ملاحت ايدى . قادين :

ـ خيلى زماندنبرى ايلك دفعه اوله رق بر يبانجى يه يوزمى كوستريپورم .. ديدى .

ـ يوزكزى كيمسه يه كوسترمك ايسته ممكدهكى سبب نه در ؟

ـ بنمله ديكر بر قادين آراسنده كى مشابهت ..

ـ او قادين كيمدر ميس ؟

ـ اونك ده آدى قلاريتا دوونينغدر .

ـ نه دييورسكز !. ديمك ، بربرينه تماميله بكزه ين وعينى اسمى طاشيان ايكى قادين موجود اويله مى ؟

ـ اوت ، اويله افندم .

ـ غريب بر جلوهٔ تصادف ..

ـ بو بر تصادف دكل ، بر جرم ..

ـ بر جرممى ؟

ـ اوت؛ چونكه، كنديسنه قلاريتا دوونينغ اسمنى ويرن او قادين بو اسمى طاشيمق حقنى حائز اولمديغى كبى بر دسيسه ايله اله كچيرديكى

Sayfa/Folio 5

serveti de muhafaza etmek hakkına malik değildir. İşte size hakkımı meydana çıkarmanızı rica için geldim, Mister Pickwick.

Yes, because that woman who has given herself the name Clarita Downing does not have the right to bear this name, just as she also does not possess the right to keep the property, which she had obtained through a ruse. So I came to you to request the vindication of my right, Mr. Pickwick."

- O sahte Miss Downing'in hakiki ismi nedir?

"This fake Miss Downing... what is her real name?"

- Bilmiyorum.

"I don't know."

- Onu tanımıyor musunuz?

"Do you not know her?"

- Hayır.

"No."

- Bu kadın, akrabalarınızdan mıdır?

"This woman, is she one of your relatives?"

- Onu da bilmiyorum.

"I don't know that either."

- Garip şey.

"Strange thing."

- Evet, ben de garip olduğunu itiraf ederim.

"Yes, it is strange to me too, I admit."

- Lütfen, daha açık söyler misiniz?

"Please, could you speak more openly [precisely, clearly]?"

- Mister Pickwick tabii işitmişsinizdir, bazı kimseler vardır ki birbirlerine son derece benzerler ve hatta en yakın akrabaları bile bunları tefrikte düçar-ı müşkilat olurlar.

"Mr. Pickwick, of course you must have heard, there are some people who are each other's look-alike to an extreme degree, and even some of their closest relatives would come across difficulties in distinguishing them."

- Evet.

"Yes."

- Lâkin, üç kişinin bu suretle birbirlerine benzemesini hiç işitmediniz değil mi?

"But, have you ever heard of three people who look like each other in this manner?

- Hayır işitmedim.

"No, I haven't heard."

- İşte başıma gelen felâkete bu üç müşabehet sebep oldu.

"Well, these three look-alikes were the cause of the disaster that has befallen me."

- Demek, birbirine benzeyen üç kişi var?

"You mean, there are three people who look like each other?"

- Evet; Mister Pickwick... birbirine o kadar benzeyen üç genç kız var ki bunları birbirinden tefrik etmek gayr-ı mümkün.

"Yes, Mr. Pickwick, there are three young ladies who look so much like each other that it is impossible to distinguish them."

٥

ثروتی ده محافظه ایتمك حقنه مالك دكلدر . ایشته سزه ، حقمی میدانه چیقارمكزی رجا ایچون كلدم ، میستر پیق ویق ..

- او ساخته میس دوونینغك حقیقی اسمی نه در؟
- بیلمیورم .
- اونی طانیمیورمیسكز؟
- خایر ..
- بو قادین ، اقربالركزدنمیدر؟
- اونی ده بیلمیورم .
- غریب شی .
- اوت بن ده غریب اولدوغنی اعتراف ایده رم .
- لطفاً دها آچیق سویلر میسكز ؟
- میستر پیق ویق طبیعی ایشیتمشسكزدر ، بعض كیمسه لر واردر كه بربرلرینه صوكیدرجه ده بكزرلر و حتی اك یقین اقربالری بیله بونلری تفریقده دوچار مشكلات اولورلر .
- اوت .
- لاكن ، اوچ كیشینك بو صورتله بربرلرینه بكزه مسنی هیچ (هیچ) ایشیتمدیكز دكلمی؟
- خایر ایشیتمدم .
- ایشته باشمه كلن فلاكته بو اوچ مشابهت سبب اولدی .
- دیمك ، بربرینه بكزه ین اوچ كیشی وار ؟
- اوت ؛ میستر پیق ویق . بربرینه او قدر بكزه ین اوچ كنج قیز وار كه بونلری بربرندن تفریق ایتمك غیر ممكن .

Sayfa/Folio 6

- Peki ama, mâziden neye bahsediyorsunuz (bahs ediyorsunuz)?
"Alright, but why are you speaking about the past events?"

- Çünkü, bu üç kadından biri vefat etmiştir.
"Because, one of the three women has died."

- Hangisi öldüğünü biliyor musunuz?
"Do you know which one died?"

- Hayır.
"No."

- Size benzeyen bu iki kadından birinin sizinle karabeti var mı?
"Out of these two women who look like you, is there one that is related to you?"

- Evet, biz kardeş çocukları idik veya kardeş çocuklarıyız.
"Yes, we were cousins, or we are cousins."

- Ya, öteki?
"And the other?"

- Onun bizimle hiç karabeti yoktur.
"She is of no relation to us."

- Miss, hepiniz de aynı senede mi tevellüd ettiniz?
"Miss, were you all born in the same year?"

- Teyzezademle ben, aynı gün ve hemen aynı saatte tevellüd etmişiz. Yalnız, o New York'ta doğmuş, ben Madrid'de.
"My cousin and I were born on the same day and on the very same hour. Only, she was born in New York, and I was born in Madrid."

- Ya, üçüncü genç kız?
"What about that third young lady?"

- Onun nerede ve ne tarihde doğduğunu bilmiyorum.
"I don't know where or on what date she was born."

- Demek, o tamamiyle esrarengiz bir şahıs [şahs]?
"You mean, she is a completely mysterious individual?"

- Evet.
"Yes."

- Teyzezadenizin ismi nedir?
"What is your cousin's name?"

- Eğer hâlâ berhayat ise ismi İsabel Danton'dur...
"If she is still alive her name is Isabel Danton..."

- Karabetiniz valide cihetinden değil mi?
"Your relation is from your mother's side, isn't it?"

- Evet, validelerimiz ikiz idi.
"Yes, our mothers were twins."

- Şimdi bu üç şahısa birer numara verelim. Siz, bir numaralı; teyzezadeniz, iki numaralı, mechul kadın da üç numaralı olacaksınız.
"Now let's give each of these three individuals a number. You will be Number 1; your cousin will be Number 2, and the unknown woman will be Number 3."

- Pekala.
"Very well."

٦

- پکی اما ؛ ماضیدن نه یه بحث ایدییورسکز ؟
- چونکه ، بو اوچ قادیندن بری وفات ایتمشدر .
- هانکیسی اولدیکنی بیلیورمیسکز ؟
- خایر .
- سزه بکزه ین بو ایکی قادیندن برینك سزکله قرابتی وارمی ؟
- اوت بز قارده ش چوجوقلری ایدك ویا قارده ش چوجوقلری یز .
- یا ، اوته کی ؟
- اونك بزمله هیچ قرابتی یوقدر .
- میس ، هپکزده عین سنه ده می تولد ایتدیکز ؟
- تیزه زادهمله بن , عین کون و همان عین ساعتده تولد ایتمشز .
یالکز ، او نیویورقده دوغمش ، بن ، مادریدده .
- یا ، اوچنجی کنج قیز ؟
- اونك نره ده و نه تاریخده دوغدوغنی بیلمیورم .
- دیمك، او تمامیله اسرارانکیز بر شخص ؟
- اوت .
- تیزه زاده کزك اسمی نه در ؟
- اکر حالا بر حیات ایسه اسمی ایزابه ل دانتوندر ..
- قرابتکز والده جهتندن دکلمی ؟
- اوت, والده لرمز ایکیز ایدی .
- شیمدی بو اوچ شخصه برر نومرو ویر هلم. سز، بر نومرولی ؛ تیزه زاده کز، ایکی نومرولی، مجهول قادینده اوچ نومرولی اوله جقسکز .
- پك اعلی .

Sayfa/Folio 7

- Üçüncü numaranın mevcudiyetinden ne vakit haberdar oldunuz?
"When did you become aware of Number 3's existence?"

- Takriben dört sene evvel.
"Approximately four years ago."

- Ne suretle?
"How?"

- Bu kadına, Buffalo'da bir refikamın nezdinde tesadüf ettim.
"I happened to come across this woman in Buffalo in the company of a friend."

-Refikanızı ziyarete mi gitmişdiniz?
"You went to visit your friend?"

- Evet.
"Yes."

- O halde nasıl oluyor da bu kadının isimini bilmiyorsunuz? Refikanız onu size takdim etmedi mi?
"In that case, how is it that you do not know this woman's name? Didn't your friend introduce her to you?"

- Hayır, buna lüzum görmedi. Pick, hayretle:
"No, she did not see a reason to." Astounded, Pick asked,

- Niçin (niçün)? diye sordu.
"Why?"

- Çünkü o kadın, kendisine teyzezadem İsabel Danton süsünü vermişti.
"Because that woman had posed as my cousin Isabel Danton."

- Ya! Madem ki birbirinize bu kadar benziyordunuz, o halde üç numaranın teyzezadeniz olmadığını nasıl biliyorsunuz?
"Oh! Since you resemble each other so much, then how do you know that Number 3 is not your cousin?"

- Teyzezademin ayağı burkulduğu için odasından çıkamadığını biliyordum.
"I knew that my cousin could not have left her room since she twisted her foot."

- Buna tamamiyle emin mi idiniz?
"Were you completely sure of this?"

- Evet... hiç şüphem yoktu.
"Yes, I had no doubt."

- Aldanmış olmanızın ihtimalı yok mudur?
"There is no possibility of you being deceived?"

- Hayır, buna tamamiyle emin idim.
"No, I was completely sure of this."

- Ne suretle?
"How?"

- Buffalo'ya gittiğim zamanda, teyzezademin kendi evinde bulunduğunu tahkik ettim.
"When I went to Buffalo, I verified that my cousin was in her own home."

٧

ـ اوچنجی نومرڭ موجوديتندن نه وقت خبردار اولديكز ؟
ـ تقريباً درت سنه اول .
ـ نه صورتله ؟
ـ بو قادينه، بوفالوده بر رفيقه مك نزدنده تصادف ايتدم .
ـ رفيقه كزی زيارته می كيتمشديكز ؟
ـ اوت .
ـ او حالده ناصل اولويورده بو قادينك اسمنی بيلميورسكز؟ رفيقه كز، اونی سزه تقديم ايتمديمی ؟
ـ خاير، بوكا لزوم كورمدی . پيق، حيرتله :
ـ نيچون؟ دييه صوردی .
ـ چونكه او قادين كنديسنه تيزه زاده م ايزابه ل دانتون سوسنی ويرمشدی .
ـ يا!. مادامكه بربركزه بو قدر بكزييورديكز ، او حالده اوچ نومرونك تيزه زاده كز اولمديغنی ناصل بيليورسكز ؟
ـ تيزه زاده مك آياغی بور غولديغی ايچون اوطه سندن چيقامديغنی بيليوردم .
ـ بوكا تماميله امينمی ايديكز ؟
ـ اوت .. هيچ شبهه‌م يوقدی ..
ـ آلدانمش اولمكزك احتمالی يوقميدر ؟
ـ خاير .. بوكا تماميله امين ايدم .
ـ نه صورتله ؟
ـ بوفالويه كيتديكم زمانده، تيزه زاده مك كندی اونده بولونديغنی تحقيق ايتدم .

Sayfa/Folio 8

- Bizzat mı gidip gördünüz?
"Did you go and see for yourself?"

- Hayır; O, New York'ta, ben Bufalo'da idim.
"No; She was in New York and I was in Buffalo."

- O halde, ne vechle emniyet-i katiye hasıl ettiniz?
"In that case, how did you reach absolute certainty?"

- Uşağımı göndermiştim.
"I sent my servant."

- Uşağınız şayan-ı itimad bir adam mı idi?
"Was your servant a trustworthy man?"

- Ezher cihet şayan-ı itimad idi...
"He was trustworthy in every respect..."

- O adam şimdi nerede?
"Where is that man now?"

- Öldü...
"He died..."

- Ne vakit öldü?
"When did he die?"

- Söylediğim hadiseden bir sene sonra. Zavallının zehirlenmiş olduğuna kesb-i kanaat ettim.
"A year after the incident that I mentioned. I reached the [absolute] conclusion that the poor man was poisoned."

- Neye zehirlenmiş olsun?
"Why is it that he [must have been] poisoned?"

- Ani olarak ve gayet esrarengiz surette öldü.
"He died all of a sudden and in a very mysterious way."

- Sebeb-i vefatı ne olduğunu meydana çıkarmak için etibbaya muracaat ettiniz mi?
"In order to expose the reason behind his death, did you consult the doctors?"

- Hayır; çünkü hin-i vefatında benim hizmetimde (hidmetimde) değildi.
"No; because at the time of his death he was not in my service."

- Kimin yanında idi?
"Who was he with?"

- Gerek iki numaranın, gerek üç numaranın yanında idi.
"He must have been with Number 2 or Number 3."

- Ne? Size bu derece sadık olduğunu söylediğiniz bu adam sizden ayrıldı mı?
"What? Did this man who you said was so loyal to you, desert you?"

- Hâlâ, benim hidmetimde (hizmetimde) bulunduğunu zannediyordu (zann ediyordu).
"He was thinking that he was still in my service."

- Acayip! İş karışıyor... uşak yaşlı mı idi?
"Strange! He's falling down on the job... was the servant old?"

٨

- بالذاتمی كیدوب كوردیكز ؟
- خایر ؛ او ، نیویوركده ، بن بوفالوده ایدم .
- او حالده , نه وجهله امنیت قطعیه حاصل ایتدیكز ؟
- اوشاغمی كوندرمشدم .
- اوشاغكز شایان اعتماد بر آدممی ایدی .
- از هر جهت شایان اعتماد ایدی ..
- او آدام شیمدی نره ده ؟
- ئولدی ..
- نه وقت ئولدی ؟
- سویلدیكم حادثه دن بر سنه صوكرا .. زاوالینك زهرلنمش اولدوغنه كسب قناعت ایتدم .
- نه یه زهرلنمش اولسون ؟
- آنی اوله رق و غایت اسرارانكیز صورتده ئولدی .
- سبب وفاتی نه اولدوغنی میدانه چیقارمق ایچون اطبایه مراجعت ایتدیكزمی ؟
- خایر ؛ چونكه ، حین وفاتنده بنم خدمتمده دكلدی .
- كیمك یاننده ایدی ؟
- كرك ایكی نومرونك ، كرك اوچ نومرونك یاننده ایدی .
- نه ؟ سزه بودرجه صادق اولدوغنی سویلدیككز بو آدام سزدن آیرلدیمی ؟
- حالا , بنم خدمتمده بولوندوغنی ظن ایدییوردی .
- عجائب !. ایش قاریشیور .. اوشاق یاشلیمی ایدی ؟

Sayfa/Folio 9

- Evet... ben doğduğum zaman o yaşlı bir adamdı.
"Yes, he was an old man when I was born."

- Demek, nev'a bir aile mirası gibi bir şeydi, öyle mi?
"That is to say, to an extent he was something like a family inheritance, wasn't he?"

- Evet, Mister Pickwick.
"Yes, Mr. Pickwick."

- Sizi ta beşikten beri tanıyan bu uşak ta aldattı, öyle mi?
"This servant, who knew you from the cradle, has also deceived you, is that so?"

- Evet, bir müddet için...
"Yes, for a time..."

- Bu suretle tahditten (tahdidden) maksadınız nedir?
"Why do you say it this way? (what is your purpose in describing it this way)?"

- Zavallının zehirlenerek vefat etmesine sebep, kurbanı olduğum desiseyi keşfetmiş (keşf etmiş) olmasıdır.
"The reason that the poor man was poisoned to death was his uncovering of the plot to which I am the victim."

- Bu desiseyi keşf olunduğuna emin misiniz?
"Are you certain he uncovered this plot?"

- Evet; vefatından bir gün evvel kendisinden bir mektup aldım.
"Yes, the day before his death I received a letter from him."

- Mektub posta ile mi geldi?
"Did the letter come in the mail?"

- Hayır, bir komisyoncu getirdi.
No, a middleman brought it.

- O mektubu sakladınız mı?
Did you save the letter?

- Evet, yanımdadır.
Yes, it is with me.

- Zaire mektubu polis hafiyesine uzattı. Pickwick okudu:
The visitor handed the letter over to the police detective. Pickwick read it:

"Aziz Miss Clarita,
Beni aldattılar, hakkınız varmış... Ve şimdi asıl hanımımın kim olduğunu biliyorum. Bazı gayr-ı kabil-i red delail elde ettimse de yolda kayb olmalarından korktuğum için bunları size göndermeğe cesaret edemiyorum. Fırsat bulur bulmaz bizzat getireceğim. Dün birdenbire hastalandım ve bugün pek fena bir haldeyim. Eğer yarın iyileşmezsem, her tehlikeyi göze alarak mezkur delaili teşkil eden evrakı size

٩

ـ اوت.. بن دوغديغم زمان اوياشلی بر آدمدی .
ـ ديمك، نوعما بر عائله ميراثی كبی بر شيدی ، اويله می ؟
ـ اوت ، ميستر پيق ويق .
ـ سزی تا بشيكدن بری طانيان بو اوشاقده آلداتدی اويله می ؟
ـ اوت ، بر مدت ايچون ..
ـ بو صورتله تحديددن مقصدكز نه در ؟
ـ زواللينك زهرلنه رك وفات ايتمسنه سبب، قربانی اولدوغم دسيسه يی كشف ايتمش اولمسيدر .
ـ بو دسيسه يی كشف اولنديغنه امينميسكز ؟
ـ اوت ؛ وفاتندن بر كون اول كنديسندن بر مكتوب آلدم .
ـ مكتوب پوسته ايله می كلدی ؟
ـ خاير، بر قوميسيونجی كتيردی .
ـ او مكتوبی صاقلاديكزمی ؟
ـ اوت ، يانمدهدر .

: ـ زائره، مكتوبی پوليس خفيه سنه اوزاتدی. پيق ويق، اوقودی
عزيز ميس قلاريتا ،
بنی آلداتديلر ؛ حقكز وارمش .. و شيمدی اصيل خانممك كيم اولديغنی بيليورم . بعض غير قابل رد دلائل الده ايتدمسه ده يولده غائب اولملرندن قورقديغم ايچون بونلری سزه كوندرمكه جسارت ايدهميورم . فرصت بولور بولماز بالذات كتيرهجكم . دون بردنبره خسته‌لندم و بوكون پك فنا بر حالده يم . اكر يارين اييلشمزسه‌م ، هر تهلكه يی كوزه آلارق مذكور دلائلی تشكيل ايدن اوراقی سزه

Sayfa/Folio 10

biri ile göndereceğim. Yegane arzum, hüviyetinizi inkar etmek suretiyle size karşı yapmış olduğum haksızlığı afv etmenizdir...

  Son nefesine kadar sadık bendeniz,

  Filip"

"Dear Miss Clarita,

  They deceived me, you were right... And now I know who is my real Lady. While I have acquired some irrefutable evidences, I dare not send them to you for fear that they may get lost on the road. As soon as I find the opportunity, I will bring it in person. Yesterday I became sick all of a sudden and today I am in a very bad state. If I don't get better tomorrow, risking every danger I will send the documents that contain the aforementioned proof to you with someone.

  My sole wish is that you forgive the injustice I have done to you by denying your identity.

  Your faithful servant till the last breath,

  Philip"

Mektupta, ayrıca bir de haşiye vardı:
In addition, there was also a footnote in the letter:

"Bu delaili benden çalacaklarından endişe etmeyiniz. Bütün evrakı bir paket yaparak emin bir yere sakladım. Paketin üstünde '17-A' yazılı olduğundan görünce derhal tanırsınız." Pick, dalgın bir halde.

"'Do not be worried that this proof will be stolen from me. I wrapped all the documents in a packet and concealed it in a secure place. You will immediately recognize it when you see '17-A' written on top of the packet." Pick, in a pensive state, said:

- Garip bir mektup... dedi... Ertesi gün sizi sıhhatinden haberdar etti mi?
"A strange letter. The next day did he inform you about his health?"

- Hayır... bu mektubu yazdıktan beş saat sonra vefat etmiş.
"No, he died five hours after having written this letter."

- Zehirlenmiş olduğuna kani misiniz?
"Are you convinced that he was poisoned?"

- Evet.
"Yes."

- Filip'in mektubunda bahsettiği '17-A' markalı paketi aradınız mı?
"Did you search for the packet marked '17-A' that Philip mentioned in his letter?"

- Bu ana kadar, aramaktan menedilmiştim (men edilmiştim).
"Until now, I was prevented from looking for it."

- Sebep?
"The reason?"

- Beni mevkuf bulundurdular.
"They kept me imprisoned."

- Nerede?
"Where?"

- Bunu size söylersem inanmayacağınızdan korkarım.
"I'm afraid you wouldn't believe me if I told you."

- Söylemeniz lazım.
"You must tell me."

١٠

بری ایله کوندره هجكم یكانه ارزوم , هویتكزی انكار ایتمك صورتیله سزه قارشی یاپمش اولدوغم حقسزلغی عفو ایتمكزدر ..

« صوك نفسنه قدر صادق بنده كز »

« فیلیپ »

مكتوبده ، آیریجه برده حاشیه واردی :
بو دلائلی بندن چاله جقلرندن اندیشه ایتمیكز ، بوتون اوراقی بر پاكت یاپارق امین بریره صاقلادم . پاكتك اوستنده : « ١٧ ـ آ » یازیلی اولدوغندن كورونجه درحال طانیرسكز پیق ، دالغین بر حالده

ـ غریب بر مكتوب .. دیدی .. ایرتسی كون سزی صحتتندن خبردار ایتدیمی ؟
ـ خایر .. بو مكتوبی یازدقدن بش ساعت صوكرا وفات ایتمش
ـ زهیرلنمش اولدوغنه قانعمیسكز ؟
ـ اوت .
ـ فیلیپك مكتوبده بحث ایتدیكی « ١٧ ـ آ » مارقه لی پاكتی آرادیكزمی ؟
ـ بو آنه قدر، آرامقدن منع ایدلمشدم .
ـ سبب ؟
ـ بنی موقوف بولوندوردیلر .
ـ نرهده ؟
ـ بونی سزه سویلرسه م اینانمیه جغكزدن قورقارم .
ـ سویلمكز لازم ..

Sayfa/Folio 11

- Hususi bir daruşşifada.
"In a private hospital."

- Ya!
"Really!"

-Evet. Hakkımı musırran talep ettiğim için beni oraya gönderdiler.
"Yes. They sent me there because I insistently demanded my rights."

- Kimin tarafından vuku bulan müracaat üzerine daruşşifaya gönderilmeniz takarrür etti?
"On whose behalf was it decided on the application that you are to be sent to the hospital?

- Bugün kendisini Clarita Downing diye tanıtan kadının müracaati üzerine.
"A woman who introduces herself today as Clarita Downing is on the application."

- Ne müddet üzere gönderildiniz?
"For how long were you sent there?"

- Üç sene kadar oluyor. Ancak dün o menfur yerden kaçmaya muvaffak oldum.
"For about three years. Just yesterday I successfully escaped from that dreadful place."

- Kaçtınız mı! Daruşşifa nerededir?
"You escaped! Where is the hospital?"

- Kanada'da, Huntington'da.
"In Canada, in Huntington."

- Kimin tarafından idare ediliyor?
"Whose administration is it under?"

- Doktor Siplin namında biri tarafından.
"Under someone by the name of Doktor Siplin."

- Vazifem, sizi derhal oraya göndermek olduğunu biliyor musunuz. Miss Downing?
"Do you know, Miss Downing, that it is my duty to send you back there at once?"

- Oh! Mister Pickwick ... beni öldürünüz, fakat oraya göndermeyiniz.
"Oh! Mr. Pickwick ... Kill me, just don't send me there."

- Müsterih olunuz, böyle bir harekette bulunmayacağım...
"Relax, I will do no such thing..."

Genç kız, polis hafiyesine korku ile bakıyordu. Pickwick'in hayırhahane sözleri üzerine müsterih oldu. Gözyaşlarını tevkif etmeğe muktedir olamaksızın müteellimane bir tavırla:
The young lady was looking at the police detective with apprehension. On hearing Pickwick's reassuring words, she was put at ease. Unable to stop her tears, she asked in a sorrowful tone:

١١

ـ خصوصی بر دارالشفاده ..
ـ یا ! .
ـ اوت . حقمی مصراً طلب ایتدیکم ایچون بنی اورایه کوندردیلر .
ـ کیمك طرفندن وقوعبولان مراجعت اوزرینه دارالشفایه کوندرلمکز تقرر ایتدی ؟
ـ بوکون کندیسینی قلاریتا دوونینغ دییه طانتان قادینك مراجعتی اوزرینه .
ـ نه مدت اورایه کوندرلدیکز ؟
ـ اوچ سنه قدر اولیور . آنجق دون او منفور یردن قاچمه یه موفق اولدم .
ـ قاچدیکزمی ! دارالشفا نره ده در ؟
ـ قناداده، هونتینغتونده .
ـ کیمك طرفندن اداره ایدیلور ؟
ـ دوقتور سیپلین نامنده بری طرفندن .
ـ وظیفهم ، سزی در حال اورایه کوندرمك اولدوغنی بیلیورمیسکز میس دوونینغ ؟
ـ اوخ ! میستر پیق ویق .. بنی ئولدیریکز ، فقط اورایه کوندرمییکز .
ـ مستریح اولکز، بویله بر حرکتده بولونمیهجغم ..

کنج قیز ، پولیس خفیه سنه قورقو ایله باقیوردی .. پیق ویقك خیرخواهانه سوزلری اوزرینه مستریح اولدی . کوزیاشلرینی توقیف ایتمکه مقتدر اوله مقسزین متألمانه بر طورله :

Sayfa/Folio 12

- Sözlerime itimad ediyor musunuz, Mister Pickwick? Deli olmadığıma eminsiniz ya? diye sordu.

"Do you believe my words, Mr. Pickwick? You're sure I'm not crazy, right?"

- Miss, '17-A' markalı paketi muayene ettiğim zaman, size bu hususda bir cevap vereceğim, o ana kadar akıllı olduğunuza hüküm etmeğe çalışacağım...

Miss, I will give you an answer on this matter when I check out the package marked with '17-A.' Until that time I will try to judge you sane.

Çalınmış Tılsım
The Stolen Talisman

- Mister Pickwick, eğer deruhde edecek olursanız size işimi meydana çıkarmak vesait-i tehiyye etmek maksadıyla daha söyleyecek bir çok sözlerim var.

"Mr. Pickwick, if you're going to take on [this case], I have more things to tell you in order to prepare you with the means to crack my case."

- Sizi dinliyorum.

"I'm listening to you."

- Evvela şunu itiraf edeyim ki, şimdilik yalnız yüz dolar kadar bir param var. Fakat, parasızlığım muvakkattir.

"Firstly, let me admit that at present one hundred dollars is the only amount of money I have. But my lack of money is only temporary."

- Tabii, bu para bir servet değildir.

"Of course, this money is not a fortune."

- Hayır. Size, hizmetinize mukabil para verecek bir halde değilim. Bunun için biraz beklemekliğim icab edecek.

"No. I'm not in a position to give you compensation money for your service. I'll need to wait a little for this."

- Neyi bekleyeceksiz?

"For what will you wait?"

- '17-A' markalı paketi bulmanızı...

"For you to find the packet marked '17-A'."

- Eğer buna muvaffak olacak olursam?

"If I succeed in this?"

- Ben de servetime tasarruf edeceğim.

"I shall then take possession of my wealth."

- Miss Downing, miras mühimce bir şey mi?

"Miss Downing, is the inheritance a substantial one?"

۱۲

- سوزلرمه اعتماد ایدییورمیسکز، میستر بیق ویق ؟ دلی اولمدیغمه امینسکزیا ؟ دییه صوردی .
- میس «۱۷ـ آ» مارقه لی پاكتی معاینه ایتدیكم زمان سزه بو خصوصده بر جواب ویره جكم او آنه قدر ، عقللی اولدوغكزه حكم ایتمكه چالیشه‌جغم ..

چالنمش طاسم

- میستر بیق ویق ، اگر درعهده ایده جك اولورسه كز سزه ایشمی میدانه چیقارمق وسائطی تهیه ایتمك مقصدیله دها سویلیه جك بر چوق سوزلرم وار .
- سزی دیكلیورم .
- اولا شونی اعتراف ایده یم كه ، شیمدیلك یالكز یوز دولارقدر بر پاره م وار . فقط، پاره سزلغم موقتدر.
- طبیعی ، بو پاره بر ثروت دكلدر .
- خایر . سزه، خدمتكزه مقابل پاره ویره جك بر حالده دكلم .
بونك ایچون بر آز بكلمكلكم ایجاب ایده‌جك .
- نه یی بكلیه‌جكسكز ؟
- «۱۷ـ آ» مارقه لی پاكتی بولمكزی.
- اگر بوكا موفق اوله جق اولورسه‌م ؟
- بن ده ثروتمه تصرف ایده‌جكم .
- میس دونینغ ، میراث مهمجه بر شیمی ؟

Sayfa/Folio 13

- Pederim bana bir milyon dolara yakın bir para bıraktı.
"My father left me a fortune of nearly one million dollars."

- Valideniz de vefat etti mi?
"Did your mother also pass away?"

- Evet... on beş sene evvel... yirmi altı yaşındayım.
"Yes... Fifteen years ago... I am twenty six years old."

- Demek şimdi size benzeyenlerden hangisinin servetinize tesahub ettiğini ve hangisinin öldüğünü bilmiyorsunuz değil mi?
"That is to say, of those who look like you, right now you don't know which one took possession of your wealth and which one died, do you?"

- Hayır.
"No."

- Cidden garip!
"Terribly strange!"

- Vekayi'e agah olanlar teyzezademin öldüğünü, üç numereli mechul kadının daruşşifada bulunduğunu ve benim de servetime tesahub etmiş olduğumu zan ediyorlar.
"Those who are aware of the events think that my cousin died, that the unknown woman labeled as Number 3 is in the hospital, and that I took possession of my wealth."

- Ne çapraşık iş!
"What a complicated matter!"

- Size söyledim... iş pek çatallıdır.
"I told you... the job is very complex."

- Bu garip mücadelenin vukuuna sebep olan malikane nerede kaindir.
"Where is the country estate at which this strange conflict took place located?"

- Hudson nehrinin sağ sahilinde the West Pawn'a karib bir mahalde... Malikaneye "Cliff Castle" denir.
"On the right bank of the Hudson River in a place close to the West Pawn. The estate is called 'Cliff Castle'."

- Sahte teyzezadeniz ne vakit ölmüş?
"When did your fake cousin die?"

- Kanadaya hareketimden on beş gün evvel.
"Fifteen days before my trip to Canada."

- Son nefesini nerede verdi?
"Where did she draw her last breath?"

- Cliff Castle'de... Onun da Phillip gibi zehirlenerek vefat ettiğine kaniyim.
"At Cliff Castle... I am convinced that like Phillip, she too was poisoned to death."

- Şimdilik teyzezadenizin öldüğünü ve üç numaralı mechul kadının kendisini Clarita Downing diye tanıttığını kabul edeceğiz.
"For now, we will accept that your cousin has died and that the unknown woman labeled as Number 3 is going by the name of Clarita Downing."

١٣

- پدرم بکا بر میلیون دولاره یقین بر پاره براقدی .
- والده کزده وفات ایتدیمی ؟
- اوت .. اون بش سنه اول .. یکرمی آلتی یاشندهیم .
- دیمك شیمدی، سزه بكزه ینلردن هانکیسنك ثروتکزه تصاحب ایتدیکنی و هانکیسنك ئولدیکنی بیلمیورسکز دکلمی ؟
- خایر .
- جداً غریب !
- وقایعه آکاه اولانلر، تیزه زادمك ئولدیکی ، اوچ نومرولو مجهول قادینك دار الشفاده بولوندوغنی و بنم ده ثروتمه تصاحب ایتمش اولدوغمی ظن ایدییورلر .
- نه چاپراشیق ایش !
- سزه سویلدم .. ایش پك چتاللیدر .
- بو غریب مجادله نك وقوعنه سبب اولان مالکانه نرهده کائندر .
- هودسون نهرینك صاغ ساحلنده دوه ست پوآنه قریب بر محلده .. مالکانه یه » قلیف قاستل « دینیر .
- ساخته تیزه زاده کز نه وقت اولمش ؟
- قنادایه حرکتمدن اون بش کون اول .
- صوك نفسنی نره ده ویردی ؟
- قلیف قاستلده.. اونك ده فلیپ کبی زهرلنه رك وفات ایتدیکنه قانعم .
- شیمدیلك , تیزه زاده کزك ئولدیکنی و اوچ نومرولو مجهول قادینك کندیسنی قلاریتا دوونینغ دیه طانیتدیغنی قبول ایدهجکز.

Sayfa/Folio 14

- Nasıl isterseniz Mr. Pickwick.
"As you wish, Mr. Pickwick."

- Teyzezadeniz vefat ettiği vakit siz nerede idiniz?
"Where were you when your cousin died?"

- Burada New York'ta.
"Here in New York."

- Ne yapıyordunuz?
"What were you doing?"

- Mirasımı elde etmek için bazı teşebbüsata başlamıştım.
"In order to obtain my inheritance, I began some procedures."

- Ne suretle başladınız?
"How did you begin?"

- Bir avukata müracaat ettim. Vakayı (vaka'a) dinleyince, bana acır gibi göründü ve hakkımı meydana çıkarmak için yeri göğü altüst edeceğini vâât etti. İşte beni bimarhaneye sokan bu sefil herifdir.
"I consulted a lawyer. When he heard about the event[s], he seemed to pity me and promised to turn heaven and earth to restore my rights. But it was this wretched fellow who put me in the lunatic asylum."

- Evet, anladım... herif, zahiren sizin menfaatinizi gözetir gibi davranmış ve fakat öteki taraf için çalışmış.
"Yes, I understand... Outwardly the fellow was acting like he was protecting your interest, but he was working for the other side."

- Evet, Mr. Pickwick.
"Yes, Mr. Pickwick."

- Bu avukatın adı nedir?
"What is the name of this lawyer?"

- Greenleaf.
- "Greenleaf."

- Gidip onu göreceğim. Sizin namınıza davaya başladığı zaman ne gibi bir tarzda hareket etti?
"I shall go and see him. At the time he began the lawsuit in your name, how did he go about it?"

- Bu babda size mühim bir şey söyleyemem "Mister Pickwick" bu adam bir çok kağıt karaladı. Nihayet bana, emlakımın iadesini bizzat taleb etmek üzere Cliff Castle'e gitmekliğimi tavsiye etti.
"I can't tell you anything important in this regard, 'Mr. Pickwick.' This man blacked out a lot of papers. Finally he suggested that I go to Cliff Castle to seek the reinstatement of my property in person."

- Cliff Castle'de ne cereyan etti?
"What transpired at Cliff Castle?"

- Bana bir deli imişim gibi muamele edildi. Istediğim kadar söylememe müsaade olundu; fakat sözlerime kahkahayla cevap verildi.
"They treated me like I was a crazy person. I was allowed to talk however much I wanted; but my words were answered only with evil laughter.

١٤

- ناصل ایسترسه کز ، میستر پیق ویق .
- تیزه زاده کز وفات ایتدیکی وقت سز نره ده ایدیکز؟
- بوراده نیو یورقده .
- نه یاپیوردیکز ؟
- میراثمی الده ایتمك ایچون بعض تشبثاته باشلامشدم .
- نه صورتله باشلادیکز ؟
- بر آووقاته مراجعت ایتدم . وقعه یی دیکله ینجه ، بکا آجیر کبی کوروندی و حقمی میدانه چیقارمق ایچون یری کوکی آلت اوست ایده جکنی وعد ایتدی . ایشته ، بنی بیمارخانه یه سوقان بو سفیل حریفدر .
- اوت، آكلادم .. خریف ، ظاهراً سزك منفعتکزی کوزهتیر کبی داورانمش و فقط ، اوته کی طرف ایچون چالیشمش .
- اوت ، میستر پیق ویق .
- بو آووقاتك آدی نه در ؟
- غره نلاف .
- کیدوب اونی کوره جکم. سزك نامکزه دعوا یه باشلادیغی زمان نه کبی بر طرزده حرکت ایتدی .
- بو بابده سزه مهم بر شی سویلیه مم «میستر پیق ویق» بو آدام بر چوق کاغد قارالادی. نهایت بکا ، املاکمك اعاده سنی بالذات طلب ایتمك اوزره قلیف قاستله کیتمکلکمی توصیه ایتدی ؟
- قلیف قاستلده نه جریان ایتدی ؟
- بکا بر دلی ایمشم کبی معامله ایدلدی. ایستدیکم قدر سویلمه مه مساعده اولوندی ؛ فقط، سوزلرمه قهقهه ایله جواب ویرلدی.

Sayfa/Folio 15

Nihayet, vakit-i ahire ta'lik kılındı.
In the end, it was put off to another time."

- Demek, düşmanınızla bir defa daha mülakat etmek mecburiyetinde kaldınız?
"You mean you were compelled to meet with your enemy once again?"

- Evet, yine Cliff Castle'de.
"Yes, still at Cliff Castle."

- Usulü dairesinde uyuşulacağını ümit ediyor idiniz değil mi?
"You were hoping to reach a means of compromise gently, weren't you?"

- Evet, Mister Pickwick.
"Yes, Mr. Pickwick."

- Avukatınız size bu hususda teminat vermiş miydi?
"Did your lawyer give you guarantees in this matter?"

- Evet.
"Yes."

- Greenleaf'ın size karşı alçaklık etmiş olduğunu anlar gibi oluyorum; ne ise, devam ediniz.
"I seem to understand the lowly act[s] that Greenleaf committed against you; in any case, [please] continue."

- Yeni mülakat üç hafta sonra vukua (vuḳûʻa) gelecekti.
"The new meeting would have taken place three weeks later."

- Anladığıma göre, teyzezadeniz bu iki mülakat arasındaki zaman esnasında vefat etti değil mi!
"Based on what I understand, your cousin died in the time interval between these two meetings, didn't she!"

- Evet...mülakatta olmadı. Metalıbatım nazar-ı itibare alınmadı. Beni muayene ettirdiler. Her işi yapmak, mahkemeden gelmiş zan ettiğim ve fakat sonra tabib olduklarını anladığım iki zattır.
"Yes... She was not at the meeting. My requests were not taken into consideration. They had me examined. Doing everything were two people whom I assumed had come from the court, but later realized were doctors."

- Sizin deli olduğunuzu söylediler değil mi?
"They said you were insane, didn't they?"

- Evet.
"Yes."

- O vakit ne oldu?
"What happened at that time?"

- Size söylediğim vechle, beni Kanada'da bir dar-ı şifaya gönderdiler ve benzerim de, yalnız isimimi değil, bütün emval ve servetimi gasp ederek dava masarıfımla bimarhane masarıfımı vereceğini söyledi.
"Like the way I told you, they sent me to a hospital in Canada, and my look-alike, stealing not only my name but all of my property and wealth, said that she will pay for my lawsuit and asylum expenses."

Pickwick:

١٥

نهايت ، وقت آخره تعليق قيلندى .

ـ ديمك، دشمنكزله بر دفعه دها ملاقات ايتمك مجبوريتنده قالديكز ؟

ـ اوت ؛ ينه قليف قاستلده .

ـ اصولى دائره سنده اويوشوله جغنى اميد ايدييور ايديكز دكلمى ؟

ـ اوت ميستر پيق ويق .

ـ آوو قاتكز سزه بو خصوصده تأمينات ويرمشميدى ؟

ـ اوت .

ـ غره نلافك سزه قارشى آلچقلق ايتمش اولدوغنى آكلار كبى اولويورم ؛ نه ايسه ، دوام ايديكز .

ـ يكى ملاقات اوچ خفته صونكرا وقوعه كله جكدى .

ـ آكلاديغمه كوره ، تيزه زاده كز بو ايكى ملاقات آراسنده كى زمان اثناسنده وفات ايتدى دكلمى !

ـ اوت .. ملاقات ده اولمدى . مطالباتم نظر اعتباره آلنمدى . بنى معاينه ايتديرديلر . هر ايشى ياپمق ، محكمه دن كلمش ظن ايتديكم و فقط صوكرا طبيب اولدوقلرينى آكلاديغم ايكى ذاتدر .

ـ سزك دلى اولدوغكزى سويلديلر دكلمى ؟

ـ اوت .

ـ او وقت نه اولدى ؟

ـ سزه سويلديكم و جهله ، بنى قناداده بر دار شفايه كوندرديلر و بكزه رم ده ، يالكز اسممى دكل ، بوتون اموال و ثروتمى غصب ايدره ك دعوى مصارفمله بيمارخانه مصارفمى ويره جكنى سويلدى .

پيق ويق :

Sayfa/Folio 16

Asalet böyle icab ettirir...diye istihza etti.

"Had to be done with such nobleness," Pickwick said mockingly.

- Evet, bana karşı cali bir merhamet gösterdi... bilhassa, isimimi, hal ve mevkimi, viladetimi keşfetmek imkansızlığından dolayı izhar-ı tesir ediyordu. Gayet hayırhahane bir vaz' ve tavırla, servetini gasp etmek teşebbüsünde bulunduğumdan dolayı bana gücenmeyeceğini de söyledi. Bazılarının benim daruşşifaya değil hapishaneye gönderilmekliğim icab edeceğini beyan etmeleri üzerine bu teklifi de hiddetle reddederek (redd ederek) yaptığım şeyleri, saika-yı cinnetle yapmış olduğumdan mesul olamayacağımı beyan etti.

"That's right, she showed me a feigned compassion... Above all she was imitating me because it was impossible for her to find out my name, my condition and status, and my birthdate. In a very polite tone and manner, she said that she would not take offense to my attempt at stealing her wealth. When the others stated that I need to be sent not to the hospital but to prison, she vehemently rejected this proposal, stating that I can't be held responsible for the things I had done, the things I had supposedly done out of insanity."

- Sizin, Cliff Castle'in sahib-i meşru'u olduğunuzu suret-i katiyede ispat edecek bazı tarihler ve vakalar zikir edemiyor muydunuz?

"Were you not able to cite any dates and events to prove in a definitive way that you are the legal owner of Cliff Castle?"

- Bir çok delail ibraz edecekdim, fakat söz söyletmediler ki... hatta tahkik heyetini, kimsenin bilmediği gizli bir dolap bulunan odama götürmek istedim; fakat bu sözlerim de, kahkahalarla karşılandı.

"I was going to bring forth a great deal of evidence, but they did not allow me to say a word... I even wanted to take the investigation committee to my room where there was a secret cupboard that no one knew about; but my words were met with evil laughter."

- Nihayet deli olduğunuza hüküm ettiler değil mi?

"In the end, they judged you to be insane, right?"

- Evet, bu vakadan sonra bir müddet hakikaten çıldırdığımı zan ediyorum. Böyle haksızlıklara mukavemet edebilmek için insanın dimağı çelikden olmalıdır. Maahaza yavaş yavaş iyileştim, aklım başıma gelmeğe başladı. Mister Pickwick, bir gün buradan firar ve himayenize iltica etmek ümiti, bana bu müdhiş felakete tahammül etmek cesaretini verdi.

"Yes, for a while after this event, I was thinking that I had truly gone insane. In order to be able to endure such injustices, a person must have a mind of steel. Nevertheless, I slowly recovered. I began to come to my senses. Mr. Pickwick, the hope to one day escape from this place and seek your protection gave me the courage to endure this terrible tragedy."

Beni tanıyor muydunuz?

"Did you know of me?"

- Maharetinizi, uluvvü cenabınızı işitmişdim.

"I heard of your skill, Your Sublime Excellency."

١٦

اصالت بويله ايجاب ايتدیرر .. دییه استهزا ایتدی .

ـ اوت , بكا قارشی جعلی بر مرحمت كوستردی ... بالخاصه ، اسممی ، حال و موقعمی ، ولادتمی كشف ایتمك امكانسزلغندن دولایی اظهار تأثر ایدییوردی. غایت خیرخواهانه بر وضع و طورله ، ثروتنی غصب ایتمك تشبثنده بولوندوغمدن دولایی بكا كوجنمیه‌جكنی ده سویلدی . بعضیلرینك ، بنم دار الشفایه دكل حبسخانه یه كوندرلمكلكم ایجاب ایده‌جكنی بیان ایتملری اوزرینه بو تكلیفی ده حدتله رد ایده رك یاپدیغم شیلری ، سائقهٔ جنتله یاپمش اولدوغمدن مسئول اوله میه جغمی بیان ایتدی .

ـ سزك ، قلیف قاستلك صاحب مشروعی اولدوغكزی صورت قطعیه ده اثبات ایده جك بعض تاریخلر و وقعه لر ذكر ایده میورمیدكز ؟

ـ بر چوق دلائل ابراز ایده‌جكدم ، فقط سوز سویلتمدیلر كه .. حتی ، تحقیق هیئتنی ، كیمسه‌نك بیلمه دیكی بر دولاب بولونان اوطه مه كوتورمك ایستدم ؛ فقط بو سوزلرم ده ، قهقهه لرله قارشیلاندی .

ـ نهایت دلی اولدوغكزه حكم ایتدیلر دكلمی ؟

ـ اوت . بو وقعه دن صوكرا بر مدت حقیقةً چیلدیردیغمی ظن ایدییورم. بویله حقسزلقلره مقاومت ایده بیلمك ایچون انسانك دماغی چلیكدن اولملیدر . مع هذا یواش یواش ایلشدم ، عقلم باشمه كلمكه باشلادی . میستر پیق ویق ، بر كون بورادن فرار و حمایه كزه التجا ایتمك امیدی ، بكا بو مدهش فلاكته تحمل ایتمك جسارتنی ویردی .

ـ بنی طانییورمی دیكز ؟

ـ مهارتكزی ، علو جنابكزی ایشیتمشدم .

Sayfa/Folio 17

\- Sizi müdafaa edeceğim.
"I will defend you."

\- Oh! Size ne suretle teşekkür edeceğimi bilemem.
"Oh! I do not know how I can thank you."

\- Ne söylesem yapacaksınız değil mi?
"You will do whatever I say, all right?"

\- Maalmemnuniye.
"With pleasure."

\- Öyle ise, vereceğim talımatı harfiyyen takip edeceksiniz. Kadın kemal-ı metanetle:
"Now then, you will follow the instructions that I shall give you to the letter."

\- Maalmemnuniye dedi.
"With pleasure," the lady said with complete firmness.

\- Bir kaç sual daha sorayım.
"Let me ask a few more questions."

\- Sorunuz, efendim.
"Please ask, sir."

\- Meçhul genç kız evli midir?
"Is the unknown young lady married?"

\- Üç sene evvel değildi.
"Three years ago she was not."

\- O zamandan beri ne olduğunu bilmiyor musunuz?
"Don't you know what happened since then?"

\- Hayır, bilmiyorum.
"No, I don't know."

\- Teyzezadeniz, zevcinin taht-ı tesirinde miydi?
"Your cousin, was she under her husband's influence?"

\- Hayır.
"No."

\- Teyzezadeniz, nasıl oluyor da Cliff Castle'de ölmüş bulunuyor? Sözlerinizden, Miss Downing'le Miss Danton'un karışmış olduklarını istihraç eder gibiyim...
"How come your cousin was found dead at Cliff Castle? From your words, may I conclude that Miss Danton was confused with Miss Downing?"

\- Hakikat budur. Ailelerimizi birbirinden ayıran kavgayı size bir kaç kelime ile izah edeceğim.
"This is true. I will explain to you in a few words the quarrel that broke our families apart from each other."

\- Bunu pek rica ederim.
"I would very much request [to hear] this."

\- Evvelce de söylediğim vechle pederim zengin idi. İsabelin
"Like I said previously, my father was wealthy.

۱۷

- سزی مدافعه ایده جکم .
- اوخ ! سزه نه صورتله تشکر ایده جکمی بیله مم .
- نه سویله سه‌م یاباجقسکز دکلمی ؟
- مع الممنونیه .
- اویله ایسه ، ویره جکم تعلیماتی حرفیاً تعقیب ایده جکسکز .
قادین کمال متانتله :
- مع الممنونیه .. دیدی .
- بر قاچ سؤال دها صورایم ..
- صوریکز ، افندم .
- مجهول کنج قیز اولمیدر ؟
- اوچ سنه اول دکلدی .
- او زماندنبری نه اولدیغنی بیلمیورمیسکز ؟
- خایر ، بیلمیورم .
- تیزه زاده کز ، زوجنك تحت تأثیرنده میدی ؟
- خایر .
- تیزه زاده کز ، ناصل اولویورده قلیف قاستلده اولمش بولنیور ؟ سوزلرکزدن ، میس دوونینغله میس دانتونك قاریشمش اولدقلرینی استخراج ایدر کبی یم ..
- حقیقت بودر عائله لرمزی بربرندن آییران غوغایی سزه بر قاچ کلمه ایله ایضاح ایده جکم .
- بونی پك رجا ایده‌رم .
- اولجه ده سویله دیکم وجهله پدرم زنکین ایدی ؛ ایزابه لك

Sayfa/Folio 18

ebeveyni de daima fakr ve zaruret içinde yaşıyorlardı. Validelerimiz ikiz idiler. İsabel'le validesi, validemin vefatına kadar bize sık sık gelir ve haftalarca kalırlardı. O zamanlar teyzezademle ben on iki yaşlarında idik.

Isabel's parents were always living in poverty and destitution. Our mothers were twins. Up until my mother's death, Isabel and her mother used to visit us regularly and stay for weeks. My cousin and I were twelve years old back then."

- O vakitler birbirinize benziyor muydunuz?

"Did you look alike back then?"

- Evet. İsabel'in validesi eğer kızından ziyade şen ve şatır olmasaydım bizi tanımak için kollarımıza muhtelif renkli kurdeleler bağlamak mecburiyetinde kalacağını söylerdi. Hizmetçiler de aynı suretle giyindiğimiz zaman ale'lekser şaşırırlardı. Zaten hemen ekser zamanlar aynı kıyafette idik.

"Yes. Isabel's mother used to say that if I wasn't more cheerful and lively than her daughter she would have to tie different-colored ribbons on our arms to tell us apart. The servants also got confused most of the time when we dressed the same. Basically, we were dressing the same almost all the time."

- Siz kimin teşvikiyle aynı suretle giyinirdiniz?

"Who encouraged you to dress the same?"

- Bunu teyzezadem isterdi. Benim elbiselerimi giymek veya benimkilerine müşabih elbise yaptırmak pek hoşuna giderdi. Hizmetçilere kendisini ben diye tanıtmak ve benim namıma onlara emirler vermek en büyük zevki idi.

"My cousin wanted this. She loved to wear my dresses [or clothes] and have dresses made similar to mine. Introducing herself to the servants as me, and giving them orders under my name, was her greatest pleasure."

- İşte bu da pek calib dikkat. İnsanin mechul kızın öldüğü ve teyzezadenizin de bu anda Cliff Castle'i idare ettiğini zan edeceği geliyor? Ne ise, devam ediniz.

"Well, this too is a very interesting subtlety. One would tend to think that the unknown girl died and that at this time your cousin is running Cliff Castle. In any case, continue."

- Yalnız yanılmayan pederim idi. Ve aramızdaki farkı pek iyi gördüğünü söylerdi. Bilseniz pederimi ne kadar severdim.

"The only person who did not mistaken [us for each other] was my father. And he used to say that he could see the difference between us very well. If only you knew how much I loved my father!"

Genç kız durarak içini cekti. Biraz sükunet bulunca sözüne devam etti:

The young lady stopped, and drew a sigh. When she found a bit of a solace, she continued talking:

- Bir gün pederimle yalnız bulunurken İsabel'in daima beni taklıd

١٨

ابوینی دائما فقر و ضرورت ایچنده یاشایورلردی . والده لرمز ایکیز ایدیلر. ایزابه لله والده سی ، والده مك وفاتنه قدر بزه صیق صیق كلیر و هفته لرجه قالیرلردی . او زماننلر تیزه زادمله بن ، اون ایكی یاشلرنده ایدك .

ـ او وقتلر بربركزه بكزه یورمیدیكز ؟

ـ اوت . ایزابه للك والده سی ، اكر قیزندن زیاده شن و شاطر اولمسیدم بزی طانمق ایچون قوللرمزه مختلف رنكلی قورده له لر باغلامق مجبوریتنده قاله جغنی سویلردی . خدمتجیلرده ، عین صورتله كیندیكمز زمان على الاكثر شاشیررلردی . ذاتاً همان اكثر زماننلر عین قیافتده ایدك ..

ـ سز ، كیمك تشویقیله عین صورتله كینیر ایدیكز ؟

ـ بونی تیزه زاده م ایستردی بنم البسه لرمی كیمك ویا بنمكیلرینه مشابه البسه یاپدیرمق پك خوشنه كیدردی . خدمتجیلره كندیسنی بن دییه طانتمق و بنم ناممه اونلره امرلر ویرمك اك بویوك ذوقی ایدی .

ـ ایشته بوده پك جالب دقت ! انسانك مجهول قیزك اولدیكی و تیزه زاده كزك ده بو آنده قلیف قاستلی اداره ایتدیكنی ظن ایده جكی كلیور . نه ایسه، دوام ایدیكز .

ـ یالكز یاكیلمایان پدرم ایدی . و آره مزده كی فرقی پك ایی كوردیكنی سویلردی . بیلسه كز، پدرمی نه قدر سه‌وه‌ردم !.

كنج قیز ، طوره رق ایچنی چكدی . بر آز سكونت بولونجه سوزینه دوام ایتدی :

ـ بر كون پدرمله یالكز بولونوركن ایزابه للك دائما بنی تقلید

Sayfa/Folio 19

etmesini asla hoş görmediğini hiddetle söyledi ve: "ileride bu yüzden bir münasebetsizlik zuhura gelmesine mani' olmak için icab eden şeyleri yaptım. Hizmetçilere bir şey emretmekliğin lazım geldiği zaman onlar tarafından tanınmaklığın için bu yüzüğü göstermek maksadıyla sol elini şöyle tutacağını kendilerine anlattım." dedi. Ve bu sözleri müteakip bana tuhaf şekilde bir altın (altun) halka verdi. İşte sadık Filip'in aldanmasına sebep de bu halkadır.

"One day, when I was alone with my father, he said to me quite assertively that he never took pleasure in the fact that Isabel was always imitating me, and he said, 'I took necessary measures to prevent any unseemliness from arising out of this matter in the future. I briefed the servants that when you need to command something, in order for them to recognize [you], you will hold your left hand like this, thus showing them the ring.' Immediately after saying these words, he gave me a strange-looking gold ring. It is this ring that fooled my loyal Phillip."

- Vay! Yüzüğü kaybettiniz (kayb ettiniz) öyle mi?

"Oh! You lost the ring, didn't you?"

- Evet.

"Yes."

- Ne suretle?

"How?"

- Bunu maatteessüf izah edemem. Esrarengiz bir surette kayboldu. Uyurken parmağımdan alınmış.

"I regrettably cannot explain it. It was lost in a mysterious way. It was taken from my finger while I was sleeping."

- Lütfen o yüzüğün nasıl olduğunu bana tarif ediniz.

"Please describe the ring to me."

- Bu üstünde gümüşten küçük yurekler ve "gama" harf-ı Yunanisini husule getiren yakutlar bulunan bir altın halkadır. Pederim tebessüm ederek bu yüzüğün bir tılsım olduğunu söyledi. Onu ele geçirene saadet bahş edermiş ve kaybedilirse daima düşmanlığa maruz kalınırmış. Pederim bu yüzüğü büyük bir ihtimamla muhafaza etmemi tavsiye etti. Ve ben de muhafaza edeceğimi vâât ettim.

"This is a gold ring that has small silver hearts, and rubies that formed the Greek letter 'gamma' on top of it. My father smiled and said that the ring is a talisman. The ring grants happiness to those who wear it, and if it is to be lost, it would subject one to enmity. My father advised me to safeguard this ring with great care. And I also promised that I will safeguard it."

- Pederinizin bu ihtarı vakayi'le teyid ediyor.

"This warning of your father's confirms the events."

- Evet... Bu tılsımı bana kesb-i servet ettiği Hindistan'dan getirmişti. Birkaç defa bu yüzüğün hikayesini söylemesini rica

١٩

ایتمسنی اصلا خوش کورمدیکنی حدتله سویلدی و : « ایلریده بو یوزدن بر مناسبتسزلك ظهوره كلمسنه مانع اولمق ایچون ایجاب ایدن شیلری یاپدم . خدمتجیلره بر شی ایتمكلك لازم كلدیكی زمان اونلر طرفندن طاننمقلغك ایچون بو یوزوكی كوسترمك مقصدیله صول النی شویله طوتاجغنی كندیلرینه آكلاتدم. » دیدی. و بو سوزلری متعاقب بكا ، تحف شكلده بر آلتون خلقه ویردی. ایشته ، صادق فیلیپك آلدانمسنه سبب ده بو خلقه‌در .

- وای !.. یوزوكی غائب ایتدیكز اویله می ؟
- اوت .
- نه صورتله ؟
- بونی مع التأسف ایضاح ایده مم . اسرارانكیز بر صورتده غائب اولدی . اویوركن پارمغمدن آلنمش ..
- لطفاً او یوزوكك ناصل اولدوغنی بكا تعریف ایدیكز .
- بو ، اوستنده كوموشدن كوچوك یوراكلر و « غاما » حرف یونانیسنی حصوله كتیره‌ن یاقوتلر بولنان بر آلتون حلقه در . پدرم، تبسم ایده ر ك ، بو یوزوكك بر طلسم اولدوغنی سویلدی .. اونی اله كچیره نه سعادت بخش ایدرمش و غائب ایدیلیرسه دائما دشمنلغه معروض قالینیرمش .. پدرم ، بو یوزوكی بویوك بر اهتمامله محافظه ایتمه می توصیه ایتدی و بنده محافظه ایده جكمی وعد ایتدم .
- پدركزك بو اخطاری ، وقایعله تأید ایدییور .
- اوت .. بو طلسمی بكا كسب ثروت ایتدیكی هندستاندن كتیرمشدی. بر قاچ دفعه بو یوزوكك حكایه سنی سویلمسنی رجا

Sayfa/Folio 20

ettimse de söylemek istemedi. Teyzezadem, hizmetçilerin artık onu ben zan etmediklerinin pek çabuk farkına varmıştı. Maahaza bunun sebepini keşfedemedi. Mister Pickwick, o vakit çocuk olduğumuzu da unutmayınız. Validemin vefatı üzerine pederimle beraber Avrupa'ya gittik. İsabel ile teyzem Cliff Castle'de kaldılar. Ancak iki sene sonra avdet ettik. Zannedersem teyzezadem sırrımı keşfetmek için gaybubetimden istifade etmiş. İki aile arasındaki münasebetin kat' edilmesine sebep olan şeyi iyi bilmiyorum, bu vaka, Avrupa'dan avdetimizden bir sene sonra tahaddüs etmişti. Pederim, günün birinde Danton'ların Cliff Castle'den gitmelerini söyledi. Gayet ciddi, iyi düşünür ve verdiği karardan dönmez bir adam idi. Bu suretle ayrılmak beni pek müteessir etti. Teyzezademe, aramızda unutulmaz bir muhabbet ü meveddet payıdar olacağını vâât etmiştim. Fakat İsabel mağrur u muhakkar bir tavır aldı. O zamandan beri birbirimizi pek nadir olarak gördük. Fakat, asla Cliff Castle'de değil. İsabel'in pederi, iki sene sonra öldü; validesi ise pederimden birkaç ay evvel vefat etmişti.

"Yes... He brought me this talisman from India, where he acquired his wealth. Although I begged him several times to tell me the story of the ring, he didn't want to tell. My cousin was quick to take notice that the servants no longer thought she was me. Nonetheless, she couldn't figure out the reason for this. Mr. Pickwick, don't forget that we were kids back then. Upon my mother's death, I went to Europe together with my father. Isabel and my aunt stayed at Cliff Castle. But we came back after two years. I presume my cousin took advantage of my absence to find out my secret. I don't really know the reason why the relationship between the two families was broken. The event took place a year after our return from Europe. One day, my father told the Dantons to leave Cliff Castle. He was a very serious man— a good thinker and one who did not go back on his decisions. The separation in this manner affected me greatly. I promised my cousin that the unforgettable love and affection between us will be unshakable. Isabel, however, took on a haughty and vile attitude. Since then we saw each other very infrequently. But never at Cliff Castle. Two years later, Isabel's father died; and her mother passed away a few months before my father [did]."

Alçakcasına Desise
The Nefarious Plot

Pickwick:
- Demek, daha bidayetten itibaren meşru mirasınıza sahip olmaktan

۲۰

ایتدمسه ده سویلمك ایسته مدی . تیزه زاده م ، خدمتجیلرك آرتق اونی بن ظن ایتمدكلرینك پك چابوق فرقیه وارمشدی . مع هذا ، بونك سببنی كشف ایده مدی . میستر پیق ویق ، او وقت چوجوق اولدوغغمزی ده اونوتماییكز . والدامك وفاتی اوزرینه پدرمله برابر آوروپایه كیتدك . ایزابه ل ایله تیزه م قلیف قاستلده قالدیلر. آنجق ایكی سنه صوكرا عودت ایتدك .. ظن ایدرسه م ، تیزه زاده م سرمی كشف ایتمك ایچون غیبوبتمدن استفاده ایتمش .. ایكی عائله آراسنده كی مناسباتك قطع ایدلمسنه سبب اولان شیئی ایی بیلمیورم ؛ بو وقعه ، آوروپادن عودتمزدن بر سنه صوكره تحدث ایتمشدی . پدرم ، كونك برنده، دانتونلرك قلیف قاستلدن كیتملرینی سویلدی. غایت جدی، ایی دوشونور و ویردیكی قراردن دونمز بر آدم ایدی . بو صورتله آیرلمق بنی پك متأثر ایتدی . تیزه زاده مه ، آرامزده اونودولماز بر محبت و مودت پایدار اوله جغنی وعد ایتمشدم . فقط ، ایزابه ل مغرور و محقر بر طور آلدی. او زماندن بری بربرمزی پك نادر اوله رق كوردك .. فقط ، آصلا قلیف قاستلده دكل .. ایزابه لك پدری ، ایكی سنه صوكرا ئولدی ؛ والده سی ایسه ، پدرمدن بر قاچ آی اول وفات ایتمشدی .

آلچقجه سنه دسیسه

پیق ویق :
ـ دیمك ، دها بدایتدن اعتباراً مشروع میراثكزه صاحب اولمقدن

Sayfa/Folio 21

menedildiniz, öyle mi? diye sordu.

"Well, it seems you were prevented from possessing your rightful inheritance from the beginning, is that so?" Pickwick asked.

- Evet ben de size şimdi bunu söyleyecektim.

"Yes, I was going to to tell you this just now."

- Münazaün fih bir şeye malik olan bir kimse, bilhassa sizinkine müşabih bir halde, düşmana karşı azim bir tefevvuk temin eder. Tasarruf-u hakka müreccahtır. Fakat, sizi ne suretle yakadan attılar?

"When someone is in a dispute over ownership, especially in a situation like yours, one secures a decisive advantage over the enemy. It is preferable over possessing [legal] right. But how did they take you out of the picture?"

- Gayet basit ve fakat menfur bir ahval ile Mr. Pickwick... Mevsim hasebiyle Cliff Castle'i kapamış olduğumdan Saratoga'da United State (Ştet) Otelinde ikamet ediyordum.

In a very simple but detestable way, Mr. Pickwick... Since I closed down Cliff Castle for the season, I was staying at the United State Hotel in Saratoga."

- Miss Downing, o sırada teyzezadeniz nerede idi?

"Miss Downing, where was your cousin on that occasion?"

- Bilemiyorum.

"I can't say."

- Devam ediniz.

"Please go on."

- Mevsim oldukça ilerlemiş ve denize girmek için gelenler de yavaş yavaş çekilmeğe başlamıştı. Refakatim de muhibbeler var idi. Biz de gitmeğe karar verdik. Hafta nihayetinde hareket etmek üzere hazırlandık... Fakat, Perşembe (Pençşenbe) günü Saratoga civarındaki Half Moon karyesine gitmekliğimi müsterhim bir telgraf aldım.

"The season was getting pretty late and those who had come to swim in the sea had also slowly begun to depart. There were friends in my company. We also decided to go. On the weekend we got ready to set out. However, on Thursday, in a town called Half Moon in the vicinity of Saratoga, I received a telegram pleading for me to leave."

- Telgrafta ne yazılı idi?

"What was written in the telegram?"

- Ailemizin ihtiyar bir hizmetçi kadını ölmek üzere bulunduğundan kabl-el-vefat beni görmek istemiş. Ben, bu meşru arzuyu red etmeği münasib görmedim. Ertesi günü Saratoga'ya avdet etmek üzere oraya gittim.

"An old maid of our family who was about to die wanted to see me before passing away... I did not see it proper to reject this legitimate wish. The next day upon returning to Saratoga, I went there."

- Ümitiniz vechle avdet edemediniz değil mi?

"You could not return as you had hoped, right?"

۲۱

منع ایدلدیکز ، اویله می ؟ دییه صوردی .
ـ اوت ؛ بنده شیمدی سزه بونی سویلیه جکدم .
ـ منازع فیه بر شیئه مالك اولان بر كیمسه ، بالخاصه سزککنه مشابه بر حالده ، دشمنه قارشی عظیم بر تفوق تأمین ایدر . تصرف حقه مرجحدر . فقط ، سزی نه صورتله یقه دن آتدیلر ؟
ـ غایت بسیط و فقط منفور بر احوال ایله میستر پیق ویق .. موسم حسبیله قلیف قاستلی قیامش اولدوغمدن ساراتوغاده اونیته د شته ت اوتلنده اقامت ایدییوردم .
ـ میس دوونینغ ، او صره ده تیزه زاده كز نره ده ایدی ؟
ـ بیله میورم .
ـ دوام ایدیکز .
ـ موسم اولدقجه ایلریلمش و دكزه كیرمك ایچون كلنلرده یواش یواش چكلمكه باشلامشدی . رفاقتمده محبه لر وار ایدی. بزده كیتمكه قرار ویردك هفته نهایتنده حركت ایتمك اوزره حاضر لارندق ... فقط ، پنجشنبه كونی ساراتوغا جوارنده كی هالف مون قریه سنه كیتمكلكمی مسترحم بر تلغراف آلدم .
ـ تلغرافده نه یازیلی ایدی ؟
ـ عائله مزك اختیار بر خدمتجی قادینی ئولمك اوزره بولوندوغندن قبل الوفات بنی كورمك ایسته مش.. بن ، بو مشروع آرزویی رد ایتمكی مناسب كورمدم . ایرتسی كونی ساراتوغایه عودت ایتمك اوزره اورایه كیتدم .
ـ امیدكز وجهله عودت ایده مدیكز دكلمی ؟

Sayfa/Folio 22

- Hayır, Hizmetçi Susan'ı son dem-i hayatında bulmuştum. Bilmecburiye pazar ertesi (Pazartesi) gününe kadar yanında kaldım. Ve ancak o gün Saratoga'ya avdet edebildim.
"No, I found the maid Susan at her last breath of life. I had to stay with her until Monday. And it was only that day I was able to return to Saratoga."

- Bu seyahati yalnız başınıza mı yaptınız?
"Did you go on this trip alone?"

- Evet, hatta oda hizmetçimi bile götürmedim.
"Yes, I did not even bring my chambermaid with me."

- Pek şayan-ı teessüf bir hal, Miss Downing.
"A very regrettable situation, Miss Downing."

- Evet, bunu da muahharan anladım, Mister Pickwick. Otele vasıl olunca doğruca daireme çıktım; oda hizmetçimi bulacağımı zannederken kapının (kapunun) önünde hiç görmediğim bir kadına tesadüf ettim.
"Yes, and I understood this later on, Mr. Pickwick. When I arrived at the hotel, I went straight to my room. While I was expecting to find my chambermaid, I came across a woman whom I had never seen before in front of the door."

- O vakit ne yaptınız?
"What did you do at that time?"

- Dairemi şaşırdığımı zannederek beyan-ı itizar ettim ve acele ile uzaklaştım. Fakat, sonra kapıların numaralarına bakarak yanılmadığımı anladım... bir kaç dakika düşündükten sonra oda hizmetçimin, emirlerimi yanlış anlamış olduğuna hükmettim (hüküm ettim). Sanduklarımız evvelce hazırlanmış olduğundan kadın, benim yalnız olarak eve avdet eylediğime zahib olmuş ve bu sebeple trene binip gitmiş zannında bulundum. Otelin müdürünü çağırdım. Kendisine biraz dürüştane kati müsaadem olmaksızın dairemi bir başkasına nasıl kiraladığını sordum. Müdür sözlerimden bir şey anlamadığını ve benim cuma günü avdet ederek hesabı gördüğümü ve ertesi gün yani cumartesi (cuma ertesi) günü refikalarım ve oda hizmetçimle beraber eşyalarımı alıp gittiğimi söyledi.

Assuming that I mistook my room, I apologized and quickly walked away. Only after looking at the door numbers did I realize that I did not make a mistake. After pondering for a few minutes, I came to the conclusion that my chambermaid misunderstood my orders. I came to the realization that since our luggages had been prepared beforehand, the woman [had presumed that] I had returned home alone, and for that reason she boarded a train and left. I called for the hotel manager. I asked him somewhat harshly how could he rent my room to someone else completely without my permission. The manager said that he did not understand anything I was saying, and that I had returned on Friday, paid the bill, and the next day, namely Saturday, together with my friends and chambermaid I had collected my belongings and left."

۲۲

ـ خایر ؛ خدمتجی سوزانی صوك دم خیاتنده بولمشدم . بالمجبوریه پازار ایرتسی كوننه قدر یاننده قالدم و آنجق او كون ساراتوغایه عودت ایده بیلدم .
ـ بو سیاحتی یالكز باشكزه می یاپدیكز ؟
ـ اوت ؛ حتی ، اوطه خدمتجیمی بیله كوتورمدم .
ـ پك شایان تأسف بر حال ، میس دوونینغ .
ـ اوت ، بونی ده مؤخراً آكلادم ، میستر پیق ویق . اوتله واصل اولنجه دوغروجه دائره مه چیقدم ؛ اوطه خدمتجیمی بوله جغمی ظن ایدركن قپونك اوكنده ، هیچ كورمدیكم بر قادینه تصادف ایتدم .
ـ او وقت نه یاپدیكز ؟
ـ دائره می شاشیردیغمی ظن ایده رك بیان اعتذار ایتدم و عجله ایله اوزاقلاشدم . فقط ، صوكرا قپولرك نومرولرینه باقارق یا كیلمدیغمی آكلادم .. بر قاچ دقیقه دوشوندكدن صوكرا ، اوطه خدمتجیمك ، امرلرمی یاكلش آكلامش اولدوغنه حكم ایتدم .
صندوقلرمز اولجه حاضر لانمش اولدوغندن قادین ، بنم یالكز اوله رق أوه عودت ایلدیكمه ذاهب اولمش و بو سببله تره نه بینوب كیتمش ظننده بولوندم . اوتلك مدیرینی چاغیرتدم . كندیسنه بر آز درشتانه قطعی مساعده م اولمقسزین دائره می بر باشقه سنه ناصل كیرالادیغنی صوردم . مدیر ، سوزلرمدن بر شی آكلامدیغنی و بنم خمعه كونی عودت ایده رك حسابی كوردیكمی و ایرتسی كون یعنی جمعه ایرتسی كونی رفیقه لرم و اوطه خدمتجیمله برابر اشیالرمی آلوب كیتدیكمی سویلدی .

Sayfa/Folio 23

- Tabii bu hal size bir muamma gibi göründü değil mi?

"Natural[ly], this situation seemed like a mystery to you, didn't it?"

- Evet, Mister Pickwick... Nihayet, gaybubetimden bilistifade benimle fena bir şaka ettiklerini zan ettim ve pek kızdım.

"Yes, Mr. Pickwick... Eventually, I thought they were taking advantage of my absence to play a bad joke on me, and I became really angry."

- Miss Downing, teyzezadenizin bu vakada alakadar olduğu aklınıza geldi mi?

"Miss Downing, did it occur to you that your cousin was involved in this event?"

- Hayır.

"No."

- Sonra ne yaptınız?

"Afterwards what did you do?"

- Doğruca Cliff Castle'e avdet ettim.

"I returned directly to Cliff Castle."

- Oraya vasıl olunca şüphesiz, Miss Downing'in cumartesi günü öğleyin avdet etmiş olduğunu ve siz de, arzunuz hilafına olarak Miss Danton yani kendi teyzezadeniz olduğunuzu öğrendiniz değil mi?

"When you arrived you doubtlessly learned that 'Miss Downing' had returned on Saturday at noon, and that against your will you had become 'Miss Danton,' namely, your own cousin, is that not so?"

- Evet, tıbki dediğiniz gibi oldu.

"Yes, it was like what you said."

- Sizi Cliff Castle'e sokmadılar değil mi?

"They didn't let you back into Cliff Castle, did they?"

- Hayır. Sokmadılar. Filip'i istedim.

"No. They didn't let me in. I asked for Philip."

- Geldi mi?

"Did he come?"

- Evet. Filip teyzezademi hiç çekemezdi. Daha çocukluğunda ondan nefret ederdi. Beni görünce İsabel Danton zan etti. Nazikane cevap vermekle beraber emirlerimi icra etmek istemedi. O vakit, yüzük aklıma geldi ve onu kayıp ettiğimi anlayınca şaşırıp kaldım.

"Yes. Philip was unable to get along with my cousin at all. Even in her childhood he used to hate her. When he saw me, he assumed I was Isabel Danton. While he was answering me politely, he did not want to follow my orders. At that time, the ring came to my mind and when I realized that I had lost it I was astonished."

- O zamana kadar tılsımın kayıp olduğunun farkında değil miydiniz?

"Up to that time had you not noticed the talisman was lost?"

۲۳
- طبیعی بو حال سزه بر معما کبی کوروندی دکلمی ؟
- اوت ، میستر پیق ویق .. نهایت ، غیبوبتمدن بالاستفاده بنمله فنا بر شقه ایتدکلرینی ظن ایتدم و پك قیزدم .
- میس دوونینغ ، تیزه کزك بو وقعه ده علاقه دار اولدوغی عقلکزه کلمدیمی ؟
- خایر .
- صکره نه یاپدیکز ؟
- دوغروجه قلیف قاستله عودت ایتدم .
- اورایه واصل اولونجه شبهه سز ، میس دوونینغك جمعه ایرتسی کونی اوکلین عودت ایتمش اولدوغنی و سزده ، آرزوکز خلافنه اوله رق میس دانتون یعنی کندی کندی تیزه زاده کز اولدوغکزی اوکزندیکز دکلمیکز ؟
- اوت ، طبقی دیدیکیکز کبی اولدی .
- سزی قلیف قاستله صوقمدیلر دکلمی ؟
- خایر . صوقمدیلر . فیلیپی ایستدم .
- کلدیمی ؟
- اوت . فیلیپ تیزه زاده می هیچ چکه مزدی . دها چوجوقلغنده اوندن نفرت ایدردی بنی کورونجه ایزابه ل دانتون ظن ایتدی. نازکانه جواب ویرمکله برابر امرلرمی اجرا ایتمك ایسته مدی . او وقت ، یوزوك عقلمه کلدی و اونی غائب ایتدیکمی آکلاینجه شاشیروب قالدم .
- او زمانه قدر طلسمك غائب اولدوغنك فرقنده دکلمیدیکز ؟

Sayfa/Folio 24

- Hayır.
"No."

- Teyzezadenizi sordunuz mu?
"Did you ask for your cousin?"

- Elbette odama çıkmak istedim. Filip girmeme mani oldu. Bana karşı gösterdiği muameleden o derece müteessir olmuşdum ki sonra ne yaptığımı bir türlü hatırlayamıyorum.
"Of course, I wanted to go to my room. Philip blocked my entrance. I was so distraught by the treatment he showed me, I cannot remember at all what happened afterwards."

- Sevgili teyzezadeniz sizi kabul etmeğe muvafakat gösterdi mi?
"Did your dear cousin agree to see you [receive you]?"

- Hayır.
"No."

- Biraz hatırlamağa gayret ederek cereyan eden hali bana söyleyiniz.
"Please try hard to remember and tell me the situation that transpired."

- Filip'le mücadele ederek kendisini ikna'a çalıştım.
"I argued with Fillip, trying to persuade him."

- Tabii, buna da muvaffak olamadınız değil mi?
"Of course, you were not successful at this, right?"

- Maatteessüf olamadım, Mister Pickwick. Philip evvela beni hürmetkarane bir tavırla dinledi. Ve fakat sonunda sabrı tükenmiş bir halde: 'Beyhude kendinizi yoruyorsunuz, Miss Danton. Hanımım, avdetinde bana herşeyi anlattı. Kendinizi daima Miss Downing olarak tanıtmak istemeğe utanmıyor musunuz? Fakat, Emin olunuz, İhtiyar Filip'i aldatamayacaksınız.' diye bağırdı. Mister Pickwick başıma gelen bu felaketin dehşetinden o derece yes (ye's) ü füturadüçar olmuştum ki, sadık ihtiyar uşağı yola getirecek bir söz bulup söyleyemedim. Eğer o kadar müteheyyiç olmaya idim, belki Filip'i ikna edebilecektim; lâkin tali'me küserek ve o yalancı karıya meydanı bırakarak çekildim.

"Unfortunately, I was unable to [succeed], Mr. Pickwick. Initially, Phillip listened to me respectfully, but later after exhausting his patience [he shouted]: 'You are wasting your breath, Miss Danton! On her return my lady explained everything to me. Aren't you ashamed that you keep wanting to introduce yourself as Miss Downing? Rest assured, you won't be able to fool Old Phillip.' Mr. Pickwick, I had been afflicted such a degree of hopelessness and listlessness by the horror of the disaster that has befallen me, I couldn't find the words to bring the loyal old servant back to my side. If I had not been so agitated, maybe I could have convinced him otherwise; but I cursed my luck and withdrew, leaving the field to that lying harlot."

٢٤
ـ خاير .
ـ تيزه زاده كزى صورديكزمى ؟
ـ البته .. اوطه مه چيقمق ايستدم. فيليپ كيرمه مه مانع اولدى .
ـ بكا قارشى كوستردیكى معامله دن او درجه متأثر اولمشدم كه صوكرا نه ياپديغمى بر درلو خاطرلیه میورم .
ـ سوكيلى تيزه زادكز سزى قبول ايتمكه موافقت كوستردیمى ؟
ـ خاير .
ـ بر آز خاطرلامغه غيرت ايده رك جريان ايدن حالى بكا سويلیيكز .
ـ فيليپله مجادله ايده رك كنديسنى اقناعه چاليشدم .
ـ طبيعى ، بوكاده موفق اولاماديكز دكلمى ؟
مع التأسف اوله مادم ، ميستر پيق ويق . فيليپ ، اولا بنى حرمتكارانه بر طورله ديكلدى و فقط صوكنده صبرى توكنمش بر حالده : « بيهوده كنديكزى يورويورسكز، ميس دانتون . خانمم ، عودتنده بكا هر شيئى آكلاتدى . كنديكزى دائما ميس دوونينغ اوله رق طانيتمق ايسته مكه اوتانميورميسكز ؟ فقط ، امين اولكز، احتيار فيليپى آلداته مه جقسكز. » دييه باغيردى .. ميستر پيق ويق باشمه كلن بو فلاكتك دهشتندن او درجه يأس و فتوره دوچار اولمشدم كه ، صادق اختيار اوشاغى يوله كتيره جك بر سوز بولوب سويليه دم . اكر او قدر متهيج اولميه ايدم ، بلكه فيليپى اقناع ايده بيله جكدم ؛ لاكن ، طالعمه كوسه رك و اويالانجى قارى يه ميدانى براقه رق چكلدم ..

Sayfa/Folio 25

- Üç numaralı benzerinize, bu vakalardan ne kadar zaman evvel Buffalo'da rast geldiniz?

"How long before these incidents did you come across lookalike Number 3 in Buffalo?"

- Bir çok aylar evvel...

"Many a months before..."

- Eğer yanılmıyorsam, o gün üç numaralının kendisini teyzezadeniz olarak tanıttığını söylemiştiniz?

"If I am not mistaken, you had said that on that day Number 3 introduced herself as your cousin."

- Evet.

"Yes."

- Filip'i de, İsabelle Danton'un ayağı burkulmasından dolayı o gün evde kalmış olduğuna emin olmak için New York'a göndermiştiniz, değil mi?

"Because Isabel Danton twisted her foot, you also sent Phillip to New York to make sure she stayed in the house that day, right?"

- Evet, Mister Pickwick... avdetinde uşak, Miss Danton'un evde bulunduğunu söyledi.

"Yes, Mr. Pickwick... upon his return, the servant said that Miss Danton was in the house."

- Onu, bizzat görmüş ve konuşmuş mu?

"Did he see her and talk to her in person?"

- Evet, Mister Pickwick.

"Yes, Mr. Pickwick."

- Filip'in sadakat ve hüsn-ü niyetinden hiç şüphelenmediniz mi?

"Haven't you ever doubted Phillip's loyalty and good will?"

- Hayır. Onun ibraz ettiği sadakat nihayet vefatına sebep oldu.

"No. The loyalty he showed ultimately became the reason for his death."

- Filip New York'tan avdet edince, kendisini teyzezadeniz olarak gösteren kızın kazib olduğuna kanaat hasıl ettiniz değil mi?

"When Phillip returned from New York, you became convinced that the girl who introduced herself as your cousin was a liar, right?"

- Evet, Mister Pickwick.

"Yes, Mr. Pickwick."

- Ona karşı ne gibi muamelede bulundunuz?

"How did you treat her?"

- Gelip beni görmeğe davet ettim.

"I invited her to come and see me."

- Bu davete icabet etti mi?

"Did she accept your invitation?"

٢٥

ـ اوچ نومرولو بكزركزه ، بو وقعه لردن نه قدر زمان اول بوفالوده راست كلديكزى ؟
ـ بر چوق آيلر اول ..
ـ اكر ياكلميورسهم ، او كون اوچ نومرولينك كنديسى تيزه زاده كز اوله رق طانيتديغنى سويلمشديكز ؟
ـ اوت .
ـ فيليپى ده ، ايزابه ل دانتونك آياغى بورقولمسندن دولايى او كون أوده قالمش اولدوغنه امين اولمق ايچون نيو يورقه كوندرمشديكز ، دكلمى ؟
ـ اوت ، ميستر پيق ويق .. عودتنده اوشاق ، ميس دانتونك اوده بولوندوغنى سويلدى .
ـ اونى ، بالذات كورمش و قونوشمش مى ؟
ـ اوت ، ميستر پيق ويق ..
ـ فيليپك صداقت و حسن نيتندن هيچ شبهه لنمديكزمى ؟
ـ خاير .. اونك ابراز ايتديكى صداقت ، نهايت وفاتنه سبب اولدى .
ـ فيليپ ، نيو يورقدن عودت ايدنجه ، كنديسنى تيزه زاده كز اوله رق كوسترن قيزك كاذب اولدوغنه قناعت حاصل ايتديكز دكلمى ؟
ـ اوت ، ميستر پيق ويق .
ـ اوكا قارشى نه كبى معامله بولوندوكز ؟
ـ كلوب بنى كورمكه دعوت ايتدم .
ـ بو دعوته اجابت ايتديمى ؟

Sayfa/Folio 26

- Evet. Fakat, hiç tavırını bozmadı... Kendisini yalancılıkla ittiham edince beni istihza etti.

"Yes. However, she did not break character at all. When I accused her of being a liar, she scoffed at me."

- Sonra?

"Afterwards?"

- Bunu, teyzezademi New York'ta gördüğünü iddia eden Filip'le yüzleştirdim.

"I brought her face to face with Phillip, who was claiming that he saw my cousin in New York."

O vakit?

"Then?"

Uşağımın serd ettiği delaili redde lüzum görmeksizin yalnız gülmekle iktifa etti. Badehu, fakir olduğu için kendisini tanımak istemediğimi söyledi. Hatta Filip'in muvacehesinde, hayatta göreceği cüzi bir saadeti gasp etmek için aleyhinde tezviratta bulunulduğumu bile söyledi.

Without deeming it necessary to deny the proof that my servant presented, she was content to merely laugh. After that, she said that I did not want to acknowledge her because she is poor. Even in front of Phillip, she said that I was slandering against her in order to steal the tiny bit of happiness she would see in life.

- Sizinle iki benzerinizin arasındaki müşabehet, herhalde fevkalade bir haldir. Bu kadının sözlerine Filip ne cevap verdi?

"The resemblance between you and your two look alikes, I think, is an extraordinary situation. How did Philip respond to this woman's words?"

- Hiddetlenmiş idi; fakat benimle konuşmak için misafirin [müsafirin] çekilmesini beklemişdi. Nihayet yalnız kaldık ve o vakit: 'Miss Clarita, ben sizin yerinizde olsam çekinirdim.' dedi. 'Ne demek istiyorsunuz?' diye sordum. 'Bu kadının söylediği tezvirat belki öteki tarafda mevcuttur... Kim bilir, belki teyzezadeniz de bu kadınla müttefikdir?' cevabını verdi.

"He became furious; but in order to speak with me, he waited until the guest departed. Finally, we were left alone and at that time he said, 'Miss Clarita, if I was in your place, I would be cautious.' 'What do you mean?' I asked. 'The lies that this woman tells might have originated from the other side... who knows, perhaps your cousin is in league with this woman?' he replied."

- Miss Downing, Filip'in süret-i intikal sahibi olduğunu görüyorum.

"Miss Downing, it looks to me that Phillip has a sharp wit."

Clarita, makam-ı tasdikde başını sallayarak:

Clarita, nodding her head in confirmation:

۲٦

- اوت . فقط ، هیچ طورینی بوزمدی .. کندیسنی یالانجیلقله اتهام ایدنجه بنی استهزا ایتدی .
- صوکرا ؟
- بونی ، تیزه زاده می نیو یورقده کوردیکنی ادعا ایدن فیلیپله یوزلشدیردم .
- او وقت ؟
- اوشاغمك سرد ایتدیکی دلائلی رده لزوم كورمكسزین یالكز كولمكله اكتفا ایتدی . بعده ، فقیر اولدوغی ایچون کندیسنی طانیمق ایسته مدیكمی سویلدی ..حتی ، فیلیپك مواجهه سنده ، حیاتده كوره جكی جزئی بر سعادتی غصب ایتمك ایچون علیهنده تزویراتده بولونولدیغمی بیله سویلدی .
- سزكله ایكی بكزك ركزك آراسنده كی مشابهت ، هر حالده فوق العاده بر حالدر . بو قادینك سوزلرینه فیلیپ نه جواب ویردی ؟
- حدتلنمش ایدی ؛ فقط ، بنمله قونوشمق ایچون مسافرك چكلمسنی بكلمشدی .. نهایت ، یالكز قالدق و او وقت : « میس قلاریتا ، بن سزك یركزده اولسه م چكینیردم . » دیدی . « نه دیمك ایستیورسكز ؟ » دییه صوردم . « بو قادینك سویلدیكی تزویرات بلكه اوتهكی طرفده موجوددر .. كیم بیلیر ، بلكه تیزه زاده كزده بو قادینله متفقدر ؟ » جوابنی ویردی .
- میس دوونینغ ، فیلیپك سرعت انتقال صاحبی اولدوغنی كورییورم .

قلاریتا ، مقام تصدیقده باشنی صاللایه رق :

Sayfa/Folio 27

- Filip bana şu sözleri söyledi: 'Hatta teyzezadenizin, ziyaretinize gelen bu kadın mı olduğunu katiyetle tefrik edemeyeceksiniz. Maahaza, gerek bu olsun ve gerek öteki olsun sizin için müsavi... bunlar, sizi mutazarrır edecek iktidarı haiz değiller... Miss Danton istediği kadar uğraşsın...

"Phillip spoke these words to me: 'You even cannot determine for certain if your cousin was the woman who came to visit you. Nevertheless, whether it be this or another, it is all the same for you. They don't have the power to harm you. Let Miss Danton take her best shot'."

- Bu defa, Filip daha tedbirsiz görünüyor.

"This time Phillip appears to be careless."

- Öyle zan ederim Mister Pickwick... Fakat Filip'in nasihatini takip ederek bu vakayı zihnimden çıkardım.

"That is what I assumed, Mr. Pickwick... but, by following Phillip's advice, I took this incidence off my mind."

- Buffalo'da hanesinde sahte teyzezadenize tesadüf ettiğiniz kadına bu hususta birşey söylediniz mi?

"In Buffalo did you say anything about this matter to the woman in whose house you encountered your fake cousin?"

- Hayır.

"No."

- Bu da iyi olmadı.

"This was also not good."

- Belki... Maahaza o zaman böyle bir fikirde bulunmuştum.

"Maybe... nonetheless, that was what I had thought at the time."

- Mezkur kadını tekrar gördüğünüz vakit size bu tesadüften bahsetti mi?

"The time you saw the aforesaid woman again, did she mention this encounter to you?"

- Öyle zannediyorsam da tamamiyle emin değilim.

"I think so, but I'm not completely sure."

- Miss Downing, kurbani olduğunuz hile ve desaise o zaman tevessül edilmiş ve hayli ilerlenmiş olduğunu zannediyorum.

"Miss Downing, the frauds and conspiracies of which you have been a victim were initiated at that time and I suspect that that they were well underway."

- Ben de bu kanaatteyim.

"I too am convinced of this."

- İşlerin ilerilediği sırada hilekarlardan birinin vefatı, şeriği için büyük bir fayda temin etti. Siz de bu fikirde misiniz?

"When the plot was well underway, the death of one of the plotters secured a huge advantage for her accomplice. Are you of the same opinion?"

(Folios 28-29 of the original text are missing)

۲۷

ـ فيليپ بكا شو سوزلرى سويلدى :
«حتى تيزه زاده كزك ، زيارتكزه كلن بو قادينمى اولدوغنى قطعيتله تفريق ايده ميه جكسكز. مع هذا ، كرك بو اولسون و كرك اوته كى اولسون ، سزك ايچون مساوى .. بونلر ، سزى متضرر ايده جك اقتدارى حائز دكللر .. ميس دانتون ايستديكى قدر اوغراشسين ..

ـ بو دفعه ، فيليپ دها تدبيرسز كورونيور .
ـ اويله ظن ايده رم ، ميستر پيق ويق .. فقط ، فيليپك نصيحتنى تعقيب ايده رك بو وقعه يى ذهنمدن چيقاردم .
ـ بوفالو ده خانه سنده ساخته تيزه زاده كزه تصادف ايتديككز قادينه بو خصوصده بر شى سويلديكز مى ؟
ـ خاير .
ـ بو ده ايى اولمدى .
ـ بلكه . مع هذا ، او زمان بويله بر فكرده بولونمشدم .
ـ مذكور قادينى تكرار كورديككز وقت ، سزه بو تصادفدن بحث ايتديمى ؟
ـ اويله ظن ايدييورسه مده تماميله امين دكلم .
ـ ميس دوونينغ ، قربانى اولدوغكز حيله و دسايسه او زمان توسل ايدلمش و خيلى ايلريلنمش اولدوغنى ظن ايدييورم ..
ـ بن ده بو قناعتده يم .
ـ ايشلرك ايلريلديكى صره ده حيله كارلردن برينك وفاتى ، شريكى ايچون بويوك بر فائده تأمين ايتدى .. سزده بو فكرده ميسكز ؟

(فوليوس ۲۸، ۲۹ ميسسينگ)

Sayfa/Folio 30

- Mister Pickwick, henüz bunu düşünmemiştim...

"Mr. Pickwick, I have yet to think about this..."

- Miss, her şeyi düşünmemiz lazımdır. İstikbalınız hakkında bazı tasavvurlarınız var mı?

"Miss, we must think of everything. Do you have any ideas about your future?"

- Hayır. Doğrusu, bu hususda hiç bir şey düşünmedim. Şimdilik kendime bir yer bulacağımı ümit ediyorum.

"No. Frankly, on this matter, I did not think of anything. For the time being, I hope I will find a place for myself.

Miss Downing, bundan vazgeçiniz... Yüzünüze karşı medh etmek gibi olmasın ama, pek güzel olduğunuz için nazar-ı dikkatî celp (celb) edeceğinize hiç şüphe yoktur. Düşmanlarınız derakab yerinizi keşfedecekler ve siz de, bila-merhamet, ya tımarhaneye gönderileceksiniz veya öldürüleceksiniz.

"Miss Downing, please forgo this [idea]. I do not want to praise you to your face, but since you are so beautiful, there is no doubt that you will attract attention. You enemies will then immediately discover your whereabouts, and you will either be sent to the insane asylum or you will be killed, without mercy."

Genç kız yesle:
- Ölümü bin kere tercih ederim!... diye bağırdı.

"I'd prefer death a thousand times," the young lady shouted in despair.

- Müsterih olunuz, aziz yavrum, bir planım var.

"Calm down, my dear child, I have a plan."

- Ne gibi?
"What kind?"

- Sizi, bir müddet için polis hafiyesi yapacağım.

"I will temporarily make you a police detective."

Avukatın Alçaklığı
The Lawyer's Wretchedness

Clarita, hayretle Pickwick'e baktı. Üstad tebessüm ederek:

Clarita looked at Pickwick with astonishment. The master said smilingly:

- Bir polis hafiyesi, bir elektrik pili gibidir; aynı zamanda hem müspet ve hem menfidir. Düşmanlarını keşfedebilmek için müspet ve

٣٠

- مستر پیق ویق ، هنوز بونی دوشونمه مشدم .
- میس ، هر شیئی دوشونمه مز لازمدر . استقبالکز حقنده بعض تصورلرکز وارمی ؟
- خایر . دوغروسی ، بو خصوصده هیچ بر شی دوشونمدم . شیمدیلك كندمه بر یر بوله جغمی امید ایدییورم .
- میس دوونینغ ، بوندن واز كچیكز .. یوزكزه قارشی مدح ایتمك كبی اولمسون اما ، پك كوزل اولدوغكز ایچون نظر دقتی جلب ایده جككزه هیچ شبهه یوقدر . دشمنلركز در عقب یركزی كشف ایده جكلر و سزده ، بلا مرحمت ، یا تیمارخانه یه كوندریله جكسكز و یا اولدیریله جكسكز .
. كنج قیز یأسله : ئولومی بیك كره ترجیح ایده رم ! .. دییه باغیردی
- مستریح اولكز ، عزیز یاوروم ، بر پلانم وار .
- نه كبی ؟
- سزی ، بر مدت ایچون پولیس خفیه سی یاپاجغم .

آوو قاتك آلچقلغی

قلاریتا ، حیرتله پیق ویقه باقدی . استاد تبسم ایده رك :
- بر پولیس خفیه سی ، بر ئه له كتریك پیلی كبیدر ؛ عین زمانده هم مثبت و هم منفیدر . دشمنلرینی كشف ایده بیلمك ایچون مثبت و

Sayfa/Folio 31

kendini onlar keşfettirmemek için menfi olmalıdır. New York sokaklarında tanınmak tehlikesine düçar olmadan ve düşmanlarınızdan korkmaksızın gezebilmenizi temin için sizi evvela muvakkaten unsur-u menfi ile techiz edeceğim.

"A police detective is like an electric battery; he is both positive and negative at the same time. Positive in order to detect the enemy and negative to not be detected by the enemy. I will first of all temporarily outfit you with the negative element to ensure that you can wander about the streets of New York without being subjected to the danger of being recognized and the fear of your enemies."

İri kara gözlerini muhatabına diken Clarita Downing:

Clarita Downing, who fixed her big, black eyes on the man she was speaking to, asked:

- Mister Pickwick, zannedersem maksadınız doğrudan doğruya bir polis hafiyesi vezaifini ifa edecegimi söylemek değil dir? diye sordu.

"If I understand [you correctly], Mr. Pickwick, you don't mean to tell me that I will flat out perform the duties of a police detective?"

- Evet, sizi benimle teşrik-i mesa'i etmeğe mecbur kılmak fikirinde değilim.

Yes, but I am not of the mind to force you to work side by side with me.

Clarita polis hafiyesinin fikirini kabul eder gibi görünüyordu; Fakat, güzel manidar simasını birdenbire yes kapladı. Pickwick, bunun sebepini anladığını zannetti.

Clarita seemed to accept the police detective's idea; but suddenly a look of despair spread over her beautiful, expressive face. Pickwick thought he understood the reason for this.

- Miss Downing size söyleyecek başka şeyler de var.

"Miss Downing, there are also other things to tell you."

- Sizi dinliyorum.

"I'm listening."

- Eğer işleri deruhde edecek olursam bana körü körüne itaat edeceğinizi vâât etmiştiniz, değil mi?

"If I undertake this work, you promised you will obey me blindly [i.e., with all trust], didn't you?"

- Evet böyle bir vââtta bulunmuştum.

"Yes, I did make such a promise."

- Evvela, müsaadem olmaksızın buradan çıkmayacaksınız.

"First, you will not leave here without my permission."

- Fakat, Mister Pickwick.

"But Mr. Pickwick— ."

- Akrabamdan Miss Katie isiminde bir kız vardır. O size müşfik bir refika, bir kardeş olacaktır. Sizi şimdi onun yanına götüreceğim.

"There is a girl among my relatives by the name of Miss Katie. She will be a kind companion, a sister to you. I will take you to her now."

۳۱

كنديني اونلره كشف ايتديرممك ايچون منفى اولمليدر . نيو يورق سوقاقلرنده طانيمق تهلكه سنه دوچار اولمدن و دشمنلركزدن قورقمقسزين كزه بيلمكزى تأمين ايچون سزى ، اولا موقةً عنصر منفى ايله تجهيز ايده جكم .

ايرى قره كوزلرينى مخاطبنه ديكن قلاريتا دوونينغ :

ـ ميستر پيق ويق ، ظن ايدرسه م مقصدكز دوغردن دوغرى يه بر پوليس خفيه سى وظائفنى ايفا ايده جكمى سويلمك دكلدر؟ دييه صوردى .

ـ اوت . سزى ، بنمله تشريك مساعى ايتمكه مجبور قيلمق فكرنده دكلم .

قلاريتا ، پوليس خفيه سنك فكرينى قبول ايدر كبى كورونيوردى ؛ فقط ، كوزل معنيدار سيماسنى بردنبره يأس قاپلادى . پيق ويق ؛ بونك سببنى آكلاديغنى ظن ايتدى .

ـ ميس دوونينغ ، سزه سويليه جك باشقه شيلرده وار .

ـ سزى ديكليورم .

ـ اكر ايشلرى درعهده ايده جك اولورسه م بكا كورى كورينه اطاعت ايده جككزى وعد ايتمشديكز ، دكلمى ؟

ـ اوت، بويله بر وعدده بولنمشدم .

ـ اولا ، مساعده م اولمقسزين بورادن چيقميه جقسكز .

ـ فقط ، ميستر پيق ويق .

ـ اقربامدن ميس كه تى اسمنده بر قيز واردى ، اوسزه مشفق بر رفيقه ، بر قارداش اوله جقدر . سزى شيمدى اونك ياننه كوتوره جكم .

Sayfa/Folio 32

Fikirimce, bu kıyafetle sokağa çıktığınız andan itibaren kendinizi pek büyük tehlikelere maruz kılacaksınız. Bimarhaneden kaçarken eşyanızdan bir kısımını kurtarabildiniz mi?

"In my opinion, the moment you go out on the street in this outfit, you will certainly be exposing yourself to a great deal of danger. Were you able to save part of your belongings when you escaped from the asylum?"

- Yalnız küçük bir yol çantası.

"Only a small travel case."

- Nerededir?

"Where is it?"

- Indiğim otelde.

"At the hotel where I am staying."

- Çantada kıymetdar eşya var mı?

"Are there any valuables in the suitcase?"

- Hayır.

"No."

- Öyle ise onu orada bırakınız.

"So in that case, leave it there."

- Fakat.

"But— "

- Katie, şimdilik muhtac olduğunuz şeylerin kaffesini size tedarik edecek. Gidip çantayı otelden almanız kar-ı akıl değildir; çünkü bu suretle düşmanlarınıza izinizi göstermiş olacaksınız. Eğer otele gitmez, çantanızı aramazsanız, sizi takip edenler izinizi bulmağa muvaffak olamayacaklardır. Anladınız mı, Miss Downing?

"Katie will certainly supply you with all the things you need at the moment. Going and taking the suitcase from the hotel would not be a wise act, because you will give off your trace to your enemies this way. If you do not go to the hotel and you do not look for your suitcase, the people who are following you would not be able to succeed at finding your trace. Do you understand, Miss Downing?"

- Evet Mister Pickwick.

"Yes, Mr. Pickwick."

- Peki, size son bir sual daha soracağım. '17-A' markalı pakette ne gibi evrak-ı müspete bulunduğunu biliyor musunuz?

"Well then, I will ask you one last question. Do you know what kind of documents of proof are in the packet marked '17-A'?"

- Hayır.

"No."

- Pek fena. Bunu da şimdilik bırakalım. Geliniz sizi Katie'nin yanına götüreyim.

"Very bad. Let's leave it at that for now. Please come, let me take you to Katie."

On dakika sonra polis hafiyesi kendi odasında muavin

٣٢

فكرمجه ، بو قيافتله سوقاغه چيقديغكز آندن اعتباراً كندكزى پك بويوك تهلكه لره معروض قيله جقسكز . بيمارخانه دن قاچاركن اشياكزدن بر قسمنى قورتاره بيلديكزمى ؟

ـ يالكز كوچوك بر يول چانطه سى .

ـ نره ده در ؟

ـ ايندى كم اوتلده .

ـ چانطه ده قيمتدار اشيا وارمى ؟

ـ خاير .

ـ اويله ايسه اونى اوراده براقيكز .

ـ فقط .

ـ كهتى ، شيمديلك محتاج اولدوغكز شيلرك كافه سنى سزه تدارك ايده جك . كيدوب چانطه يى اوتلدن آلمكز كار عقل دكلدر ؛ چونكه بو صورتله دشمنلركزه ايزكزى كوسترمش اوله جقسكز . اكر اوتله كيتمز ، چانطه كزى آرامازسه كز ، سزى تعقيب ايدنلر ايزكزى بولمغه موفق اوله ميه جقلردر . آكلاديكزمى ميس دوونينغ ؟

ـ اوت ميسر پيق ويق .

ـ پكى ، سزه سوك برسؤال دها صوراجغم « ١٧ ـ آ » مارقه لى پاكتده نه كبى اوراق مثبته بولوندوغنى بيليورميسكز ؟

ـ خاير .

ـ پك فنا . بونى شيمديلك براقه لم . كليكز ، سزى كه تى نك يانيه كوتورهيم .

اون دقيقه صوكرا ، پوليس خفيه سى، كندى اوطه سنده معاونى

Sayfa/Folio 33

Jack'le beraber bulunuyordu. Muavinine, Clarita'nın işini anlatdıkdan sonra:

Ten minutes later the police detective was in his own room, together with his deputy Jack. After explaining Clarita's matter to his deputy, he asked:

- Jack, buna ne dersin? İyice anladın mı? diye sordu.

"Jack, what do you say to this? Did you understand it well?"

- Evet.

"Yes."

- O halde, fikirin nedir? Clarita Downing, akıllı mı, deli mi?

"In that case, what's your opinion? Is Clarita Downing intelligent or crazy?"

- Gayet akıllı.

"Very intelligent."

- Fakat, elyevm Cliff Castle'da bulunan kimdir? Teyzezadesi mi yoksa meçhul kız mı?

"But who is at Cliff Castle today? Is it her cousin or the unknown girl?"

- Bunu Allah bilir.

"This, God knows."

- Bu nokta, henüz benim için de bir muammadır; Maahaza suali başka bir şekile koyacagım.

"This point is still a mystery to me. Nonetheless, I will put the question another way."

- Ne gibi?

"How?"

- Ölen hangisi? Meçhul kız mı? Yoksa?

"Which one is the dead one? The unknown girl? Or who?"

- Bunu da bilemem.

"I'm unable to determine this either."

- Jack, zehirlenmek keyfiyeti hakkında ne düşünüyorsun?

"Jack, what do you think about the circumstances of the poisoning?"

- Zannedersem Miss Downing bu hususta haklıdır.

"I think Miss Downing is correct on this matter."

- Peki bunu kabul edelim. Derakab başka bir noktayı tedkik etmek mecburiyetinde kalıyoruz. Bu iki mağduru tedavi eden doktorlar kimlerdi? Genç kızla uşağın, tabii ölümle ölmedikleri faraziyesine göre, evvel emirde bu ciheti arayacağız.

"Alright, let's accept this. Then we must immediately investigate another point. Who were the doctors who treated these two victims? Going on the hypothesis of the young lady and her servant dying natural death[s], we will investigate this aspect as the first order of business.

- Pek doğru Pick.

"Right you are, Pick."

- Jack, bu vazifeyi sen göreceksin. Hemen işe başla.

"Jack, you will see to this task. Start work right away."

٣٣

ژاقله برابر بولونیوردی . معاوننه ، قلاریتانك ایشنی آكلاتدقدن صوكرا :
- ژاق ، بوكا نه دیرسك ؟ ایجه آكلادكمی؟ دییه صوردی .
- اوت .
- او حالده ، فكرك نه در؟ قلاریتا دوونینغ ، عقللیمی ، دلیمی ؟
- غایب عقللی .
- فقط ، الیوم قلیف قاستلده بولونان كیمدر؟ تیزه زاده سیمی یوقسه مجهول قیزمی ؟
- بونی الله بیلیر .
- بو نقطه ، هنوز بنم ایچون ده بر معمادر ؛ مع هذا سؤالی باشقه بر شكله قویه‌جغم .
- نه كیبی ؟
- ئولن هانكیسی؟ مجهول قیزمی؟ بوقسه .
- بونی ده بیله‌مم .
- ژاق ، زهر لنمك كیفیتی حقنده نه دوشونیورسك ؟
- ظن ایدرسه م میس دوونینغ بو خصوصده حقلیدر .
- پكی بونی قبول ایده ایده لم . در عقب باشقه بر نقطه یی تدقیق ایتمك مجبوریتنده قالیورز . بو ایكی مغدوری تداوی ایدن دوقتورلر كیملردی ؟ كنج قیزله اوشاغك طبیعی ئولومله ئولمدكلری فرضیه سنه كوره اول امرده بو جهتی آرایه‌جغز .
- پك دوغرو پیق .
- ژاق بو وظیفه یی سن كوره جكسك . همان ایشه باشلا .

Sayfa/Folio 34

- Pekala

"Very well."

- Yarın akşam gurub-u şemsde, Cliff Castle'in bahçe kapısında beni bekle... muhakkak geleceğim.

"Wait for me tomorrow night at sunset by the gate of Cliff Castle's garden... I will definitely come."

Jack bir çeyrek (çihâr-ı yek) saat sonra genç bir çiftçi kıyafetiyle evden çıktı.

A quarter of an hour later, Jack came out of the house dressed up as a farm boy.

Pickwick'e gelince, o de köylü kıyafetine girerek doğruca avukat Greenleaf'ın yazıhanesine gitti.

As for Pickwick, he went straight to the office of the lawyer Greenleaf, donning the outfit of a country yokel.

Avukat güzel bir koltuğa kurulmuştu. Dairesinde gayet mükellef döşeli müteaddit odalar var idi. Pickwick, müracaat ettiği zaman Greenleaf, meşgul gibi görünüyordu; beklediği müşteri de yoktu.

The lawyer laid back in a plush armchair. In his office there were many elaborately decorated rooms. When Pickwick approached [seeking service], Greenleaf appeared to be busy, though there was no client for whom he was waiting.

Çiftçiye ne istediğini sormak üzere ayağa kalkan katibe ehemmiyet vermeyerek doğruca güzel bir yazıhanenin arkasında oturan avukatın yanına gitti.

Paying no heed to the secretary who was rising to her feet to ask the farmer what he wanted, he went directly to the lawyer sitting behind the beautiful desk.

Greenleaf, ağzında bir puro sigarası olduğu halde kurulduğu koltuğa yaslanmış ve ayaklarını masanın üstüne uzatmıştı.

Greenleaf, who was holding a cigar in his mouth, leaned on his armchair with his feet stretched out on his desk.

Çiftçiye istihza amiz bir tebessümle baktı. Çiftçi, şapkasını yazıhanenin üstüne koyarak ve salakça eğilerek:

He looked at the farmer with a smile mixed with derision. Placing his hat on top of the desk and bowing awkwardly, the farmer asked,

- Mister James Greenleaf siz misiniz? diye sordu.

"Are you Mr. James Greenleaf?"

- Evet isimim James Greenleafdır. Sizin için ne hizmette bulunabilirim? cevabını verdi.

"Yes, my name is James Greenleaf, how can I be of service to you?" he answered.

- Mister Greenleaf, pek çok faydanız olabilir. Zannedersem pek meşgul değilsiniz.

"Mr. Greenleaf, you can be of much great benefit to me. I am assuming you are not busy.

Çiftçi, bu sözü söyleyerek etrafına bakmağa başladı. Ve safdilane:

Uttering these words, the farmer started looking around.

٣٤

ـ پك اعلى .

ـ يارين آقشام غروب شمسده ، قليف قاستلك باغچه قپوسنده بنى بكله .. محقق كله‌جكم .

ـ ژاق بر چاريك ساعت صوكرا كنج بر چيفتجى قيافتيله اودن چيقدى . پيق ويقه كلنجه، اوده كويلو قيافتنه كيره‌رك دوغروجه آووقات غره‌نلافك يازيخانه سنه كيتدى . آووقات كوزل بر قولتوغه قورولمشدى . دائره سنده غايت مكلف دوشه‌لى متعدد اوطه‌لر وار ايدى. پيق ويق، مراجعت ايتديكى زمان غره‌نلاف، مشغول كبى كورونيوردى؛ بكلديكى مشترى ده يوقدى . چيفتجى يه نه ايستديكنى صورمق اوزره آياغه قالقان كاتبه اهميت ويرميه رك دوغروجه كوزل بر يازيخانه نك آرقه سنده اوطوران آووقاتك ياننه كيتدى .

غره‌نلاف ، آغزنده بر پورو سيغاره‌سى اولدوغى حالده قورولدوغى قولتوغه ياسلنمش و آياقلرينى ماصه نك اوستنه اوزاتمشدى . چيفتجى يه ، استهزا آميز بر تبسمله باقدى ، چيفتجى ، شاپقه سنى يازيخانه نك اوستنه قويارق و صلاقچه اكيله‌رك:

ـ ميستر جيمس غرنلاف سزميسكز دييه صوردى .

ـ اوت ؛ اسمم جه يمس غرنلافدر. سزك ايچون نه خدمتده بولونه بيليرم؟ جوابى ويردى.

ـ ميستر غره‌نلاف ، پك چوق فائده كز اوله بيلير. ظن ايدرسه‌م پك مشغول دكلسكز . چيفتجى ، بو سوزى سويليه‌رك اطرافنه باقمغه باشلادى . و صافدلانه :

Sayfa/Folio 35

- Böyle bir yazıhane için pek çok para sarf etmiş olmalısınız. Müşterilerinizden pek çok para almıyorsunuz, değil mi?

"For an office such as this, you must be shelling out a lot of money. You're not taking a lot of money from your clients, are you?" he then naively [asked].

Greenleaf, gülüyordu.
Greenleaf was laughing.

- Vakitim pek kıymetdar olduğundan maksadınızı söyleyiniz, dedi.

"Since my time is very precious, state your purpose," he said.

- Mister Greenleaf, bana sizi medh ettiler. Dostlarım, benim işimi sizden başkası göremeyeceğini söylediler.

"Mr. Greenleaf, they told me good things about you. My pals said that nobody but you can see to my business."

Greenleaf, sabırsızlanmıştı.
Greenleaf had run out of patience.

İsiminiz nedir? diye sordu.
"What is your name?" he asked.

- Peabody, Nathan Peabody, ihtiyar Peabody'nin oğlu... büyük babam—

"Peabody, Nathan Peabody, old man Peabody's son... My grandpa —"

- Canım, sülalenizi sormadım.
"My friend, I didn't ask about your pedigree."

- Müsaade ediniz! Büyük babam, Amerika ihtilali esnasında İngilizlerle çarpıştı. Bunu ehemmiyetsiz mi görüyorsunuz? Ne ise, bundan başka zaman bahsederiz.

"Beg your permission! My grandfather, battled the English during the American Revolution. Do you see this as insignificant? Anyway, we will mention this another time.

Çiftçi, avukata doğru eğildi, gözünü ma'nidar bir surette kırparak:

The farmer, bowed to the lawyer in affirmation, and winking his eye in an expressive way,

Za'id bir adamı bimarhaneye göndere bilir misiniz? diye sordu. Greenleaf, hiddetlenmiş gibi bir haraketde bulundu. Muhatabına, itimadsızlık delalat eder bir tavırla baktı ve:

"Could you send another person to the asylum?" he asked. Greenleaf gestured as if he was outraged. He looked at the one he was speaking to in a manner expressing distrustfulness, and said:

- "Sözlerinizden bir şey anlayamadım. Maksadınız nedir, adam?" dedi.

"I can't understand anything you said. What is your purpose, fellow?"

- Kızımın deli olduğunu ve onu bir bimarhaneye kapamak arzu etdiğimi söylemek istiyorum. Bunu Westbrook'a söyledim ve o da bana dedi ki...

"I am meaning to say that my daughter is insane and I wish to lock her up in an asylum. I told this to Westbrook and he also said to me that...

۳۵

- بویله بر یازیخانه ایچون پك چوق پاره صرف ایتمش اولمیسکز مشتریلرکزدن پك چوق پاره آلمیورسکز دکلمی ؟

غره نلاف، کولویوردی .

- وقتم پك قیمتدار اولدوغندن مقصدکزی سویله ییکز . دیدی .

- میستر غره نلاف ، بکا سزی مدح ایتدیلر . دوستلرم ، بنم ایشمی سزدن باشقه سی کورهمیه جکنی سویلدیلر .

غره نلاف، صبرسزلانمشدی .

- اسمکز نه در؟ دییه صوردی .

- پابودی . ناتان پابودی، اختیار پابودینك اوغلی .. بویوك بابام .. جانم، سلاله کزی صورمدم .

- مساعده ایدیکز ! بویوك بابام ، آمریقا اختلالی اثناسنده انکلیزلرله چارپیشدی. بونی اهمیتسزمی کورییورسکز؟ نه ایسه، بوندن باشقه زمان بحث ایدرز .

- چیفتجی ، آووقاته دوغرو اکیلدی ، کوزینی معنیدار بر صورتده قیرپارق :

- زائد، بر آدامی بیمارخانه یه کوندره بیلیرمیسکی ؟ دییه صوردی. غره نلاف ، حدتلنمش کبی بر حرکتده بولوندی . مخاطبنه ، اعتمادسزلق دلالت ایدر بر طورله باقدی و :

- سوزلرکزدن بر شی آكلایه مدم . مقصدکز نه در ، آدام ؟ . دیدی .

- قیزمك دلی اولدوغنی و اونی بر بیمارخانه یه قپامق ارزو ایتدیکمی سویلمك ایستیور. بونی ، وه ستبروقه سویلدم و اوده بکا دیدی که :

Sayfa/Folio 36

Greenleaf, geveze müşterinin sözünü keserek:

Greenleaf, interrupting the talkative client, asked:

- Nerede ikamet ediyorsunuz? diye sordu

"Where do you reside?"

- Hudson Nehri üzerinde kain The West Pawn'la Newburgh arasında. Westbrook, kendisini Cliff Castle'in sahibesi zanneden bir mecnune vakasını anlattı ve mezbureyi bu sebeple bir bimarhaneye göndermekte olduğunuzu söyledi. Bunun üzerine, kızım için de fikiriniz istimzac etmeği düşündüm.

"Between the West Pawn and Newburgh, located by the Hudson River. Westbrook talked about the instance of a crazy woman who fancies herself the owner of Cliff Castle, and he said that for this reason you sent the said [woman] to an asylum. Upon hearing this, I too thought of seeking your counsel for my daughter."

- Mister Peabody, ben böyle bir işle meşgul olamam.

"Mr. Peabody, I cannot get involved in such a matter."

- Olamaz mısınız? Niçin olamazsınız? O kadar işiniz olmasa gerek.

"You can't? Why can't you? You couldn't be that overworked."

- Ben öyle işlere karışmak istemem, Mister Peabody.

"I do not want to be mixed up in such matters, Mr. Peabody."

- Iyi ama, Westbrook böyle işlerde ihtisasınız olduğunu söylemişti.

"Alright, but Westbrook said that you specialized in such affairs."

- Dostunuz Westbrook aldanmış. Hem. Greenleaf sözünü kesti.

"Your friend Westbrook was misled. Hem." Greenleaf stopped mid-sentence.

- Devam ediniz, James! Hem.

"Please continue James. Hem."

- Bana Mister Greenleaf diye hitab etseniz daha iyi olur.

"If you could address me as Mr. Greenleaf, that would be better."

- Baş üstüne James. Pardon Greenleaf diyecektim. Ne ise söyleyiniz bakalım.

"Right away James. Pardon, I was going to say Greenleaf. Anyways, tell me, let's have a look."

- Böyle bir iş için evvela iki tabibin muavenetini temin etmelisiniz, anladınız mı? Eğer yağlı bir iş ise o zaman avukat tarafından birinin menafini muhafaza için müdahale [müdahele] eder.

"For such a task, you should first secure the assistance of two doctors. Do you understand? If it is a lucrative job, then the lawyer intervenes to protect the interest of the one on his side."

- Evet, evet, anladım. Dostumun bana söylediği vaka gibi.

"Yes, yes, I got it. Just like the instance my friend spoke of."

- Evet.

"Yes."

Peabody safdilane:

٣٦

غره نلاف ، كوهزه مشترينك سوزيني كسەرك :

ـ نره ده اقامت ایدییورسکز؟ دییه صوردی .

ـ هودسون نهری اوزرنده كائن ده ست پو آنله نه و به رغ آرسنده وه ستبروق ، کندیسنی کلیف قاستلك صاحبه سی ظن ایدن بر مجنونه وقعه سنی آکلاتدی و مزبوره یی بو سببله بر بیمارخانه یه كوندرمك ده اولدوغكزی سویلدی . بونك اوزرینه ، قیزم ایچون ده فكركز استمزاج ایتمكی دوشوندم .

ـ میستر پابودی ، بن بویله بر ایشله مشغول اوله مام .

ـ اوله ماز میسکز؟ نچون اوله مازسکز؟ او قدر ایشکز اولمسه کرك .

ـ بن اویله ایشلره قاریشمق ایسته مم، میستر پابودی .

ـ ایی اما، وه ستبروق وه بویله ایشلرده اختصاصکز اولدوغنی سویلمشدی .

ـ دوستکز وه ستبروق آلدانمش. هم . غره نلاف سوزینی کسدی .

ـ دوام ایدیکز، جه یمس! . هم .

ـ بكا میستر غره نلاف دییه خطاب ایتسه کز دها ایی اولور .

ـ باش اوستنه جه یمس . پاردون غره نلاف دییه جکدم . نه ایسه سویلییکز باقالم .

ـ بویله بر ایش ایچون اولایکی طبیبك معاونتنی تأمین ایتملیسکز آكلادیکزیمی؟ اکر یاغلی بر ایش ایسه او زمان آووقات طرفیندن برینك منافعنی محافظه ایچون مداخله ایدر .

ـ اوت ، اوت ، آکلادم . دوستمك بكا سویلدیکی وقعه كبی .

ـ اوت .

ـ پابودی صافدلانه :

Sayfa/Folio 37

- Garip bir hal değil mi? diye sordu. [Ve avukata manidar bir surette göz kırparak]— Bimarhaneye gönderdiğiniz bir kızdı öyle mi?

"A strange situation, isn't it?" Peabody asked naively. [And winking at the lawyer in an expressive way]— "It was a girl whom you sent to the asylum, wasn't it?"

- Azizim, o kızın bimarhaneye kapatılmasında benim hiç alakam yok. Onu doktorlar gönderdiler! Vazifem bilakis o zavallının deli olmadığını isbat etmek idi: Halbuki o akıllı değildi. Fakat beni mazur görmenizi rica ederim.

"My good man, I have nothing to do with that girl's confinement to an asylum. The doctors sent her! My duty, rather, was to prove that the poor thing wasn't crazy. She was, however, not sane. But I ask you to excuse me."

- Ne? Deli kizin akıllı oldugunu mu isbat etmek mecburiyetinde idiniz? Aman yarabbi! O dediğiniz şey vukua geldi mi?

"What? You were obliged to prove whether the insane girl was sane? My goodness. Did what you just said indeed happen?"

- Hayır. Fakat şimdi Mister Pea...
"No. But now Mr. Pea..."

- Dinleyiniz.
"Please listen."

Sabrı tükenen avukat:
The lawyer, who was running out of patience, said:

- Neyi? dedi.
"To what?"

- O kızı muayene eden doktorlar kimlerdir?

"Who were the doctors who examined that girl?"

- Adamım beni bila-lüzum işgal etmeyiniz.

"My man, don't take up my time needlessly."

- Julie'mi muayene ettirmek için o doktorları öğrenmek isterim.

"I want to get to know those doctors to have them examine my Julie."

- Vakitim yok.
"I don't have time."

- İnada lüzum yok! Neye haşinleşiyorsunuz, James!

"There's no need to be stubborn! Why are you getting all worked up, James!"

- Rica ederim, Mister Greenleaf deyiniz.
"I ask you to please call me Mr. Greenleaf."

- Ha, evet; Greenleaf. Onlar galiba kendilerinden bahsedilmesini istemeyen adamlar, değil mi? İşte bana da bu lazımdır.

"Oh, yes, Greenleaf. They are probably men who mostly do not want to be mentioned, right? This is exactly what I need."

- En mukaddes hissiyatına dokunulan avukat:

The lawyer, hit in his most vulnerable spot, yelled:

Artık yetişir! Kapıyı görüyor musunuz? diye bağırdı ve eliyle kapıyı gösterdi.

"That is enough! Do you see the door?", and with his hand he showed [Pickwick] the door.

۳۷

ـ غریب بر حال دکلمی؟ دییه صوردی . [و آووقاته معنیدار بر صورتده کوز قیرپارق] ـ بیمارخانه یه کوندردیککز بر قیزدی اویله می ؟

ـ عزیزم ، او قیزك بیمارخانه یه قپاتیلمسنده بنم هیچ علاقه م یوق . اونی دوقتورلر کوندردیلر! وظیفه م بالعکس او زاوالینك دلی اولمدیغنی اثبات ایتمك ایدی ؛ حالبو که او عقللی دکلدی . فقط بنی معذور کورمکزی رجا ایدرم .

ـ نه ؟ دلی قیزك عقللی اولدوغنیمی اثبات ایتمك مجبوریتنده ایدیکز؟ امان یارابی ! او دیکککز شی وقوعه کلدیمی ؟

ـ خایر . فقط شیمدی میستر پا ..

ـ دیکلییکز .

ـ صبری توکنن آووقات :

ـ نه یی؟ دیدی .

ـ او قیزی معاینه ایدن دوقتورلر . کیملردر؟

ـ آدامم بنی بلا لزوم اشغال ایتمه ییکز .

ـ ژولیمی معاینه ایتدیرمك ایچون او دوقتورلری اوکرنمك ایسترم .

ـ وقتم یوق .

ـ عناده لزوم یوق ! نه یه خشینلشیورسکز، جه یمس !

ـ رجا ایدرم ، میستر غره نلاف دییکز .

ـ ها اوت ؛ غره نلاف . اونلر غالبا کندیلرندن بحث ایدلمسنی ایستمین آدملر، دکلمی؟ ایشته بکاده بو لازمدر .

اك مقدس حسیاتنه طوقونولان آووقات :

ـ آرتق یتیشیر! قپویی کورییورمیسکز؟ دییه باغیردی و الیله

Sayfa/Folio 38

- Evet içeri girerken kapının müthiş surette gıcırdadığının farkına vardım. Fakat ne yapmamı istiyorsunuz? Lütfen bana adresi vermek inayetinde bulununuz?

"Yes, while coming in I noticed that the door was squeaking in a dreadful manner. But what do you want me to do about it? Would you please do me the favor of giving me the address?"

Hiddetinden kıpkırmızı kesilen ve ayağa kalkan Greenleaf:

Greenleaf, turning deep red with anger and rising to his feet.

- Kapıyı görüyor musunuz? sözünü tekrar etti.

"Are you seeing the door?" he repeated his words.

Bu gerek vücudunun iriliği ve gerekse tavır ve hareketi itibari ile heybetli bir adam idi ve polis hafiyesi de içeri girerken bunun farkına varmıştı

He was an imposing man both because of the size of his body and his manners, and the police detective had realized this the moment he came in.

- Size onu gördüğümü evvelce söylemiştim. Daha açıkça fikirinizi söyleyiniz James!

"I told you earlier that I saw it. Speak your mind more clearly, James!"

Şiddet-i tehevvürle ihtiyari münselib olarak Greenleaf:

Becoming so intensely enraged to the point of losing self-control, Greenleaf shouted:

Çıkınız! diye bağırdı.

"Get out!"

Ben mi? Niçin?

"Me? Why?"

Evet, siz.

"Yes, you."

- Derakab mı?

"Immediately?"

- Hemen şimdi.

"Right now."

- Fakat henüz söyleyeceklerimi bitirmedim.

"But I haven't finished what I was going to say yet."

- Öyleyse çabuk olunuz! Eğer arzunuzla çıkmazsanız sizi dışarı atarım.

"So be quick! If you do not leave willingly I will kick you out."

- Alay ediyorsunuz James.

"You're kidding me, James."

Hiddetten kudurmuş derecelerine geldiği görülen avukat:

The lawyer, who seemed to have reached a furious degree of rabidness, [shouted]:

۳۸

قپویی کوستردی.

- اوت ایچری کیررکن قپونك مدهش صورتده غیجیرداديغنك فرقنه واردم. فقط نه یاپمامی ایستیورسکز؟ لطفاً بکا آدرەسی ویرمك عنایتنده بولونکز؟

حدتندن قیب قیرمزی کسیلن و آیاغه قالقان غره نلاف:

- قپویی کورییورمیسکز؟ سوزینی تکرار ایتدی.

بو كرك وجودینك ایریلکی و كركسه طور و حركتی اعتبار ایله هیبتلی بر آدام ایدی و پولیس خفیه سی ده ایچری کیررکن بونك فرقنه وارمشدی.

- سزه اونی کوردیکمی اولجه سویلمشدم. دها آچیقجه فکرکزی سویلیبکز جهیمس!

شدت تهورله اختیاری منسلب اولارق غره نلاف:

- چقیکز! دیيه باغیردی.

- بنمی، نچون؟

- اوت، سز.

- در عقبمی؟

- همان شیمدی.

- فقط هنوز سویلیه جکلرمی بیتیرمدم.

- اویله ایسه، چابوق اولکز! اکر ارزوکزله چیقمازسه کز سزی طیشاری آتارم.

- آلای ایدییورسکز جه یمس. حدتدن قودورمش درجه لر ينه کلدیکی کورولن آووقات:

Sayfa/Folio 39

- Hayır, asla!
"No, never!"

- Öyle ise çıkmamı neye istiyorsunuz?
"If that is so, why do you want me to leave?"

- Belki on defa, size vaktim olmadığını ve işinizle meşgul olamayacağımı söyledim.
"Maybe ten times I've told you, I don't have time and won't occupy myself with your business."

- Yanlış saymışsınız. Üç defa söylediniz.
"You counted incorrectly. You told [me] three times."

Hay kafa ki yıldırım düşsün! Azizim, eğer derhal çıkmazsanız, her şeyi unutarak...
"Ah, may lightning [strike upon your] head! My good man, if you do not get out right now, forgetting everything..."

- Allah aşkına böyle bir harekette bulunmayınız! Düşününüz, sizi hiç bulamayacaklarını mı zannediyorsunuz... Greenleaf köylünün üstünü yürüyerek:
"For the love of God, please don't do such a thing. Think about it, do you assume that no one will be able to find you..." Marching toward the yokel, Greenleaf shouted,

- Terbiyesiz! diye bağırdı.
"Impudence!"

Köylü mütebessimane:
- İşi oraya vardırmayınız. O kadar sokulmayınız James. Bana dokunulduğu zaman hareket-i ihtilaciye ye düçar olurum.
"Don't take the matter that far; and don't come that close, James. I get worked up when I get touched," the yokel said smilingly.

- Hay seni şeytan alsın!
"May the devil take you!"

- Bak siz fena bir Hristiyansınız. Hatta dinsizsiniz. Fakat şunu dinleyiniz, James veya Greenleaf, sizin gibi bir çok büyük eşeklerin kulaklarını çektiğimi çok iyi hatırlıyorum. Avukat artık kendinden geçmişti. Köylünün yakasından tutmak için elini uzattı. Fakat, köylü yıldırım suretiyle döndü, mülhem avukatı tuttu. Bir bebek gibi kaldırarak koltuğunun üstüne koydu ve biraz sertçe bastı.
"Look, you are a bad Christian. Even heathenish, you are. But listen to this, James, or Greenleaf. I remember very clearly that I have pulled the ears of a great many big asses like you (I have taught many lessons to the likes of you)." The lawyer was no longer in control of himself. He reached his hands out to grab the yokel by the collar. But the yokel turned around as fast as lightning, and took hold of the roused lawyer. Lifting him up like a baby, he put him back into his armchair and pushed him down fairly hard.

Sonra kahkahalarla gülerek:
Then, with evil laughter, [Pickwick] smirked,

٣٩

- خاير ، اصلا !.
اويله ايسه چيقمه مى نه يه ايستيورسكز ؟
- بلكه اون دفعه ، سزه وقتم اولمديغنى و ايشكزله مشغول اوله ميه جغمى سويلدم .
- ياكلش صايمشسكز . اوچ دفعه سويلديكز .
- هاى قفا كه ييلديرم دوشسون ! عزيزم ، اكر در حال چيقماز سه كز هر شيئى اونوتهرق ..
- الله عشقنه بويله بر حركتده بولونماييكز ! دوشونكز ، سزى هيچ بوله ميه جقلرينى مى ظن ايدييورسكز .. غره نلاف كويلينك اوستنه يورييهرك :
- تربيه سز ! دييه باغيردى .
كويلو ، متبسمانه :
- ايشى اورايه واردير ماييكز . او قدر صوقولماييكز جهيمس .
بكا طوقونولديغى زمان حركات اختلاجيه يه دوچار اولورم .
- هاى سنى شيطان آلسين !
- باق سز فنا بر خرستيانسكز ! حتى دينسزسكز ! . فقط شونى ديكليكز ، جه يمس ويا غره نلاف ، سزك كبى بر چوق بويوك اشكلرك قولاقلرينى چكديكمى پك ايى خاطرليورم . آووقات آرتق كندندن كچمشدى . كويلينك يقه سندن طوتمق ايچون النى اوزاتدى . فقط ، كويلو ييلديرم سرعتيله دوندى. ملحم آووقاتى طوتدى . بر ببك كبى قالديره رق قولتوغنك اوستنه قويدى و بر آز سرتجه باصدى . صوكرا قهقهه لرله كولهرك :

Sayfa/Folio 40

- Greenleaf, bana dokunulduğu zaman ihtilaca düçar olacağımı size evvelce söylemiştim. Siz miskin bir iş adamısınız. Bilhassa meşgul olmadığınız zaman müşterinize böyle muamele etmeniz doğru bir hareket değildir, dedi.

"Greenleaf, I have told you before that when someone touches me I get all worked up. You're a lousy businessman. Especially when you are not busy, treating your customer like this is not the right thing to do."

Badehu sahte köylü, avukatın odasından çıktı. Greenleaf, ağzı açık, şaşkın bir halde bunun arkasından baka kalmıştı. Köylü asansöre bineceği anda, asansörden bir peçeli kadın çıktı ve göz ucuyla sahte Peabody'e baktı ve :

Afterwards, the fake yokel left the lawyer's office. Greenleaf, in a state of bewilderment, stared after him with mouth agape. At the same time that the yokel was getting on the elevator, a veiled lady got off and looked at the fake Peabody through the corner of her eye and murmured,

- Pickwick imiş! Acaban buraya niçin geldi? diye mırıldandı.

"That was Pickwick! I wonder why he came here."

Caniler İş Başında

Murderers at Work

Peçeli kadın, doğruca avukatın dairesine girdi. Üzüntülü bir merakla:

The veiled lady went straight to the lawyer's office. With a distressed curiosity, she asked,

- Bir ziyaret mi kabul ettiniz? diye sordu.

"Did you receive a visit?"

Greenleaf, asgın çehre ve hiddetle:

Greenleaf, with anger and a droopy face, said,

- Evet... dedi.

"Yes."

- Gelen kimdi?

"Who was it that came?"

- Sefil bir deli, kaba bir köylü.

"A wretched lunatic, a rude country bumpkin."

- Bu adam ne istiyordu?

"What did this person want?"

- Kızının deli olduğunu ve bu sebeple bir daruşşifaya göndermek istediğini söyledi.

"He said his daughter is insane and for this reason he wants to send her to a hospital."

٤٠

ـ غره نلاف ، بكا طوقونولديغى زمان احتلاجه دوچار اوله جغمى سزه اولجه سويلمشدم . سز مسكين بر ايش آداميسكن . بالخاصه مشغول اولمديغكز زمان مشتريكزه بويله معامله ايتمكز طوغرى بر حركت دكلدر . ديدى . بعده ساخته كويلو ، آووقاتك اوطه سندن چيقدى . غره نلاف ، آغزى آچيق ، شاشقين بر حالده بونك آرقه سندن باقا قالمشدى . كويلو آسانسوره بينه جكى آنده ، آسانسوردن بر پچه لى قادين چيقدى و كوز اوجيله ساخته پابودى يه باقدى و : ـ پيق ويق ايمش ! عجبا بورايه نيچون كلدى؟ دييه ميرلداندى .

جانيلر ايش باشنده

پچه لى قادين ، دوغروخه آووقاتك دائره سنه كيردى . اوزونتولى بر مراقله :
ـ بر زيارتمى قبول ايتديكز؟ دييه صوردى .
غره نلاف ، آصغين چهره و حدتله :
ـ اوت. ديدى .
ـ كلن كيمدى ؟
ـ سفيل بر دلى ، قبا بر كويلو .
ـ بو آدم نه ايستيوردى ؟
ـ قيزينك دلى اولدوغنى و بو سببله بر دارالشفايه كوندرمك ايستديكنى سويلدى .

Sayfa/Folio 41

Ah! Anlıyorum.
"Ah! I see."

- Fakat, herif kızından daha zıpır.
"But the fellow is more insane than his daughter."

- Ben de sizin her ikisinden daha ziyade akılsız olduğuna kani'im.
"And I am convinced that you are more foolish than either of the two."

- Niçin böyle söylüyorsunuz?
"Why do you say such a thing?"

- O adamın size söylediklerini anlatınız.
"Tell me what that man told you."

- Onu biliyor musunuz?
"Do you know him?"

- Kızını bir bimarhaneye göndermekliğinizi mi istedi?
"Did he want you to send his daughter to an asylum? "

- Evet.
"Yes."

- Doğruca size müracaat etmesinin sebepi ne imiş?
"What was the reason for him appealing to you directly?"

- Dostlarından biri tarafından tavsiye edildiğimi söyledi.
"He said that I was recommended by one of his friends."

- O dostu kim imiş?
"Who could that friend of his be?"

- Clarita Downing'in vakasını işiten biri. Bunda mucib-i hayret ne var?
"Someone who heard about Clarita Downing's incident. What's there to be astonished about?"

- Düşündüğüm çıktı.
"What I thought would happen happened."

- Ne düşündünüz?
"What did you think?"

- Size gelen adam Pickwick.
"The man who came to you is Pickwick."

Greenleaf bir sıçrayışta ayağa kalktı. Simasında birbirini müteakip korku, yes, hiddet asarı meşhud oluyordu.
Greenleaf jumped to his feet. His face went from evidencing signs of fear, to despair, then to anger, one after another.

Nihayet:
- Ne söylüyorsunuz? diye bağırdı.
"What are you saying?" he finally shouted.

- Ne söylediğimi işittiniz.
"You heard what I said."

- Buna emin misiniz?
"Are you sure about this?"

٤١
- آخ ! آكلايورم .
- فقط ، حريف قيزندن دها ظپپير .
- بن ده سزك هرايكيسندن دها زياده عقلسز اولدوغكزه قانعم .
- نيچون بويله سويليورسكز ؟
- او آدمك سزه سويلدكلريني آكلاتيكز .
- اونى بيليورميسكز ؟
- قيزينى بر بيمارخانه يه كوندرمكلككزيمى ايستدى ؟
- اوت .
- دوغروجه سزه مراجعت ايتمسنك سببى نه ايمش ؟
- دوستلرندن برى طرفندن توصيه ايدلديكمى سويلدى .
- او دوستى كيم ايمش ؟
- قلاريتا دوونينغ ك وقعه سنى ايشيدن برى . بونده موجب حيرت نه وار ؟
- دوشونديكم چيقدى .
- نه دوشونديكز ؟
- سزه كلن آدام پيق ويق .
- غره نلاف بر صيچرايشده آياغه قالقدى . سيماسنده بر برينى متعاقب قورقو ، يأس ، حدت آثارى مشهود اولويوردى .
نهايت :
نه سويليورسكز ؟ دييه باغيردى .
- نه سويلديكمى ايشيتديكز .
- بوكا آمينميسكز ؟

Sayfa/Folio 42

- Suret-i katiyyede! Kendisini sofada görünce derhal tanıdım. Onu evvelce de bu suretle tebdil-i kıyafet etmiş olduğu halde görmüştüm.

"Absolutely! I recognized him the moment I saw him in the waiting room. I have seen him this way before while he was in a state of disguise."

- Belki aldanmışsınızdır.
"Maybe you are mistaken."

- Ben asla aldanmam.
"I am never mistaken."

- O sizi tanıdı mı?
"Did he recognize you?"

- Hayır.
"No."

- Emin misiniz?
"Are you sure?"

- Evet.
"Yes."

- O halde buraya gelmesinin sebepi ne olabilir?
"In that case, what could be the reason for him coming here?"

- Keşfetmiyormusunuz?
"Can't you figure it out?"

- Hayır.
"No."

- O halde ben sizi irşad edebilirim.
"In that case, I can help you."

- Peki..
"Alright.."

- Greenleaf, ne saf adamsınız!
"Greenleaf, what a naive man you are!"

- Neye canım!
"Why, my dear?"

- Kadın kaçtı.
"The woman escaped."

- Hangi kadın?
"Which woman?"

- Clarita Downing.
"Clarita Downing."

- Ne söylüyorsunuz! Ne vakit kaçtı?
"What are you saying! When did she escape?"

- Dört gün evvel... yalandan hastalanmış ve rolünü pek güzel oynadığından kendisinden zerrece şüphe edilmemiş. Nihayet, kimse

"Four days ago. She pretended to be sick and since she played her role very well, no one doubted her in the least.

٤٢

ـ صورت قطعيه ده ! كنديسنى صوفه ده كورونجه در حال طانيدم . اونى اولجه ده بو صورتله تبديل قيافت ايتمش اولديغى حالده كورمشدم .
ـ بلكه آلدانمشسكزدر .
ـ بن اصلا آلدانمام .
ـ واقعا اوله .. ـ
ـ او سزى طانيدىمى ؟
ـ خاير .
ـ امينميسكز ؟
ـ اوت .
ـ او حالده بور ايه كلمسنك سببى نه اوله بيلير ؟
ـ كشف ايتميورمسكز ؟
ـ خاير .
ـ او حالده بن سزى ارشاد ايده بيليرم .
ـ پكى ..
ـ غره نلاف ، نه صاف آدمسكز !
ـ نه يه جانم !
ـ قادين قاچدى .
ـ هانكى قادين ؟
ـ قلاريتا دوونينغ ..
ـ نه سويليورسكز ! نه وقت قاچدى ؟
ـ درت كون اول .. يالاندن خسته لانمش و رولى پك كوزل اويناديغندن كنديسندن ذرهجه شبهه ايدلمه مش .. نهايت ، كيمسه

Sayfa/Folio 43

tarafından yakalanmadan bimarhaneden çıkarak trene binmiş ve New York'a gelmiş.
Eventually she escaped from the asylum without getting caught by anyone, got on the train, and came to New York."

- İnanılmayacak şey!
"Unbelievable thing!"

- Fakat hakikat!
"But it is the truth!"

- Siplin nerede imiş?
"Where was Siplin?"

- Uyuyormuş!
"He was asleep!"

- Onu tekrar derdest etmek için bir teşebbüsde bulunmamış mı?
"Did he not attempt to capture her again?"

- Bulunmuş ama muvaffak olmamış.
"He did, but was not successful."

- Clarita'nın izini bulmuş mu?
"Did he find any trace of Clarita?"

- Evet, New York'a gitmek üzere trene bindiğini öğrenmiş.
"Yes, he learned that she took a train to go to New York."

- Siplin şimdi nerede?
"Where is Siplin now?"

- New York'ta, genç kızın yol çantasını da bulmuş.
"In New York, and he has found the young lady's travel case."

- Sahih mi?
"Really?"

- Evet, New Road Otelinde.
"Yes, at the New Road Hotel."

- Ya Clarita?
"What about Clarita?"

- O henüz bulunmadı.
"She hasn't been found yet."

- Tabii gelip çantayı arayacak?
"Natural[ly], she will come and search for the suitcase."

- Zannetmem.
"I don't think so."

- Niçin?
"Why not?"

- Pickwick size gelmiş olduğu için.
"Because Pickwick had come to you."

- Bundan ne çıkar?
"What about it?"

- Herif pek kurnazdır; hiç kızı tekrar otele gönderir mi?
"The fellow is very cunning; would he send any girl back to the hotel?"

٤٣

طرفندن ياقالانمه دن بيمارخانه دن چيقه رق تره نه بينمش و نيو يورقه كلمش .
- اينانيلميه جق شى !
- فقط ، حقيقت !
- سيپلين نره ده ايمش ؟
- اويويورمش !
- اونى تكرار دردست ايتمك ايچون بر تشبثده بولونمامشمى ؟
- بولونمش اما موفق اوله‌مامش .
- قلاريتانك ايزينى بولمشمى ؟
- اوت ؛ نيو يورقه كيتمك اوزره تره نه بينديكنى اوكرنمش .
- سيپلين شيمدى نره ده ؟
- نيو يورقده ، كنج قيزك يول چانطه سنى ده بولمش .
- صحيحمى ؟
- اوت ، نورود اوتلنده ..
- يا ، قلاريتا ؟
- او هنوز بولونمدى .
- طبيعى كلوب چانطه يى آرايه جق ؟
- ظن ايتمم .
- نيچون ؟
- پيق ويق سزه كلمش اولدوغى ايچون .
- بوندن نه چيقار .
- صوكرا ؟
- حريف پك قورنازدر ؛ هيچ قيزى تكرار اوتله كوندررمى ؟

Sayfa/Folio 44

- Pickwick'in, bu işi deruhde edeceğini zannediyor musunuz?
"Do you think Pickwick will take on this job?"

- Tamamiyle eminim, Greenleaf.
"I'm absolutely certain, Greenleaf."

- Kızı o mu sakladı dersiniz?
"Would you say that *he* hid the girl?"

- Evet, hatta kendi evinde.
"Yes. In his own home, even."

- O halde ne yapmalı?
"In that case, what should be done?"

- Ben yalnız bir çare görüyor. Clarita'yı bir tuzağa düşürmeli.
"I see only one solution. We must lure Clarita into a trap."

- Bu kabil olamaz.
"This is not possible."

- Dünyada kabil olmayan hiç bir şey yoktur. İnsan istediği şeye her zaman muvaffak olabilir. Clarita'yı Pickwick'in elinden alacağız.
"There is nothing in the world that isn't possible. Every time a person sets his mind to something, he will be able to succeed. We will snatch Clarita from Pickwick's hand."

- Ve sonra?
"And then?"

- Sonra, onu kaçamayacağı bir yere sokacağız.
"Then, we will put her in a place from which she cannot escape."

- Anlıyorum. Herkes hücum-u dem-i dimağıdan ölebilir.
"I see. Anyone could die of a stroke."

- Öyle değil mi ya?
"Isn't that so?"

- Onun herşeyi Pickwick'e anlattığını mı zan ediyorsunuz?
"Do you think she told Pickwick everything?"

- Ona ne şüphe! Hafiyenin buraya gelmesi Clarita'nın sözlerini doğru mu değil mi diye tahkik içindir.
"No doubt about it. The detective came here in order to verify whether Clarita's words were true or not."

- Bizim için iyi bir şey değil...
"Not a good thing for us..."

- Maatteessüf öyle. Maahaza, Clarita'nın vücudu ortadan kalkarsa Pickwick artık bize karşı hiçbir şey yapamaz.
"Unfortunately, that is so. Nonetheless, if Clarita's taken out of the picture, Pickwick would no longer be able to do anything to us."

- Fakat şüphelenir ve genç kızın vefatından bizi mesul etmeğe kalkarsa? Kızı öldürmek mutlaka lazım mı?
"But what if he grows suspicious of the young lady's death and tries to hold us responsible? Is it really necessary to kill the girl?"

- Evet, Greenleaf. Eğer onu sağ bırakırsak Pickwick
"Yes, Greenleaf. If we let her live, Pickwick will struggle with us till the end for her.

٤٤
- پیق ویقك ، بو ایشی در عهده ایده جكنی ظن ایدیورمیسكز ؟
- تمامیله امینم ، غرهنلاف .
- قیزی اومی صاقلادی دیرسكز ؟
- اوت ، حتی كندی أونده .
- او حالده نه یاپملی ؟
- بن یالكز بر چاره كورییور . قلاریتایی بر طوزاغه دوشورملی .
- بو قابل اوله ماز .
- دنیاده قابل اولمیان هیچ بر شی یوقدر . انسان ایستدیكی شیئه هر زمان موفق اوله بیلیر . قلاریتایی پیق ویقك الندن آله‌جغز .
- و صوكرا ؟
- صوكرا ، اونی قاچه‌میه‌جغی بر یره صوقاجغز .
- آكلایورم هر كس هجوم دم دماغیدن ئوله بیلیر .
- اویله دكلمی یا !
- اونك هر شیئی پیق ویقه آكلاتدیغنی ظن ایدیورمیسكز؟
- اوكا نه شبهه . خفیه نك بورایه كلمسی ، قلایتانك سوزلرینی دوغرومی دكلمی دییه تحقیق ایچوندر .
- بزم ایچون ایی بر شی دكل ..
- مع التأسف اویله . مع هذا ، قلاریتانك وجودی اورته دن قالقارسه پیق ویق آرتق بزه قارشی هیچ بر شی یاپاماز .
- فقط شبهه لنیر وكنج قیزك وفاتندن بزی مسئول ایتمكه قالقارسه؟ قیزی ئولدورمك مطلقا لازممی ؟
- اوت ، غرهنلاف اكر اونی صاغ براقیرسه‌ق ، پیق ویق

Sayfa/Folio 45

onun için sonuna kadar bizimle uğraşacaktır. Fakat ölecek olursa hafiyenin alakası azalacak. Tabii, izimizi öyle karıştıracağız ki Pickwick, bizi ithama medar olacak bir şey elde edemeyecek.

However, if she was to die, the detective's interest will wane. Of course, we will muddle our tracks in such a way that Pickwick will possess nothing with which to accuse us.

- Sizi kendime düşman görmek istemezsem de, Clarita'yı Pickwick'in evinden çıkarmağa muvaffak olamadığımız takdirde...

"While I don't want to contradict you, should we not succeed in getting Clarita out of Pickwick's home, our fate..."

- Bir çaremiz kalır ki o da pek tehlikelidir.

"We are only left with one solution, which is also very dangerous."

- Nedir?
"What is it?"

- Pickwick'in vücudunu ortadan kaldırmak.
"Take Pickwick out of the picture."

Avukatın simasında, korku ve üzüntü asarı görüldü. Kadın:
Signs of fear and agitation flashed across the lawyer's face. The lady:

- Bu işin pek kolay olacağına da kani'im. Herhalde Pickwick'in takibatından masun kalacak olursak rahatça bir nefes alacağımıza eminim ve planımızı da muvaffakiyetle tatbik edebileceğiz.

"I am convinced this will be a very easy matter. Under every circumstance, if we stay safe from Pickwick's prosecution, I am sure that we will breathe comfortably and be able to adapt our plan successfully."

- Haklısınız ama, evvela ne yapmak fikirindesiniz?
"You are right, but what is the first thing you have in mind to do?"

- Varisenin işini bitirmek...
"To finish the matter of the heiress..."

- Buna nasıl muvaffak olacaksınız?
"How will you succeed at this?"

- O işi bana bırakınız, şimdilik size ihtiyacım yok.
"Leave that matter to me, right now I have no need for you."

Kadın kapıya doğru yürümüşdü... Greenleaf itimadsızlığa delalet eden bir tavırla:
The lady walked straight to the door... Greenleaf, in a manner expressing distrust, said,

- Vay! Gidiyor musunuz? dedi.
"Hey, are you leaving?"

- Evet.
"Yes."

- Ne vakit görüşeceğiz?
"When will we see each other?"

- Belki bir saat, belki sekiz gün sonra... fakat ihtiyatlı hareket ediniz.
"Perhaps after one hour, perhaps eight days... but act cautiously."

٤٥

اونك ايچون صوكنه قدر بزمله اوغراشه‌جقدر . فقط ئوله‌جك اولورسه خفيه نك علاقه سی آزاله‌جق . طبيعی ، ايزمزی اويله قاريشدير‌ه‌جغز كه پيق ويق ، بزی اتهامه مدار اوله‌جق بر شی الده ايده‌ميه‌جك .

ـ سزی كندمه دشمن كورمك ايسته‌مزسه‌مده ، قلاريتايی پيق ويقك أوندن چيقارمغه موفق اوله‌مديغمز تقديرده ..

ـ بر چاره‌مز قالير كه اوده پك تهلكه‌ليدر .

ـ نه در ؟

ـ پيق ويقك وجودينی اورته دن قالديرمق .

ـ آووقاتك سيماسنده ، قورقو و اوزونتو آثاری كورولدی قادين :

ـ بو ايشك پك قولای اوله‌جغنه ده قانعم . هر حالده پيق ويقك تعقيباتنده مصون قاله‌جق اولورسه‌ق راحتجه بر نفس آله‌جغمزه امينم و پلانمزی‌ده موفقيتله تطبيق ايده بيله‌جكز.

ـ حقليسكز اما ، اولا نه ياپمق فكرنده‌سكز ؟

ـ وارثه‌نك ايشنی بيتيرمك ..

ـ بوكا ناصل موفق اوله‌جقسكز؟

ـ او ايشی بكا براقيكز . شمديلك سزه احتياجم يوق .

قادين قپويه دوغرويورومشدی .. غره‌نلاف اعتمادسزلغه دلالت ايدن بر طورله :

ـ وای !. كيدييورميسكز ! ديدی .

ـ اوت .

ـ نه وقت كوروشه جكز؟

ـ بلكه بر ساعت ، بلكه سكز كون صوكرا .. فقط احتياطلی حركت ايديكز .

Sayfa/Folio 46

- Ne hususta?
"In regards to what?"

- Daima müteyakkız bulununuz ve yabancılarla konuşurken sözlerinize dikkat ediniz.
"Always be alert, and when you talk to strangers be careful of what you say."

- Müsterih olunuz.
"Rest assured."

- Kim olursa olsun kadın ve erkek, beyaz, zenci daima ihtiyatlı bulununuz. Belki Pickwick tekrar tebdil-i kıyafetle gelir.
"Whoever it may be, man or woman, white or black, always be cautious. Pickwick could come in disguise again."

- Bugün öğrendiğim dersi unutmayacağım.
"I will not forget the lesson I learned today."

- Öyle lazım.
"You should not."

- Burton'un muavenetiyle iş göreceğinizi ümit ediyorsunuz değil mi?
"You are hoping that you will take care of some business with the assistance of Burton, aren't you?"

- Evet.
"Yes."

Kadın peçesini bir an bile kaldırmadan yazıhaneden çıktı, sokakta biraz uzakta duran bir arabaya işaret etti. Buna bindi ve arabacıya Beşinci Caddedeki konağına gitmesi için emir verdi.

Without even lifting her veil for a moment, the lady left the office. She hailed a carriage that was parked a little bit down the street. She mounted this [carriage] and ordered the coachman to go to her mansion on Fifth Avenue.

Konağa vasıl olunca, kadın doğruca dairesine çıkarak çıngırağı çaldı ve gelen uşağa:

When she reached the mansion, going straight up to her room, the lady rang the bell and asked the butler who had come,

- Gaybubetim esnasında beni bir gentlemen aradı mı? diye sordu.
"In my absence, did a gentlemen [come] looking for me?"

- Evet, Miss... aşağıda kütüphanede bekliyor.
"Yes, Miss... he's waiting downstairs in the library."

- Salona geçsin, kendisini orada kabul edeceğim.
"Let him come to the living room, I will receive him there."

Beş dakika sonra, esrarengiz kadın, süslü mükellef salona girmişti. Uzun boylu, gayet temiz ve kibar kıyafetli bir adam kadını görünce ayağa kalkarak selamladı. Bu Doktor Siplin idi. Genç

Five minutes later, the mysterious lady entered the opulent living room. When the tall, spot clean and elegantly dressed man saw the lady, he rose to his feet and greeted her. It was Dr. Siplin.

٤٦
- نه خصوصده ؟
- دائما متيقظ بولونكز ، و يبانجيلرله قونوشوركن سوزلركزه دقت ايديكز .
- مستريح اولكز .
- كيم اولورسه اولسون قادين و اركك ، بياض ، زنجى دائما احتياطلى بولونكز . بلكه پيق ويق تكرار تبديل قيافتله كلير ..
- بوكون اوكرهنديكم درسى اونوتميهجغم .
- اويله لازم .
- بورتونك معاونتيله ايش كورهجككزى اميد ايديورسكز دكلمى ؟
- اوت .
قادين پچه سنى بر آن بيله قالديرمه دن يازيخانه دن چيقدى ، سوقاقده بر بر آز اوزاقده دور ان بر آرابه يه اشارت ايتدى .. بوكابيندى و آرابهجى يه بشنجى جادهدهكى قوناغنه كيتمسى ايچون امر ويردى .
قوناغه واصل اولونجه ، قادين دوغروجه دائرهسنه چيقه رق چينغراغى چالدى و كلن اوشاغه :
غيبوبتم اثناسنده بنى بر جنتلمن آراديمى؟ دييه صوردى .
- اوت ، ميس .. آشاغيده كتبخانه ده بكليور ..
- صالونه كچسين، كنديسنى اوراده قبول ايدهجكم .
بش دقيقه صوكرا ، اسرارانكيز قادين ، سوسلى مكلف صالونه كيرمشدى . اوزون بويلو ، غايت تميز و كبار قيافتلى بر آدم قادينى كورونجه آياغه قالقه رق سلاملادى .
بو دوقتور سيپلين ايدى . كنج

Sayfa/Folio 47

kadın, bunu salonun, terasda beklemeden görüşebileceği bir köşesine çekerek:

The young lady, without waiting on the terrace, pulled him into a corner of the salon where they would be able to convene.

- Doktor, peki ne var? diye sordu.
"What's going on, Doctor?" she asked.

- Maatteessüf, hiç bir şey.
"Unfortunately, nothing."

- Kızın izini bulamadınız mı?
"Haven't you found any trace of the girl?"

- Hayır.
"No."

- Yol çantasını aldırmış mı?
"Did she get her suitcase back?"

- Hayır.
"No."

- Onu almayacaktır.
"She will not get it back."

- Öyle mi zannediyorsunuz?
"You don't think so?"

- Tamamiyle eminim.
"I am completely certain."

- Sebep?
"The reason being?"

- Çünkü onun bulunduğu yeri biliyorum, Doktor.
"Because I know where she is, Doctor."

- Acayip! Nerede saklanmış? Çabuk söyleyiniz. Hemen saklandığı yere gidip yakalayayım.
"Strange! Where is she hiding? Quickly tell me. We must immediately go to where she is hiding and catch her."

- O kadar aceleye lüzum yok, Doktor. Söylemek yapmaktan kolaydır.
"There's no need to be in such a hurry, Doctor. It's easier said than done."

- Yapmak da kolaydır. O genç kız kanunan bana teslim edilmemiş miydi?
"Doing is also easy. Wasn't that young lady legally consigned to me?"

- Evet.
"Yes."

- Deliliği fennen sabit olmamış mıydı?
"Wasn't her insanity medically proven?"

- Evet.
"Yes."

- O halde onu hastahaneme götürmekten beni kim men edebilecek?
"In that case, who could prevent me from taking her to my hospital?"

- Doktor, New York'ta bulunduğunuzu ve müessesenizin de Kanada'da olduğunu unutmayınız.
"Doctor, don't forget that you are in New York and that your institution is in Canada."

- Şüphesiz, o kadın memleketimizin memurları tarafından bana teslim
"Without a doubt, that woman was consigned to me by our country's officials.

٤٧

قادين ، بونى صالونك ، ترصدا بكلمه دن كوروشه بيله‌جكى بر كوشه سنه‌چكه‌رك :
ـ دوقتور ، پكى نه وار ؟ دييه صوردى .
ـ مع التأسف ، هيچ بر شى ..
ـ قيزك ايزينى بوله مديكزمى ؟
ـ خاير .
ـ يول چانطه سنى آلديرمشمى ؟
ـ خاير !
ـ اونى آلميه جقدر .
ـ اويله مى ظن ايديورسكز ؟
ـ تماميله امينم .
ـ سبب ؟
ـ چونكه اونك بولونديغى يرى بيليورم دوقتور .
ـ عجائب !. نره‌ده صاقلانمش ؟ چابوق سويله‌كز . همان صاقلانديغى يره كيدوب ياقه‌لايه‌يم .
ـ او قدر عجله يه لزوم يوق ، دوقتور . سويله مك ياپمقدن قولايدر .
ـ ياپمق ده قولايدر . او كنج قيز قانوناً بكا تسليم ايدلمه مشميدى ؟
ـ اوت .
ـ دليلكى فناً ثابت اولمامشميدى
ـ اوت .
ـ او حالده اونى خسته خانه مه كوتورمكدن بنى كيم منع ايده بيله جك ؟
ـ دوقتور، نيو يورقده بولوندوغكزى و مؤسسه كزكده قناده اولدوغنى اونوتماييكز .
ـ شبهه سز . او قادين مملكتمزك مأمورلرى طرفندن بكا تسليم

Sayfa/Folio 48

edildi. Hudutun bu cihetinde de bir müessesem bulunduğunu biliyorsunuz. Şimdi deli kız nerede?

You know I have another institution on this side of the border. Where is the crazy girl now?"

- Pickwick'in evinde ve onun himayesinde.

"In Pickwick's house and under his protection."

- Pickwick dediğiniz kimdir?

"Who is this Pickwick that you speak of?"

- Tanımıyor musunuz?

"Don't you know him?"

- Hayır. Bu isimi işitdiğimi zanneder gibiyim. Bu adam nerede oturuyorsa söyleyiniz de gidip mecnuneyi alayım. Hakk bendedir.

"No, but I suppose I've heard of this name. Tell me where this person may live, so that I may go and take the crazy woman. It is my right."

- Doğruca Pickwick'in evine giderek kızı mı istemek niyetindesiniz? Doktor, o Pickwick Amerika'nın en meşhur polis hafiyesidir.

"Do you intend to ask for the girl by going straight to Pickwick's house? Doctor, that Pickwick is America's most famous police detective."

- İsterse şeytan olsun? On polis hafiyesine muadil olsa bile yine onun hakkından gelirim.

"So what if he's the devil? Even if he is the equivalent of ten police detectives I will still get the better of him."

- Herif pek değerlidir! Onu pek iyi takdir ettiniz Doktor.

"The fellow is highly esteemed! Do a good assessment of him, Doctor."

-Ne ehemmiyeti var! Ben hastamı istiyorum ve o da kızı iadeye mecburdur.

"What does it matter! I want my patient and he must return the girl."

- Pekala, bir kere teşebbüs ediniz. İşte adres... Bir söz daha söyleyeyim.

"Ok, give it a try. Here is the address... Let me tell you one more thing."

- Söyleyiniz ne imiş?

"Tell me, what is it?"

- Eğer genç kızı tekrar müessesenize kapayabilirseniz, size ümitinizin fevkinde para vereceğim.

"If you are able to lock up the young lady in your institution again, I will give you more money than you could hope for."

- Biliyorum ve bu menba-yı varidatı kayıp etmek arzu etmem.

"I know and I do not wish to lose this source of income."

- Sizi böyle azimkar gördüğümden dolayı pek memnunum, Doktor. Eğer firariyi çabucak bimarhaneye götürürseniz bin dolar mükafat alacaksınız.

"I am very pleased to see you this determined, doctor. If you take the escapee to the asylum quickly, you will get a thousand dollars in compensation."

٤٨

ايدلدى . حدودك بو جهتنده بر مؤسسه‌م بولوندوغنى بيليورسكز . شيمدى دلى قيز نره‌ده ؟

ـ پيق ويقك أونده و اونك حمايه‌سنده .

ـ پيق ويق ديديككز كيمدر ؟

ـ طانيميورميسكز ؟

ـ خاير . بو اسمى ايشيتديكمى ظن ايدر كبي‌يم . بو آدم نره‌ده اوطورييورسه سويليكزده كيدوب مجنونه يى آله‌يم. حق بنده‌در .

ـ دوغروجه پيق ويقك أوينه كيده‌رك قيزى مى ايسته مك نيتنده‌سكز. دوقتور ، او پيق ويق آمريقانك اك مشهور پوليس خفيه‌سيدر .

ـ ايسترسه شيطان اولسون؟ اون پوليس خفيه سنه معادل اولسه بيله ينه اونك حقندن كليرم .

ـ حريف پك دكرليدر ! اونى پك ايى تقدير ايتديكز دوقتور .

ـ نه اهميتى وار ! بن خسته مى ايستيورم و اوده قيزى اعاده يه مجبوردر .

ـ پك اعلى بر كره تشبث ايديكز . ايشته آدرس .. بر سوز دها سويليه‌ييم .

ـ سويليكز نه ايمش ؟

ـ اكر كنج قيزى تكرار مؤسسه كزه قپايه بيليرسكز سزه اميد كزك فوقنده پاره ويره‌جكم .

ـ بيليورم و بو منبع وارداتى غائب ايتمك ارزو ايتمم ..

ـ سزى بويله عزمكار كورديكمدن دولايى پك ممنونم ، دوقتور . اكر فرارى يى چابوجاق بيمارخانه يه كوتورورسه كز بيك دولار مكافات آله‌جقسكز ..

Sayfa/Folio 49

- Teşekkür ederim. O bin doları hatta bu akşam kazanacağım.
"Thank you. I will even earn that thousand dollars tonight."

- Iyi ama, şimdi saat sekiz...
"Good, but it's eight o'clock now..."

- Ne ehemmiyeti var...
"What does that matter..."

- Doktor, ne suretle hareket edeceksiniz?
"Doctor, how will you proceed?"

- Hastamın bana iade edilmesini açıkça taleb edeceğim.
"I will demand outright that my patient be returned to me."

- Doğru bir şey değil. O adama karşı hile ile hareket etmelisiniz.
"That's not advisable. You should deal with that man using deception."

- Adam sen de! Bir polis hafiyesinin karşısında titreyeceğimi mi zannediyorsunuz?
"Come on, lady! Do you think I will tremble in the face of a police detective?"

- Dikkat ediniz Doktor, eğer kurnazlıkla hareket etmezseniz hiçbir şeye muvaffak olamazsınız. Pickwick öyle kolayca yola gelir adamlardan değildir.
"Be careful, doctor. If you do not move cleverly you will not accomplish anything. Pickwick is not one of those men whom you can easily manipulate."

Doktor, azametle:
- Doktor Siplin'in arzu ettiği bir maksada muvaffak olamaması kabil değildir. Maharetimi kudretimi neye böyle hiçe sayıyorsunuz?
"Dr. Siplin always gets his way (it is not possible for Dr. Siplin to not achieve a goal he desires). Why are you disregarding my power and abilities like this?" the doctor said with pomposity.

- Pickwick'in nasıl bir adam olduğunu biliyorum da onun için.
"Because I know what sort of a man Pickwick is."

- Pekala... Sonra görürüz.
"Fine... We'll see about that later."

- Cereyan-ı hali bana ne vakit bildireceksiniz?
"When will you inform me about the course of events?"

- Yarın sabah.
"Tomorrow morning."

- Sizi saat onda burada beklerim.
"I will be waiting for you here at ten o'clock."

- Başüstüne.
"Aye Aye."

- Doktor kemal-ı hürmetle eğilerek kadından ayrıldı.
"Bowing with most refined courtesy, the doctor took his leave from the lady.

٤٩
- تشكر ايدهرم . او بيك دولاری حتی بو آقشام قازانهجغم .
- ایی اما ، شیمدی ساعت سكز ..
- نه اهميتی وار ..
- دوقتور، نه صورتله حركت ايده جكسكز ؟
- خسته مك بكا اعاده ايدلمسنی آچيقجه طلب ايدهجكم .
- دوغرو بر شی دكل . او آدامه قارشی حیله ایله حركت ايتمليسكز .
- آدام سنده ! بر پوليس خفيه سنك قارشیسنده تتره یه جکمی می ظن ايدييورسكز ؟
- دقت ايديكز دوقتور ، اكر قورنازلقله حركت ايتمزسه كز هيچ بر شیئه موفق اولهمازسكز . پیق ویق، اویله قولايجه يوله كلير آداملردن دكلدر .
- دوقتور ، عظمتله :
- دوقتور سيپلينك ، ارزو ايتديكی بر مقصده موفق اوله مامسی قابل دكلدر . مهارتمی، قدرتمی نه یه بويله هيچه صاييورسكز ؟
- پیق ویق ناصل بر آدام اولدوغنی بيليرمده اونك ايچون .
- پك اعلا .. صوكرا كوريرز .
- جريان حالی بكا نه وقت بيلديرهجكسكز ؟
- يارين صباح .
- سزی ساعت اونده بوراده بكلرم ..
- باش اوستنه !
دوقتور ، كمال حرمتله اكيله رك قادیندن آيرلدی .

Sayfa/Folio 50

Arslan İninde
In the Lion's Lair

Pickwick, yazıhanesine henüz gelerek oturmuştu... Uşağı Nikola, bir kartvizit getirdi.

Pickwick had just come in and sat down at his desk... His servant Nikola brought in a calling card.

Polis hafiyesi, ismi okuyunca tebessüm etti.

When the police detective read the name, he smiled.

- Doktor Archibald Siplin. Herifin mutlaka bir şeytanlığı var, ne isabet! Rahatsız olmama bile lüzum yok... her iki taraf da ayağıma geliyor. Doktora, beni kendisini aramak zahmetinden kurtardığı için ne kadar teşekkür etsem azdır.. diye mırıldandı.

"Doctor Archibald Siplin. The fellow really is tricky, what a coincidence! There's no need for me to worry... Both sides are knocking at my door. I can't thank the doctor enough for sparing me the trouble of looking for him," he murmured.

Polis hafiyesi, kalkarak, Katie'nin odasına gitti. Miss Downing orada idi. Buna:

The police detective got up and went to Katie's room. Miss Downing was there.

- Biliniz bakayım, şimdi benimle görüşmek için kartını gönderen kimdir? diye sordu.

"Guess who just now sent his card to meet with me?" he asked her.

Genç kız, başını sallayarak,

The young lady, shaking her head, said,

- Nasıl bileyim, Mister Pickwick dedi.

"How should I know, Mr. Pickwick."

- Doktor Siplin...

"Dr. Siplin..."

-Doktor Siplin? Gayr-ı kabil!

"Dr. Siplin? Impossible!"

- Fakat, işte geldi, Miss..

"But anyways, he came, Miss."

- Oh! Allahım! Demek bu korkunç adam beni aramağa geldi öyle mi!

"Oh, my God! You mean that this dreadful person has come to look for me!"

- Belki..

"Maybe..."

٥٠
آرسلان ایننده

پیق ویق ، یازیخانه سنه هنوز کله رك اوطورمشدی .. اوشاغی نیقولا، بر قارت‌ویزیت کتیردی .
پولیس خفیه سی ، اسمی اوقوینجه تبسم ایتدی .
ـ دوقتور آرشیبالد سپلین . حریفك مطلقا بر شیطانلغی وار ، نه اصابت !. راحتسز اولمه مه بیله لزوم یوق .. هر ایکی طرف‌ده آیاغمه کلیور . دوقتوره ، بنی کندیسنی آرامق زحمتندن قورتاردیغی ایچون نه قدر تشکر ایتسه‌م آزدر دییه میرلاندی .
پولیس خفیه سی ، قالقه رق ، که تی‌نك اوطه سنه کیتدی . میس دوونینغ اوراده ایدی .
بوکا :
ـ بیلیکز باقایم ، شیمدی بنمله کوروشمك ایچون قارتنی کوندهرن کیمدر ؟ دییه صوردی .
ـ کنج قیز ، باشنی صاللایه‌رق !
ـ ناصل بیله یم ، میستر پیق ویق دیدی .
ـ دوقتور سپلین ..
ـ دوقتور سپلینمی؟ غیر قابل !
ـ فقط ، ایشته کلدی ، میس ..
ـ اوخ ! اللهم ! دیمك بو قورقونج آدام بنی آرامغه کلدی اویله می ؟
ـ بلکه ..

Sayfa/Folio 51

- Mister Pickwick, beni himaye edeceksiniz, değil mi? Beni teslim etmeyeceksiniz ya?

"Mr. Pickwick, you'll protect me, won't you? You won't hand me over, will you?"

- Müsterih olunuz Miss! Evvela bu adamın ne sebebe mebni geldiğini anlayacağım. Belki sizi aramak işini bana havale etmek için gelmiştir. Belki sizin burada bulunduğunuzdan haberdar değildir.

"Rest assured, Miss! First of all, I will find out the reason why this person came. Maybe he came to delegate the job of searching for you to me. Maybe he's not even aware that you're here."

- Beni teselli etmek istiyorsunuz, Mister Pickwick.. Hayır, doktor haber almıştır.

"You just want to console me, Mr. Pickwick... No, the doctor must have received the news.

- Nasıl haber alabileceğini ümit ediyorsunuz?

"How do you suppose he received the news?"

- Ya, size geldiğim zaman biri görüp haber verdi ve yahud düşmanlarım burada bulunduğumdan başka suretle haberdar oldular.

"Either someone saw me when I came to you and informed him, or, by some other way, my enemies got wind that I am to be found here."

- Neye böyle farz ediyorsunuz, Miss Downing?

"Why do you assume this, Miss Downing?"

- Çünkü, Doktor Siplin böyle müşevveş bir işi size havale etmek için buraya gelmeğe asla cesaret edemez.

"Because, Dr. Siplin would never dare to come here to delegate such an intricate job to you."

Belki... bakalım...

"Maybe... We'll see..."

Pickwick, salona girdiği vakit, kendisini sabırsızlıkla bekleyen doktor biraz kabaca:

When Pickwick entered the living room, the doctor, who had been waiting impatiently for him, asked somewhat rudely,

- Polis hafiyesi Mister Pickwick sizsiniz değil mi? diye sordu.

"Aren't you Mr. Pickwick, the police detective?

Üstad, nazikane:

Politely, the master said,

- Evet, benim... Bir emriniz mi var?

"Yes, I am... Do you have some business?"

Doktor, azametle:

- Firari bir mecnuneyi burada saklamış olduğunuzu işittim.

"I heard that you hid a runaway crazy woman here," the doctor said with haughtiness.

Herifin, doğruca maksadı söylemesi Pickwick'i memnun etmişti.

The fellow's straightforward statement of purpose pleased Pickwick.

٥١

ـ میستر پیق ویق ، بنی حمایه ایدهجکسکز دکلمی ؟ بنی تسلیم ایتمیهجکسکزیا ؟
ـ مستریح اولکز میس ! اولا بو آدامك نه سببه مبنی کلدیکنی آکلایه جغم . بلکه سزی آرامق ایشنی بکا حواله ایتمك ایچون کلمشدر . بلکه سزك بوراده بولوندوغکزدن خبردار دکلدر .
ـ بنی تسلی ایتمك ایستیورسکز ، میستر پیق ویق .. خایر دوقتور خبر آلمشدر .
ـ ناصل خبر آله بیله جکنی امید ایدیورسکز ؟
ـ یا ، سزه کلدیکم زمان بری کوروب خبر ویردی و یاخود ، دشمنلرم بوراده بولوندوغمدن باشقه صورتله خبردار اولدیرلر .
ـ نه یه بویله فرض ایدیورسکز ، میس دوونینغ ؟
ـ چونکه ، دوقتور سیپلین بویله مشوش بر ایش سزه حواله ایتمك ایچون بورایه کلمکه اصلا جسارت ایدهمز .
ـ بلکه .. باقالم ..
پیق ویق ، صالونه کیردیکی وقت ، کندیسنی صبرسزلقله بکله ین دوقتور بر آز قباجه :
ـ پولیس خفیه سی میستر پیق ویق سزسکز دکلمی؟ دییه صوردی استاد ، نازکانه :
ـ اوت ، بن ایم .. بر امرکزمی وار ؟
ـ دوقتور ، عظمتله :
ـ فراری بر مجنونه یی بوراده صاقلامش اولدیغکزی ایشیتدم . حریفك ، دوغروجه مقصدی سویلمسی پیق ویقی ممنون ایتمشدی .

Sayfa/Folio 52

- Size böyle mi söylediler?
"Is that what they told you?"

- Evet.
"Yes."

- Bu adi latifeye cüret eden kimdir acaba?
"Who is it that has the audacity do such a low-class prank, I wonder."

- O bana ait bir şey.
"That is my business."

- Öyle mi?
"Is that so?"

- Ben tabibim ve söylediğim o kızı bana tevdi etmişlerdi.
"I am a doctor and they have consigned the girl I mentioned to me."

- Ne söylüyorsunuz?
"What are you talking about?"

Doktor, hiddetle:
- Maksadımı anlamış olduğunuzu ümit ederim. Bila-tereddüd ü teallül o mecnuneyi bana teslim etmenizi taleb ederim.
"I hope you understood my purpose. I request you to hand over that insane woman to me without waver or excuse," the doctor said angrily.

- Doktor o kadar acul olmayınız... Bana, itidal dairesinde söylemek lazım; çünkü biraz güç anlarım. Evvela hastanızın isimi nedir?
"Don't be so hasty, doctor... It is necessary to speak to me gently, because I am having a little difficulty understanding. First of all, what is the name of your patient?"

-İsimi bilinmiyor.
"Her name is not known."

- Acayip!
"Strange!"

- Evet...
"Yes..."

- O halde hüviyetini ne suretle tesbit edeceksiniz?
"In that case, how will you confirm her identity?"

- Kıyafet-i hariciyesiyle...
"By her outer appearance."

-Peki, bir usul! Tabii, halindeki garabet ve sözlerindeki mugalata ile...
"What a plan! Naturally, with the strangeness of her condition and the fallacy in her words..."

- Elbette. Fikir-i sabiti kendisini tanımağa kafidir.
"Of course. Her unshakable fantasy would be enough for recognizing her.

- Onun bu sabit fikiri ne imiş sorabilir miyim?
"What might this unshakable fantasy of hers be, may I ask?"

۵۲

- سزه بويله می سويلديلر ؟
- اوت .
- بو عادی لطيفه يه جرأت ايدن كيمدر عجبا ؟
- او بكا عائد بر شی ..
- اويله می ؟
- بن طبيبم و سويلديكم او قيزی بكا توديع ايتمشلردی .
- نه سويليورسكز !
- دوقتور ، حدتله :
- مقصدمی آكلامش اولدوغكزی اميد ايدهرم . بلاتردد و تعلل او مجنونه يی بكا تسليم ايتمكزی طلب ايدهرم .
- دوقتور، او قدر عجول اولماييكز .. بكا ، اعتدال دائرهسنده سويلمك لازم ؛ چونكه ، بر آز كوج آكله رم . اولا ، خسته كزك اسمی نه در ؟
- اسمی بيلنميور .
- عجائب !
- اوت ..
- او حالده هويتنی نه صورتله تثبيت ايدهجكسكز ؟
- قيافت خارجيه سيله ..
- پكی بر اصول !. طبيعی ، حالنده كی غرابت و سوزلرنده كی مغالطه ايله ..
- البته . فكر ثابتی كنديسنی طانيمغه كافيدر .
- اونك بو ثابت فكری نه ايمش صورا بيليرميم ؟

Sayfa/Folio 53

- Mezbure kendini büyük bir servetin meşru varisesi zan ederek isiminin Clarita Downing olduğunu iddia ediyor.

"Claiming her name to be Clarita Downing, the said [woman] imagines herself to be the legitimate heiress of a great amount of wealth."

- Ya! Şimdi öyle bir vakayı tahattur eder gibi oluyorum. Pek karışık bir iş idi. Değil mi Doktor?

"Oh! Now I seem to remember such an event. It was a very complex matter. Wasn't it, Doctor?"

- Efendi, buraya suallerinize cevab vermek için değil, yalnız hastamı talep için geldim.

"Sir, I did not come here to answer your questions, only to demand my patient."

- Doktor, hastayı taht-ı nezarette bulundurmak vazifesiyle mükellef olduğunuza dair evrak-ı resmiye ve müsbeteniz var mı, doktor?

"Do you have the pertinent official documents and proof [to show] that you are charged with the task of placing the patient under your supervision?"

- Evet...onların nüsha-yı asliyelerini getirdim.

"Yes, I brought the original copies."

- Müsaade ederseniz bunları okuyayım.

"If you would be so kind to let me read them."

- Hay hay! Fakat evvela hastamın burada olup olmadığını söyleyiniz?

"Hey hey! But first, tell me whether or not my patient is here."

- Hâlâ öyle mi zannediyorsunuz? Sanki tamamiyle kani imişsiniz gibi buraya geldiniz, Doktor

"Do you still think so? You came here as if you were completely convinced, Doctor."

- Emin bir menbadan haber aldım.

"I was informed by a trusted source."

- Size bu haberi veren kimdir?

"Who was it that gave you this information?"

- Haberdar olan biri.

"Someone in the know."

- Ah! Ah!

"Oh ho!"

- Evet, hastanın buraya girdiğini gören biri.

"Yes, someone who saw the patient coming in here."

- O halde muhbiriniz istediğiniz kadını pek iyi tanıyor öyle mi?

"In that case, your informant knows the woman you want really well, doesn't he?"

- Şüphesiz.

"Without a doubt."

- Onu nasıl tanıyor?

"How does he know her?"

٥٣

- مزبوره كندينى بيوك بر ثروتك مشروع وارثه سى ايدهرك اسمنك قلاريتا دوونينغ اولدوغنى ادعا ايدييور .
- يا !. شيمدى اويله بر وقعه يى تخطر ايدر كبى اولويورم . پك قاريشيق بر ايش ايدى . دكلمى دوقتور ؟
- افندى ، بورايه سؤاللر كزه جواب ويرمك ايچون دكل، يالكز خسته مى طلب ايچون كلدم .
- دوقتور، خسته يى تحت نظارتده بولوندورمق وظيفه سيله مكلف اولدوغكزه دائر اوراق رسميه و مثبته كز وارمى ، دوقتور ؟
- اوت .. اونلرك نسخۀ اصليه لرينى كتيردم ..
- مساعده ايدرسه كز بونلرى اوقويه‌يم ..
- هاى هاى ! . فقط ، اولا خسته مك بوراده اولوب اولمديغنى سويله‌يكز ؟
- حالا اويله مى ظن ايدييورسكز ؟ صانكه تماميله قانع ايمشسكز كبى بورايه كلديكز ، دوقتور ..
- امين بر منبعدن خبر آلدم .
- سزه بو خبرى ويرن كيمدر ؟
- خبردار اولان برى.
- آخ ! آخ !
- اوت ، خسته مك بورايه كيرديكنى كوره‌ن برى .
- او حالده مخبركزه ايستديككز قادينى پك ايى طانيور اويله مى .
- شبهه سز .
- اونى ناصل طانيور ؟

Sayfa/Folio 54

Doktor, dürüstane bir tavır ve eda ile:
- Size bir kere daha ihtar ediyorum: beni böyle münasebetsiz suallerinizle izac etmeyiniz.

"I'm warning you one more time. Don't bother me with such inappropriate questions of yours," the doctor said in a harsh manner.

- Efendi, siz de evimde bana karşı daha nazikane daha edibane bir tavır almadıkça talebiniz hiç bir suretle ishaf edemiyeceğimi beyan ederim.

"Sir, [let me] make it clear, that unless you [behave] in a more polite and more courteous manner toward me in my house, there is no way I can meet your demands."

- Sizi mecbur edeceğim ki...
"I will force you to..."

Pickwick, müstehziyane bir tavırla muhatabı'nın sözünü kesti:
- Ne suretle?

"By what means?" Pickwick [said] in a ridiculing manner, cutting off the person to whom he was speaking.

- Zabıtaya müracaat edeceğim.
"I will appeal to the police."

- Burada, yani Cemahir-i Müttefikada bu misillü müracaat fazla vakite muhtaçtır.

"Here, that is to say, in the United States, this kind of appeal needs more time."

- Onu da görürüz.
"We will see about that."

- Bu esnada, eğer hakikaten hastanız benim evimde ise, onu başka emin bir yere saklayabilirim.

"In the meantime, if your patient is really in my house, I will be able to hide her in another safe place."

- Bu hareketinizden mesul olacaksınız.
"You will be responsible for this action of yours."

- Belki fakat, evvela genç kızın hanemde ikamet etmiş olduğunu ispat etmeniz lazım gelir.

"Maybe, but first of all, you must prove that the young lady is residing in my house."

- Burada olduğunu biliyorum.
"I know that she is here."

- Peki. Burada olduğunu ben de hatırınız için tasdik edeyim ama, bunu ne suretle ispat edeceksiniz?

"Very well. For your sake, let me acknowledge that she is here. But, how will you prove this?"

- Vakiti gelince, bunda da güçlük çekmeyeceğim.. Ne ise kısa keselim. Şimdi, mecnuneyi bana teslim edecek misiniz etmeyecek misiniz?

"When the time comes, I shall not have difficulty. So let's cut it short. Now, will you or will you not turn the insane woman over to me?"

٥٤
دوقتور ، درشتانه بر طور وادا ایله :
ـ سزه بر کره دها اخطار ایدییورم ؛ بنی بویله مناسبتسز سؤاللرکزله ازعاج ایتمییکز .
ـ افندی ، سزده أومده بکا قارشی دها نازکانه دها ادیبانه بر طور آلمدقچه طلبکزی هیچ بر صورتله اسعاف ایدهمیهجکمی بیان ایدهرم .
ـ سزی مجبور ایدهجکم که ..
ـ پیق ویق ، مستهزیانه بر طورله مخاطبنك سوزینی کسدی :
ـ نه صورتله ؟
ـ ضابطه یه مراجعت ایدهجکم .
ـ بوراده ، یعنی جماهیر متفقه ده بو مثللو مراجعات فضله وقته محتاجدر .
ـ اونی ده کوریرز ..
ـ بو اثناده ، اکر حقیقةً خسته کز بنم أومده ایسه ، اونی باشقه امین بر یره صاقلایه بیلیرم .
ـ بو حرکتکزدن مسئول اولاجقسکز .
ـ بلکه فقط ، اولا ، کنج قیزك خانه مده اقامت ایتمش اولدوغنی اثبات ایتمکز لازمکلیر.
ـ بوراده اولدوغنی بیلیورم .
ـ پکی . بوراده اولدیغنی بنده خاطرکز ایچون تصدیق ایدهیم. اما ، بونی نه صورتله اثبات ایدهجکسکز ؟
ـ وقتی کلنجه ، بوندهده کوچلك چکمیهجکم .. نه ایسه قیصه کسهلم . شیمدی ، مجنونه یی بکا تسلیم ایدهجکمیسکز ایتمیهجکمیسکز ؟

Sayfa/Folio 55

- Ancak bana iki şeyin kati delili getirdiğiniz zaman teslim ederim...

"I will only turn her over to you when you bring me absolute proof of two things."

- Onlar ne imiş?

"What would they be?"

- Evvela, genç kızın burada bulunduğunun saniyen, onun hakikaten deli olduğunun....

"First, that the young lady is to be found here and second, that she is actually crazy..."

- Vay! Onun deli olduğuna inanmıyor musunuz?

"Oh! You do not believe she's crazy?"

- Müsaadenizle, evet.

"With your permission, yes."

- O halde sizi bu hususda temin edebilirim. Şu evrakı tedkik ediniz.

"In that case, I will be able to assure you in this matter. Please, examine these documents."

- Maalmemnuniye.

"With pleasure."

Polis hafiyesi, zairenin kendisine uzattığı evrakı aldı. Fakat, yalnız kızı tedavi ve muayene eden etibbanın isimini kopya etmekle iktifa ederek evrakı okumaksızın tekrar Siplin'e verdi.

The police detective took the documents that the visitor handed to him. But he was content to just copy the names of the doctors who examined and treated the girl, and without reading the documents, he gave them back to Siplin.

Doktor hayretle:
- İyi, ama bunları okumadınız, dedi.

"Very well, but you did not read them," the doctor said with astonishment.

- Lüzum görmedim.

"I did not see the need."

- Niçin?

"Why?"

-Çünkü buna ehemmiyet vermiyorum. Yalnız bana lazım olan şeyi öğrendim.

"Because I don't care about it. I only learned what's necessary for me."

- Etibbanın isimlerini öyle mi?

"It's the names of the doctors, isn't it?"

- Evet.

"Yes."

- Şimdi, mecnuneyi bana iade edecek misiniz?

"Now, will you return the insane woman to me?"

۵۵
- آنجق بکا ایکی شیئك قطعی دلیلی كتیردیككز زمان تسلیم ایدەرم ..
- اونلر نه ایمش ؟
- اولا ، كنچ قیزك بورادە بولوندوغنك ثانیاً ، اونك حقیقةً دلی اولدوغنك ..
- وای !. اونك دلی اولدوغنه اینانمیورمیسكز ؟
- مساعدەكزله ، اوت ..
- او حالده سزی بو خصوصده تأمین ایده بیلیرم . شو اوراقی تدقیق ایدیكز .
- مع‌الممنونیه .
- پولیس خفیه سی ، زائرك كندیسنه اوز اتدیغی اوراقی آلدی . فقط ، یالكز قیزی تداوی و معاینه ایدن اطبانك اسمنی قویه ایتمكله اكتفا ایدەرك اوراقی اوقومقسزین تكرار سپلینه ویردی .
دوقتور حیرتله :
- ایی اما بونلری اوقومدیكز ، دیدی .
- لزوم كورمدم .
- نیچون ؟
- چونكه بوكا اهمیت ویرمیورم . یالكز بكا لازم اولان شیئی اوكرندم .
- اطبانك اسملرینی اویله می ؟
- اوت .
- شیمدی ، مجنونه یی بكا اعاده ایدەجكمیسكز ؟

Sayfa/Folio 56

- Eğer suallerime şayan-ı memnuniyet bir surette cevab verecek olursanız.
"If you answer my questions satisfactorily."

- Söyleyiniz, ne sormak istiyorsunuz?
"Please do speak, what do you want to ask?"

- Evvela buraya sizi kim gönderdi?
"First of all, who sent you here?"

- Bu suale cevab veremem... kadın isiminin zikredilmesini istemiyor.
"I cannot answer this question... The lady does not want her name to be mentioned."

- Ya! demek, sizi bir kadın gönderdi?
"Ah! You are saying that a lady sent you?"

- Evet.
"Yes."

-Şüphesiz Miss Downing namıyla tanıdığınız kadın, değil mi?
"Without a doubt, a lady whom you know by the name of Miss Downing, isn't it?"

- Kimden bahsetmek istediğinizi bilmiyorum.
"I don't know who you're talking about."

- Sualimi başka şekle sokacağım... Evvelce Miss Downing namıyla tanmış olduğunuz genç kız belki bugün başka bir isimle yadediliyor.
"Let me put my question another way... firstly, might the young lady whom you had previously known as Miss Downing be known by another name today?"

- Hayır.
"No."

- Hastanın ücretini kim tediye ediyor?
"Who is paying for the patient's bills?"

- Bunu bilmek istemenizdeki maksad nedir?
"For what purpose do you want to know this?"

- Beni alakadar ettiği için...
"Because it interests me."

- Pekala öyle ise. Parayı isimini demin zikrettiğiniz kadın veriyor.
"Very well, if that's the case. The lady whose name you mentioned just now gives the money."

- Yani, evvelce Miss Downing olan kadın. Böyle mi?
"You mean, [as] previously [mentioned], the lady who is Miss Downing? Right?"

- Evet.
"Yes."

- Hastanızın burada bulunduğunu da size o kadın mı söyledi?
"Was it that woman who told you that your patient is to be found here?"

Tuzağa düşen doktor hatasını tashih etmek isteyemeyerek:
The doctor, who fell into the trap while not wanting to correct his mistake, said:

٥٦
- اكر سؤاللرمه شايان ممنونيت بر صورتده جواب ويرهجك اولورسهكز .
- سويلييكز ، نه صورمق ايستيورسكز ؟
- اولا ، سزى بورايه كيم كوندردى ؟
- بو سؤاله جواب ويرهمم .. قادين اسمنك ذكر ايدلمسنى ايستهميور .
- يا ! . ديمك ، سزى بر قادين كوندردى .
- اوت .
- شبهه سز ميس دوونينغ ناميله طانيديغكز قادين ، دكلمى ؟
- كيمدن بحث ايتمك ايستديككزى بيلميورم .
- سؤالمى باشقه شكله صوقاجغم .. اولجه ميس دوونينغ ناميله طانيمش اولدوغكز كنج قيز بلكه بوكون باشقه بر اسمله ياد ايديليور .
- خاير .
- خسته نك اجرتنى كيم تأديه ايدييور ؟
- بونى بيلمك ايسته مكزدهكى مقصد نه در؟
- بنى علاقه دار ايتديكى ايچون ..
- پك اعلى اويله ايسه . پاره يى اسمنى دمين ذكر ايتديككز قادين ويرييور .
- يعنى ، اولجه ميس دوونينغ اولان قادين . بويله مى ؟
- اوت .
- خسته كزك بور اده بولونديغنى ده سزه او قادينمى سويلدى ؟
- طوزانه دوشن دوقتور ، خطاسنى تصحيح ايتمك ايستيه مىهرك

Sayfa/Folio 57

- Hayır o söylemedi. Kendisini görmedim bile, dedi.

"No, she didn't tell me. I did not even see her."

Pickwick müstehziyane:
- Doğru mu söylüyorsunuz? diye sordu.

"Is what you said correct?" Pickwick asked sarcastically.

- Efendi beni yalancılıkla mı ittiham ediyorsunuz?

"Sir, are you accusing me of lying?"

- Doğrusu bu..

"That's right."

- Edebsiz! Yüzüme karşı nasıl böyle bir hakarete cüret eyliyorsunuz beni yalancılıkla ittiham ediyorsunuz? Eğer kendi evinizde olmasaydınız...

"Impudence! How dare you insult me like this to my face and accuse me of lying. If you were not in your own home... "

- Sükunet bulunuz azizim doktor. Eğer evimde olmamış olaydınız hakkınızda daha evvel tedabir-i şedide ittihaz ederdim, siz pek saygısız bir adamsınız. Eğer münasebetsiz bir söz daha söylerseniz, size iyi bir ders-i edeb vereceğime emin olunuz...

"Take it easy, my dear doctor. If you weren't at my house, I would have choosen to take severe measures; you are a very insolent man. If you utter one more inappropriate word, you can be certain that I will teach you a good lesson on manners."

- Ne yapabileceğinizi görmek isterim. Hastamı bana iade etmenizi musırran talep ediyorum.

"I want to see what you can do. I am insistently requesting that you return my patient to me."

- İstediğiniz kadar ısrar ediniz yalnız ağzınızı kapayınız ve buradan çıkıp gidiniz. Zira parmaklarımın karıncalandığını hissediyorum.

"Insist all you want, then just shut your mouth and get out of here. Because I feel my fingers tingling."

- Demek, deli kızı bana teslim etmeyeceksiniz öyle mi?

"You mean to say that you're not going to hand the crazy girl over to me, is that so?"

- Evet suret-i katiyyede teslim etmeyeceğim.

"That's right. There's no way in hell I'm handing her over to you."

- Suallerinize cevap verdiğim takdirde onu bana teslim edeceğinizi vâât etmiştiniz.

"You promised that you would turn her over to me under the condition that I answer your questions."

-Hayır böyle bir vââtta bulunmadım. Yalnız belki diye takyid ettim. İşte size de, başka suretle karar verdiğimi söyledim.

"No, I did not make such a promise. I only went as far as saying maybe. Look, I already told you that I have decided otherwise."

٥٧

- خاير ، او سويلمدى . كنديسنى كورمدم بيله . ديدى .
- پيق ويق ، مستهزيانه :
- دوغرومى سويليورسكز؟ دييه صوردى .
- افندى بنى يالانجيلقله مى اتهام ايدييورسكز !
- دوغريسى بو ..
- ادبسز يوزمه قارشى ناصل بويله بر حقارته جرأت ايليورسكز بنى يالانجلقله اتهام ايدييورسكز ! اكر كندى اوكزده اولمسيديكز ..
- سكوت بولكز عزيزم دوقتور . اكر اومده اولمامش اوليديكز حقكزده دها اول تدابير شديده اتخاذ ايدردم سز پك صايغيسز بر آدامسكز . اكر مناسبتسز بر سوز دها سويلرسه كز ، سزه ايى بر درس ويره جكمه امين اولكز ..
- نه پاپا بيلهجككزى كورمك ايسترم . خسته مى بكا اعاده ايتمكزى مصراً طلب ايدييورم .
- ايستدييككز قدر اصرار ايديكز يالكز آغزيكزى قپاييكز و بورادن چيقون كيديكز . زيرا پارمقلرمك قارنجه لنديغنى حس ايدييورم .
- ديمك ، دلى قيزى بكا تسليم ايتميه جكسكز اويله مى ؟
- اوت صورت قطعيه ده تسليم ايتميه جكم .
- سؤاللر كزه جواب ويرديكم تقديرده اونى بكا تسليم ايده جككزى وعد ايتمشديكز .
- خاير بويله بر وعدده بولونمدم يالكز بلكه دييه تقييد ايتدم . ايشته سزه ده ، باشقه صورتله قرار ويرديكمى سويلدم .

Sayfa/Folio 58

- Pekala öyle ise, kızı sizin muvafakatiniz olmaksızın alacağım.

"Very well then, I will take the girl without your consent."

- Acayip! Maksadınızı açıkça söyler misiniz?

"Strange! Will you state your intention clearly?

- Bunda anlaşılmayacak ne var? Hastamı buradan cebren götüreceğim.

"What is not understood about this? I shall forcibly take my patient away from here."

- Ne vakit!

"When?"

- Hemen şimdi...

"Right now..."

- Doktor, siz çıldırıyorsunuz...

"Doctor, you are going mad."

- Son bir defa daha soruyorum verecek misiniz vermeyecek misiniz?

"I am asking you one last time, will you or will you not hand her over?

- Hayır... vermeyecegim!

"No... I will not hand her over!"

- Peki... öyle ise alınız.

"Alright, in that case take this!"

Doktor Siplin, barika-asa bir suretle yeninden küçük bir sopa çıkararak Pickwick'e vurmak üzere kaldırdı.. Eğer, sopa polis hafiyesine isabet etseydi ölmüş ve bayılmış bir halde yere düşecekdi.

Taking a small club from his sleeve with lightening speed, Dr. Siplin raised it to hit Pickwick. Had the club landed upon the police detective, he would have fallen to the ground, dead or unconscious.

Fakat, Pickwick, daha ilk dakikadan itibaren cüretkar müsafirinden şüphelenmişti ve bu sebeple daima müteyakkız bulunuyordu.

Only Pickwick had been suspicious of the bold visitor from the outset and was hence on constant alert.

Deliler tabibi, ilk şüpheli hareketinde bulunur bulunmaz üstad birdenbire yan tarafa fırlayarak sopadan kendi kurtarmıştı. Lâkin hiddeti galebe etmiş olmakla doktorun çenesine müdhiş bir yumruk indirerek yere serdi.

As soon as the psychiatrist made his first suspicious move, the master jumped to the side at once to save himself from the club. But, overcoming his anger, he landed a nasty punch on the doctor's chin, [leaving him] sprawled out on the ground.

Siplin fevkalade mukavem imiş ki hemen ayağa kalktı. Bir küfür sallayarak cebinden uzun bir bıçak çıkardı ve polis hafiyesinin üstüne saldırdı.

Siplin was so extraordinarily resilient that he immediately rose to his feet. Uttering a curse, he drew a long knife out of his pocket and plunged at the police detective.

Pickwick daha atik davranarak bir adım geriledi ve doktorun

٥٨

- پك اعلى اويله ايسه ، قيزى سزك موافقتكز اولمقسزين آله‌جغم .
- عجائب ! .. مقصدكزى آچيقجه سويلرميسكز ؟
- بونده آكلاشيلميه جق نه وار ؟ خسته مى بورادن جبراً كوتوره‌جكم .
- نه وقت !
- همان شيمدى ..
- دقوتور ، سز چيلديرييورسكز ..
- صوك بر دفعه دها صورييورم ويره‌جكميسكز ويرميه جكميسكز ؟
- خاير ... ويرميه‌جكم !
- پكى .. اويله ايسه آليكز !

دوقتور سيپلين ، بارقه آسا بر سرعتله يكندن كوچوك بر صوپا چيقاره رق پيق ويقه اورمق اوزره قالديردى .. اكر ، صوپا پوليس خفيه سنه اصابت ايتسيدى اولمش و باييلمش بر حالده يره دوشه‌جكدى فقط ، پيق ويق ، دها ايلك دقيقه دن اعتباراً جرأتكار مسافرندن شبهه لنمشدى و بو سببله دائما متيقظ بولونيوردى . دليلر طبيبى ، ايلك شبهه لى حركتده بولونور بولونماز استاد بردنبره يان طرفه فيرلايه رق صوپادن كندى قورتارمشدى . لا كن حدتى غلبه ايتمش اولمغله دوقتورك چكه سنه مدهش بر يومروق ايندير‌ه‌رك يره سردى .

سيپلين فوق العاده مقاوم ايمش كه همان آياغه قالقدى بر كفر صاللايه رق جيبندن اوزون بر بيچاق چيقاردى . و پوليس خفيه سنك اوستنه صالديردى .

پيق ويق ، دها آتيك داورانه رق بر آديم كريله دى و دوقتورك

Sayfa/Folio 59

tam midesinin üstüne gayet şiddetli bir tekme indirdi. Doktor can acısıyla bağırarak bıçağı elinden bıraktı. Polis hafiyesi bu tefevvukundan istifade ederek herifin yakasından tuttu. Pickwick artık son derecede mütehevvir bulunduğundan doktorun gösterdiği mukavemet beyhude idi.

Being more agile, Pickwick took a step back and landed an extremely forceful kick right on the doctor's stomach. Screaming with agony, the doctor dropped the knife from his hand. Taking advantage of this, the police detective grabbed the fellow by his collar. Pickwick was so furiously worked up that the resistance the doctor put up was futile.

Gürültü üzerine gelen Nikola'ya:

He said to Nikola, who came upon hearing the commotion,

- Nikola, bütün kapıları açınız şu kibar efendiyi sokağa götüreceğim! dedi.

"Nikola, open all the doors, I will take this polite gentleman to the street!

Nikola bıyık altından gülerek kapıları açtı.

Smiling wryly, Nikola opened the doors.

Bir kaç dakika sonra biraz evvel kendisine pek ziyade güvenen doktor Siplin, kapıdan alelacele çıktı ve arkasına yediği bir tekme ile taş merdivenden teker meker yuvarlandı.

A few minutes later, Dr. Siplin, who had thought so much of himself [moments] ago, came flying out the door and, being kicked from behind, tumbled down the stone steps.

Hiddetini bu suretle alan polis hafiyesi derakab kesb-i sükunet ederek kapıyı kapadı ve mahmiyesinin yanına çıktı.

The police detective, who has taken out his anger this way, immediately calmed down and closed the door, and went up to his protectee.

DESAİS
The Plots

Naklettiğimiz vakanın cereyan ettiği günün akşamı gurubdan biraz evvel Cliff Castle malikanesinin geniş revakı önünde genç bir zenci merakla durdu.

Just before sunset, on the evening of the day that the event we have been recounting took place, a young black man [paused] in front of the Cliff Castle mansion's wide portico, and stood in curiosity.

Siyahi, etrafına bakarak kolunda ağır bir sepet bulunan ihtiyar

Looking around, the black man saw an old farmer wife with a heavy basket on her arm

۵۹

تام معده سنك اوستنه غايت شدتلی بر تكمه ایندیردی .
دوقتور جان آجیسیله باغیر هرق بیچاغی الندن براقدی . پولیس خفیه سی بو تفوقندن استفاده ایده رك حریفك یقه سندن طوتدی . پیق ویق آرتق صوكدرجه ده متهور بولوندوغندن دوقتورك كوستردیكی مقاومت بیهوده ایدی .
كورولتو اوزرینه كلن نیقولایه :
ـ نیقولا ، بوتون قپولری آچیكز شو كبار افندی یی سوقاغه كوتورهجكم !. دیدی .
نیقولا ببیق آلتندن كوله رك قپولری آجدی .
بر قاچ دقیقه صوكرا بر آز اول كندیسنه پك زیاده كوهنن دوقتور سیپلین ، قپودن علی العجله چیقدی و آرقه سنه یدیكی بر تكمه ایله طاش مردیوهندن تكر مكر یوار لاندی ..
حدثنی بو صورتله آلان پولیس خفیه سی ، درعقب كسب سكونت ایده رك قپویی قپادی و محمیه سنك یاننه چیقدی .

دسایس

نقل ایتدیكمز وقعه نك جریان ایتدیكی كونك آقشامی ، غروبدن بر آز اول قلیف قاستل مالكانه سنك كنیش رواقی اوكنده كنج بر زنجی مراقله طوردی .
سیاهی ، اطرافنه باقارق قولنده آغیر بر سپت بولونان اختیار

Sayfa/Folio 60

bir köylü karısının zahmetle caddeyi takip ettiğini gördü. Kocakarı, genç zencinin hizasına gelince inleyerek bir taşın üstünde oturdu. Siyahi, kocakarının yanına sokularak:

painstakingly walking along the street. The old woman, coming across the young black man, made a groan and sat on top of a stone. Approaching the old woman, the black man asked:

- Kadınım, köşke mi gidiyorsunuz? diye sordu.

"My lady, are you going to the mansion?"

Pickwick:
- Evet, Jack. Tahkikatın ne merkezde?

"Yes, Jack. How is your investigation going?" Pickwick [asked].

İhtiyar kadın şekil ve kıyafetine giren Pickwick idi.

It was Pickwick who was in the disguise of an old woman.

Jack, memnunane bir tavırla:
- Henüz mühim bir şey yok...

"Nothing that is important yet..." Jack said in a pleased manner.

- Olanı söyle..

"Report what's happening."

- Filip'le, genç kızı tedavi eden doktorun isimini öğrendim.

"I learned the name of the doctor who, with Phillip, treated the young lady."

- Bu pek mühim bir nokta. Bu adamın isimi nedir Jack?

"This is a very important point. What's this man's name, Jack?"

- Morris Burton.

- Buralı mı?
"Is he a local?"

- Evet. Şimdi de köşkte ikamet ediyor.
"Yes. He is residing in the mansion now."

- Ne söylüyorsun!
"What are you saying!"

- Evet, Pick. Hatta, elyevm Cliff Castle'in sahibidir.
"Yes, Pick. He is even the owner of Cliff Castle today."

- Nasıl oluyor?
"How is that so?"

- Kendisine Miss Downing süsü veren kadınla izdivac etmiş.
"He married the woman who is posing as Miss Downing."

- Ne vakit izdivac etmiş?
"When did he get married?"

- Bir ay evvel..
"One month ago.."

- Daha ne biliyorsun?
"What else do you know?"

٦٠

بر كويلو قاريسنك زحمتله جاده يی تعقيب ايتديكنی كوردی . قوجه قاری ، كنج زنجينك حذاسنه كلنجه ايكليه رك بر طاشك اوستنه اوطوردی . سياهی ، قوجه قارينك ياننه صوقوله رق :

ـ قادينم ، كوشكه می كيدييورسكز ؟ دييه صوردی .

پيق ويق :

ـ اوت ، ژاق . تحقيقاتك نه مركزده ؟

اختيار قادين شكل و قيافتنه كيرهن پيق ويق ايدی .

ژاق ، ممنونانه بر طورله :

ـ هنوز مهم بر شی يوق ..

ـ اولانی سويله ..

ـ فيليپله كنج قيزی تداوی ايدن دوقتورك اسمنی اوكرندم .

ـ بو پك مهم بر نقطه . بو آدامك اسمی نه در ژاق ؟

ـ موريس بورتون .

ـ بوراليمی ؟

ـ اوت . شيمديده كوشكده اقامت ايدييور .

ـ نه سويليورسك !

ـ اوت ، پيق . حتی ، اليوم قليف قاستلك صاحبيدر .

ـ ناصل اولويور ؟

ـ كنديسنه ميس دوونينغ سوسی ويرن قادينله ازدواج ايتمش .

ـ نه وقت ازدواج ايتمش ؟

ـ بر آی اول ..

ـ دها نه بيليورسك ؟

Sayfa/Folio 61

- Yeni zevç zevce hiç geçinemiyorlarmış. Gece gündüz kavga ediyorlarmış.
"The newlyweds aren't able to get along at all. Apparently they fight day and night."

- Bunu sana kim söyledi?
"Who told you this?"

- Kendisine yardım ettiğim bahçıvan söyledi.
"The gardener that I helped told me."

- Ne iyi bir fikir!
"What a good idea!"

- Burton'u da şahsen gördüm.
"I also saw Burton in person."

- Bu adam hakkında fikirin nedir?
"What do you think about this man?"

- İnsan suretine girmiş şeytan, Pick.
"He is the devil with a human face, Pick."

- Kendisiyle konuştun mu?
"Did you talk with him?"

- Evet, beni seyis olarak yanına aldı. Ve işe bile başladım.
"Yes, he hired me as a stableman. And I even started the job."

- Işini pek iyi gördün Jack.
"You did your job well Jack."

Polis hafiyesi de muavini Jack'a başından gelen vakayı anlattı.
The police detective also explained to his assistant Jack the events that happened to him.

- Buraya bilhassa raporunu almak hal-ı hazırından sana malumat vermek için geldim. Buraya yerleşmek için bir çare bulacağına emin idim. Son emrime kadar mevkiini muhafaza et, gözünü aç ve herşeyden evvel fırsat bulursan "17-A" markalı paketi ara.
"I came here specifically to receive the report and give you up-to-date information. I was sure that you would find a way to settle in here. Until my final order, stay put, keep your eyes open, and above all else, if you get the opportunity, search for the package marked '17-A'."

- Müsterih ol şimdi nereye gidiyorsun?
"Don't worry, where are you going now?"

- New York'a...
"To New York..."

- Vakit pek geç, nasıl gideceksin?
"The hour is very late, how will you go?"

- West Shore hattında bir tren daha var. Ona yetişebilirim. Gece yarısı New York'ta olacağım.
"There is another train on the West Shore line. I will be able to catch it. I will be in New York by midnight."

- Avdeti neye bu kadar arzu ediyorsun?
"Why do you wish to return so much?"

٦١

- یکی زوج زوجه هیچ کچینه میورلرمش ، کیجه کوندوز غوغا ایدییورلرمش .
- بونی سکا کیم سویلدی ؟
- کندیسنه یاردم ایتدیکم باغچوان سویلدی .
- نه ایی بر فکر !
- بورتونیده شخصاً کوردم .
- بو آدام حقنده فکرك نه در ؟
- انسان صورتنه کیرمش شیطان ، پیق .
- کندیسیله قونوشدکمی ؟
- اوت .. بنی سایس اوله رق یاننه آلدی . و ایشه بیله بشلادم .
- ایشکی پك ایی کوردك ژاق .

پولیس خفیه سیده معاونی ژاقه باشندن کلن وقعه یی آکلاتدی.

- بورایه بالخاصه راپورینی آامق حال حاضرندن سکا معلومات ویرمك ایچون کلدم . بورایه یرلشمك ایچون بر چاره بولاجغنه امین ایدم . سوك امریمه قدر موقعکی محافظه ایت کوزیکی آچ و هرشیدن اول ، فرصت بولورسەك « ١٧ ـ آ » مارقه لی پاکتی آرا .
- مستریح اول شیمدی نره یه کیدییورسك ؟
- نیو یورقه ..
- وقت پك کچ ، ناصل کیدەجکسك ؟
- وەست شورە خطندە بر ترەن دها وار . اوکا یتیشه بیلیرم یاریسی کیجه نیو یورقده اوله جغم .
- عودتی نه یه بوقدر آرزو ایدییورسك ؟

Sayfa/Folio 62

- Belki dostlarımız kızı evden kaçırmağa cüret ederler. Bu sebeple evde bulunmak isterim. Karşımız, azimkar düşmanlar var. Hiçbir şeyden korkuları olmayan bu adamlar pek tehlikelidirler.

"Perhaps our friends would have the audacity to kidnap the girl from the house. For this reason, I would like to be at home. We are up against very determined enemies. These men who fear nothing are very dangerous."

- Bu çetenin kuvveti sizce ne kadardır?

"How strong do you think this gang is?"

- Lâakal üç kişi. Belki daha ziyadedir. Ölen genç kadının nereye defnedilmiş olduğunu öğrenmeğe çalış...Onun mezarını ziyaret etmeği pek arzu ediyorum.

"At least three people. Maybe even more. Try to learn where they buried the young woman who died. I would very much wish to visit her grave."

- Peki bana itimad et.

"Alright then, trust me."

Üstad istasyona avdetle trene bindi ve nısf-ül-leylden biraz sonra New York'a vasıl olarak saat birde evine girdi.

Upon returning to the station, the master boarded the train and, arriving in New York a little after midnight, he entered his home at one o'clock.

İçeri girince, içinde garip bir üzüntü hasıl oldu. Ev sükunet içinde idi. Üstad bu sükuneti hiç beğenmemişti. Meş'um bir hiss-i kabl-el-vuku' ile, Katie'nin oda kapısını (v)urdu.

When he went in, a strange [sense of] worry arose inside him. The house was enveloped in silence. The master did not like this silence at all. With an ill-omened foreboding, he knocked on the door of Katie's room.

Cevap alamadı. Tekrar (v)urdu ve seslendi. Yine cevap alamadı. Kapıyı açtı. Oda boş idi.

He could not get a response. He knocked again and hollered. Again he couldn't get an answer. He opened the door. The room was empty.

- Garip şey! Acaba Katie nerede? diye mırıldandı.

"Strange thing! I wonder where Katie is?" he murmured.

Herşey yerli yerinde idi; fakat iki genç kız kaybolmuşlardı. Yerde gördüğü küçük bir kadın mendili nazar-ı dikkatını celp etti. Mendil kanlı idi. Üstad mendili alarak Katie'ye ait olduğunu anladı. Jack'la buluştuktan sonra, şekil [ve] kıyafetini değiştirerek tekrar polis hafiyesi Pickwick olmuştu.

Everything was in its place; however the two young ladies were missing. The small woman's handkerchief, which he saw on the ground, caught his attention. The handkerchief was bloody. Picking up the the handkerchief, the master understood that it belonged to Katie. After he had met with Jack, he had become police detective Pickwick again by changing out of his disguise.

Simasında azimkar bir eda belirdi. Gözleri şimşek gibi parladı:

A look of determination showed on his face. His eyes flashed like lightning.

٦٢

ـ بلكه دوستلرمز قيزى أودن قاچيرمغه جرأت ايدرلر . بو سببله أوده بولونمق ايسترم . قارشيمز ، عزمكار دشمنلر وار . هيچ بر شيدن قورقولرى اولمايان بو آداملر پك تهلكه ليدرلر .
ـ بو چته نك قوتى سزجه نه قدردر ؟
ـ لااقل اوچ كيشى . بلكه ، دها زياده در . ئوله ن كنج قادينك نره يه دفن ايدلمش اولدوغنى اوكرنمكه چاليش . اونك مزارينى زيارت ايتمكى پك ارزو ايدييورم .
ـ پكى . بكا اعتماد ايت .
ـ استاد استاسيونه عودتله ترەنه بيندى و نصف الليلدن بر آز صوكرا نيو يورقه واصل اوله رق ساعت برده اوينه كيردى .
ايچرى كيرنجه ، ايچنده غريب بر اوزونتو حاصل اولدى . أو سكونت ايچنده ايدى . استاد بو سكونتى هيچ بكنمه مشدى .
مشئوم بر حس قبل الوقوع ايله ، كه تينك اوطه قپوسنى اوردى . جواب آله مدى . تكرار اوردى و سسلندى . ينه جواب آله مدى . قپويى آچدى . اوطه بوش ايدى .
ـ غريب شى !. عجبا كەتى نرەده ؟ دييه ميرلداندى .
هر شى يرلى يرنده ايدى ؛ فقط ايكى كنج قيز غائب اولمشلردى برده كورديكى كوچوك بر قادين منديلى نظر دقتى جلب ايتدى منديل قانلى ايدى . استاد منديلى آلەرق كەتى يه عائد اولدوغنى اكلادى . ژاقله بولوشدقدن صوكرا ، شكل[و] قيافتنى دكيشديرەرك تكرار پوليس خفيه سى پېق ويق اولمشدى .
سيماسنده عزمكار بر ادا بليردى ؛ كوزلرى شمشك كبى پارلادى :

Sayfa/Folio 63

Eğer iki kızın bir kılına dokundularsa, vay canilerin haline! Acaba Nikola da nerede? Zili çaldığım halde gelmedi. Yoksa caniler bunu da mı?

"If they touched even one strand of either of the two girls' hair, oh what a lot [awaits these] murderers!... I also wonder where Nikola is. He did not come even though I rang the bell. Or are the murderers [responsible] for this to?"

Polis hafiyesi merdivenleri ikişer ikişer çıkarak sadık uşağının odasına vasıl oldu. Kapıyı şiddetle açtı ve müellim bir manzara karşısında kaldı. Nikola elleri, ayakları bağlanmış, ağzı kapatılmış olduğu halde yerde yatıyordu. Pick, Nikola'nın bayılmış olduğunu gördü. Hemen bağlarını çözdü. Ve on dakika sonra, Nikola'nın vahim yaraları olmadığını anlayarak sevindi.

The police detective bolted up the stairs two by two and reached the room of the loyal servant. He opened the door forcefully and came across a painful sight. Nikola was laying on the floor with his hands and feet bound, and his mouth gagged. Pick saw Nikola passed out. He immediately untied his restraints. And ten minutes later, he was glad to find out that Nikola did not have any serious injuries.

Nikola biraz kendine gelince Pick sordu:
When Nikola came to his senses a bit, Pick asked him,

- Ne oldu! Çabuk söyle söyle!. dedi.
"What happened! Quickly tell me, tell me!" he said.

Uşak zayıf bir sesle:
With a weak voice, the butler replied,

- Hemen hiç bir şey bilmiyorum Mister Pickwick.' cevabını verdi.
"I do not know anything, Mr. Pickwick."

- Taarruza uğradığınız zaman nerede idiniz?
"Where were you when you were attacked?"

- Yatağımda.
"In my bed."

- Epey zaman oldu mu?
"Was it a long time?"

- Herifler beni bağladıkları zaman saat on ikiyi çalıyordu.
"When the fellows tied me up, the clock was striking twelve."

- Bir saat evvel avdet etmiş olaydım, ne olurdu! Ne ise devam et, sen kaç kişi gördün?
"If only I had arrived an hour earlier, how [things] would have turned out! Anyhow, go on, how many people did you see?"

- Üç erkek bir kadın.
"Three men and one woman."

- Kadını görseniz tanıyabilir misiniz?
"If you saw the woman would you be able to recognize her?"

- Hayır peçeli idi, ve erkeklerin yüzünde de maske vardı.
"No, the woman was veiled and there were masks on the men's faces."

٦٣

اگر ایکی قیزك بر قیلنه دوقوندیلرسه ، وای جانیلرك حالنه ! . عجبا نیقولاده نرهده ؟ . ذیلی چالدیغم حالده كلمدی . یوقسه جانیلر بونیده می ...؟

پولیس خفیه سی مردیوهنلری ایکیشر ایكیشر چیقارق صادق اوشاغنك اوطه سنه واصل اولدی. قپویی شدتله آچدی و مؤلم بر منظره قاررشیدنده قالدی . نیقولا اللری ، آیاقلری باغلانمش ، آغزی قپاتیلمش اولدوغی حالده یرده یاتیوردی . پیق ، نیقولانك بایيلمش اولدوغنی كوردی . همان باغلرینی چوزدی . و اون دقیقه صوكرا ، نیقولانك وخیم یارالری اولمدیغنی آكلایه رق سه ویندی .

نیقولا بر آز كندینه كلنجه پیق صوردی :

ـ نه اولدی !. چابوق سویله سویله !. دیدی .

اوشاق ضعیف بر سسله :

ـ همان هیچ بر شی بیلمیورم میستر پیق ویق . جوابنی ویردی .

ـ تعرضه اوغرادیغكز زمان نرهده ایدیكز !

ـ یتاغمده .

ـ اپی زمان اولدیمی ؟

ـ حریفلر بنی باغلادقلری زمان ساعت اون ایكی‌یی چالیوردی .

ـ بر ساعت اول عودت ایتمش اولیدم ، نه اولوردی !. نه ایسه دوام ایت . سن قاچ كشی كوردك ؟

ـ اوچ اركك ، بر قادین .

ـ قادینی كورسه كز طانیه بیلیرمیسكز ؟

ـ خایر پچه لی ایدی و ارككلرك یوزنده‌ده ماسكه واردی .

Sayfa/Folio 64

- Kendilerini tanıtabilecek bazı malumat verebiliyor musun?
"Are you able to give some information to identify them?"

- Pek az Mister Pickwick. Bunlardan biri iri ve kuvvetli idi.
"Very little, Mr. Pickwick. One of them was big and strong."

- Ötekiler de orta boylu idiler.
"The others were of medium height."

- Ya, sesleri?
"What about their voices?"

- Yanımda konuşmadılar yalnız kadın bir emir verdi.
"They did not speak around me, except that the woman gave an order."

- Ne gibi?
"What sort [of order]?"

- Bıçağınızı kalbine saplayınız, en iyisi budur. dedi.
"She said, 'Run your knife through his heart, this would be the best'."

- Her işi bu kadın idare ediyordu, değil mi?
"This woman took control of all the work, didn't she?"

- Evet ben de öyle zannediyorum.
"Yes, I assume so."

- Seni bağladıktan sonra haydutlar ne yaptılar?
"What did the thugs do after tying you up?"

- Kadın bana doğru eğildi. Bidayette beni bizzat öldüreceğini zannettim, fakat o tebdil-i fikir ederek kulağıma: "Bunun ilk desisemiz olduğunu efendinize söyleyiniz ve gelecek defa, sıra onundur. Zira kendisini öldürmeğe ahdim var. Bu sözleri aynen ona tekrar ediniz" dedi.
"The woman bent straight towards me. I thought she was going to kill me herself, but changing her mind, she said to my ear, 'Please tell your master that this is our first plot, and the next time it [will] be his turn. Because I am sworn to kill him. Please exactly repeat these words to him'."

Pickwick hiddet ü teessürle:
- Pekala! Gelsinler, sefil haydutlar! Bakalım karşılarında kimi bulacaklar. Ne ise, devam ediniz Nikola. Badehu gittiler mi?
"Very well! Let them come, wretched thugs! They'll see who they're up against. Anyways, continue, Nikola. Did they leave after that?" Pickwick [asked], with rage and anger.

- Öyle zan ederim, Mister Pickwick.
"I think so, Mr. Pickwick."

- Hücuma uğramadan evvel gürültü işittiniz mi?
"Did you hear noises before you got attacked?"

- Hayır.
"No."

- Cüretkar haydutların taharrisinde bana rehber olabilecek birşey olsun söyleyemez misiniz?
"Can't you tell me anything to guide me in the search for these daring thugs?"

٦٤
- كنديلريني طانيته بيلهجك بعض معاومات ويره بيلير ميسك ؟
- پك آز ميستر پيق ويق . بونلردن بري ايرى و قوتلى ايدى ؛ اوته كيلرده اورته بويلى ايديلر .
- يا ، سسلرى ؟
- يانمده قونوشمديلر يالكز قادين بر امر ويردى .
- نه كبى ؟
- بيچاغكزى قلبنه صاپلاييكز ، اك اييسى بودر . ديدى .
- هر ايشى بو قادين اداره ايدييوردى دكلمى ؟
- اوت بنده اويله ظن ايدييورم .
- سنى باغلادقدن صوكرا حيدودلر نه ياپديلر ؟
- قادين بكا دوغرو اكيلدى . بدايتده بنى بالذات اولدورهجكنى ظن ايتدم ، فقط او تبديل فكر ايدهرك قولاغمه : « بونك ايلك دفعه سى اولدوغنى افندكزه سويليكزه و كلهجك دفعه ، صره اونكدر . زيرا كنديسنى اولدورمكه عهدم وار . بو سوزلرى عيناً اوكا تكرار ايديكز » ديدى .
پيق ويق ، حدت و تأثرله :
- پك اعلى ! كلسينلر، سفيل حيدودلر! باقالم قارشيلرنده كيمى بولهجقلر ! نه ايسه ، دوام ايديكز نيقولا بعده كيتديلرمى ؟
- اويله ظن ايدرم ، ميستر پيق ويق .
- هجومه اوغرامه دن اول كورولتو ايشيتديكزمى ؟
- خاير ..
- جرأتكار حيدودلرك تحريسنده بكا رهبر اوله بيلهجك بر شى اولسون سويليه مزميسك؟

Sayfa/Folio 65

- Hayır...
"No..."

- Nikola, sokağa çıkabilecek bir halde misiniz?
"Nikola, are you in a condition to go out on the street?"

- Evet, efendim.
"Yes, sir."

- O halde benim için bazı şeyler yapabilirsiniz?
"In that case, can you do some things for me?"

- Emrinize muntazırım efendim.
"I am awaiting your command, sir."

- Bu sabah, benim için Newburgh'a bir bilet almıştınız, değil mi?
"This morning, you bought a ticket to Newburgh for me, didn't you?"

- Evet efendim.
"Yes sir."

- Hemen, ilk trenle Newburgh'a gidiniz; orada bir araba bulup Cliff Castle'e gidiniz... Zenci seyis Tony Johnson'u isteyiniz. Anladınız mı?
"Right now, go to Newburgh on the first train; there you will find a carriage and go to Cliff Castle... Ask for Tony Johnson, the black stableman. Do you understand?"

- Evet, Mister Pickwick.
"Yes, Mr. Pickwick."

- Seyis, bizim Jack'dir.
"The stableman is our Jack."

- Anladım efendim.
"I understand sir."

- Vakayı kısaca ona anlatınız ve bu gece, Cliff Castle'dan kimse gaybubet edip etmediğini sorunuz. Girip çıkan herkese dikkat etmesini de söyleyiniz.
"Briefly explain the incident to him and ask whether or not anyone disappeared from Cliff Castle tonight. Tell him to pay attention to everyone who comes and goes."

- Baş üstüne, Mister Pickwick...
"Right away, Mr. Pickwick."

- Heman yola çıkınız. Dakikalar kıymetlidir. Jack'ın söyleyeceği şeyleri iyi dinleyiniz ve bir kelimesini unutmayınız...Imkan nisbetinde çabuk avdet ediniz.
"Hit the road at once. Time is of the essence. Listen well to the things Jack says and don't forget a single word... Return as quickly as possible."

Nikola endişe ile:
With concern, Nikola asked:

- Miss Katie yaralı mı? diye sordu.
"Is Miss Katie injured?"

٦٥
- خاير ..
- نيقولا ، سوقاغه چیقه بیلهجك بر حالدهمیسكز ؟
- اوت ، افندم .
- او حالده بنم ایچون بعض شیلر یاپابیلیرسكز ؟
- امركزه منتظرم افندم .
- بو صباح ، بنم ایچون نیو یورغه بر بیلت آلمشدیكز دكلمی ؟
- اوت ، افندم .
- همان ، ایلك ترهنله نیو یورغه كیدیكز ؛ اوراده بر آرابه بولوب قلیف قاستله كیدیكز..
زنجی سایس طونی ، جونسونی ایستیكز . آكلادیكز می ؟
- اوت ، میستر پیق ویق .
- سایس ، بزم ژاقدر .
- آكلادم افندم .
- وقعه یی قیصهجه اوكا آكلاتیكز و بو كیجه ، قلیف قاستلدن كیمسه غیبوبت ایدوب
ایتمدیكنی صوریكز . كیروب چیقان هر كسه دقت ایتمسنی‌ده سویلیكز .
- باش اوستنه ، میستر پیق ویق ..
- همان یوله چیقیكز . دقیقه لر قیمتلیدر . ژاقك سویلیهجكی شیلری ایی دیكلیكز و بر
كلمه سنی اونوتماییكز ... امكان نسبتنده چابوق عودت ایدیكز .
- نیقولا ؛ اندیشه ایله :
- میس كهتی یاراليمی ؟ دییه صوردی .

Sayfa/Folio 66

- Bilmiyorum; zannedersem vahim bir şeye uğramadı, haydudlar, onu kaçırmışlar. Çabuk istasyona koşunuz.

"I don't know; I would guess that no harm came to her. The thugs, they kidnapped her. Run to the station quickly."

Nikola gittikten sonra, polis hafiyesi de, canilerin eve ne suretle girdiklerini anlamak üzere tedkikata başladı.

After Nikola left, the police detective began investigations to understand how the murderers entered the house.

- Haydudların yanında mahir bir de hırsız var. Çünkü adi bir adam kapının kilidini açamazdı. Kadın çetenin reisesi ve erkekler de onun emirlerine tabi.. Fakat caniler benim evde bulunmadığımı nasıl haber almışlardı? Eğer buna suret-i katiyede emin olmasalardı bu halde cüret edemezlerdi. John'un izinli olması cidden pek fena oldu.

"The thugs had a skilled burglar with them. For an ordinary man couldn't have opened the door lock. The woman is the head of the gang, and the men follow her orders. But how did the murderers get wind that I was not in the house? If they were not certain of this, they would not have dared. It was really bad that John was off duty."

Zayıf Emareler

Weak Evidence

Polis hafiyesi, taharriyat ve tedkikatını bitirdiği zaman sabah olmak üzere idi. Pick haydutların hüviyetlerini meydana çıkaracak emarelere destres olmak için gayet dikkat ve ihtimamla çalışmıştı. Maahaza, bütün mesainin neticesi kanlı mendiliyle Nikola'nın verdiği cüz'i malumatdan ibaret idi.

When the police detective finished his searches and investigations, it was about to be morning. In order to obtain the evidence that will expose the identities of the thugs, Pick worked with great meticulousness and diligence. Nevertheless, the result of all his efforts consisted only of the bloody handkerchief and the scant information provided by Nikola.

Pickwick, mahallenin polis karakoluna giderek, evinin bulunduğu ada etrafında akşamın sekizinden nısf-ül-leyle kadar nöbet bekleyen ve gezen polis ile konuşmak istedi.

Going to the neighborhood's police station, Pickwick wanted to speak with the officers who were on patrol shift from eight in the evening to midnight in the vicinities of the block on which his house is located.

Billy Germain isiminde olan bu polis esneyerek karakoldan çıktı.

This officer named Billy Germain left the police station yawning.

٦٦

ـ بیلمیورم ؛ ظن ایدرسهم وخیم بر شیئه اوغرامدی ، حیدودلر ، اونی قاچیرمشلر . چابوق استاسیونه قوشوکز .

ـ نیقولا کیتدکدن صوکرا ، پولیس خفیه سی ده ، جانیلرك أوه نه صورتله کیردکلرینی آکلامق اوزره تدقیقاته باشلادی .

ـ حیدودلرك یاننده ماهر برده خرسزوار . چونکه عادی بر آدم قپونك کلیدینی آچه مزدی .قادین چته نك رئیسه سی و ارککلرده اونك امرلرینه تابع .. فقط جانیلر بنم أوده بولونمدیغمی نصا خبر آلمشلردی ؟ اکر بوکا صورت قطعیه ده امین اولمسه لردی بو حاله جرأت ایده مزلردی . جونك اذنلی اولمسی جداً پك فنا اولدی .

ضعیف اماره لر

پولیس خفیه سی ، تحریات و تدقیقاتنی بیتیردیکی زمان صباح اولمق اوزره ایدی . پیق حیدودلرك هویتلرینی میدانه چیقارهجق اماره لره دسترس اولمق ایچون غایت دقت و اهتمامله چالیشمشدی . مع هذا بتون مساعینك نتیجه سی قانلی مندیلی ایله نیقولانك ویردیکی جزئی معلماتدن عبارت ایدی .

پیق ویق ، محله نك پولیس قره قولنه کیده رك ، اوینك بولوندوغی آطه اطرافنده آقشامك سکزندن نصف اللیله قدر نوبت بکلین و کزهن پولیسله قونوشمق ایستدی . بیللی جرمین اسمنده اولان بو پولیس اسنه یه رك قرهقولدن چیقدی :

Sayfa/Folio 67

Polis hafiyesi:
The police detective asked:

- Billy bu gece saat on bir buçukta nerede idiniz? diye sordu.
"Billy, where were you at half past eleven tonight?"

- Mister Pickwick, Madison caddesindeki evinizin köşesinde idim.
"Mr. Pickwick, I was at the corner of your house on Madison Avenue."

- Sizi orada mı değiştirdiler?
"Was it there that you were relieved?"

- Hayır adanın öteki ucunda, sizin evin üst tarafında değiştirildim.
"No, I was relieved on the upper side of your house, on the other end of the block."

- Demek, onbir buçukdan on ikiye kadar mütemadiyen evimin yakınında kaldınız..
"So you remained near my house from half past eleven to twelve continuously?"

- Evet. Mister Pickwick.
"Yes. Mr. Pickwick."

- Evimin önünde bir arabanın durduğunu gördünüz mü?
"Did you see a carriage parked in front of my house?"

- Evet.
"Yes."

- Saat kaç idi?
"What time was it?"

- Takriben on ikiye çeyrek vardı. Beni değiştirdikleri zaman araba hâlâ orada idi.
"It arrived around quarter to twelve. When they relieved me, the carriage was still there."

- O arabadan inen adamları gördünüz mü?
"Did you see the men who got out of that carriage?"

- Bir kadın gördümse de yüzünü göremedim.
"Although I did see a woman, I couldn't see her face."

- Hemen eve girdi mi?
"Did she immediately enter the house?"

- Hatırladığıma göre, merdiveni çıktı zili çaldı. Evet, hemen girmiş olacak.
"As far as I can remember, she climbed the steps and rang the bell. Yes, she would have went in immediately."

- Fakat, böyle olduğuna tamamiyle emin değilsiniz?
"But, are you at all unsure about the way this happened?"

- Hayır Mister Pickwick.
- No, Mr. Pickwick

- Kadın yalnız mıydı?
"Was the woman alone?"

- Evet.
"Yes."

- Araba nasıldı?
"What was the carriage like?"

٦٧
پوليس خفيه‌سى :
- بيللى بو كيجه ساعت اونبر بچقده نره‌ده ايديكز؟ دييه صوردى .
- ميستر پيق ويق ماديسون جاده‌سنده‌كى اوكزك كوشه سنده ايدم .
- سزى اوراده مى دكيشديرديلر ؟
- خاير آطه نك اوته‌كى اوجنده ، سزك أوك اوست طرفنده دكيشديرلدم .
- ديمك ، اونبر بچقدن اون ايكى‌يه قدر متماديا اومك يقيننده قالديكز .
- اوت . ميستر پيق ويق .
- اومك اوكنده بر آرابه نك طورديغنى كورديكزمى ؟
- اوت .
- ساعت قاچ ايدى ؟
- تقربا اون ايكى‌يه چاريك واردى . بنى دكيشديردكلرى زمان آرابه حالا اوراده ايدى.
- او آرابه دن اينن آداملرى كورديكزمى .
- بر قادين كوردمسه ده يوزينى كوره‌مدم .
- همان اوه كيرديمى ؟
- خاطرلديغمه كوره ، مرديوه‌نى چيقدى زيلى چالدى . اوت، همان كيرمش اوله‌جق .
- فقط ، بويله اولدوغنه تماميله امين دكلسكز ؟
- خاير ميستر پيق ويق .
- قادين يالكزميدى ؟
- اوت .
- آرابه ناصلدى ؟

Sayfa/Folio 68

- Gayet güzel idi. Hatta nazar-ı dikkatımı bile celp etti Mister Pickwick.
"It was extremely beautiful. It even attracted my attention, Mr. Pickwick."

- Bana biraz tarif ediniz Billy.
"Describe it to me a bit, Billy."

- Pek iyi tarif edemeyeceğim. Çünkü dikkatla bakmadım. Yalnız şekil-i umumisi hatırımda.
"I will not be able to give a very good description, because I did not look closely. Only its overall shape is in my memory."

- Şüphesiz gecenin bu saatinde birinin ziyaretini kabul ettiğimi zan ettiniz, değil mi.
"Undoubtedly, you assumed that I would receive someone's visit at this hour of the night, didn't you."

- Evet, ben de böyle zan ettim.
"Yes, I assumed this."

- Vakıa hakkınız var, ama Billy, ben evde yoktum ve zaire kartını bırakmağı unutmuş.
"Actually you are correct. However Billy, I was not at the house and the visitor forgot to leave her card."

- Pek zengin bir kadın olsa gerek, değil mi Mister Pickwick?
"Must have been a very wealthy woman, is she not so Mr. Pickwick?"

- Niye?
"Why?"

- Böyle, bir arabacı ve iki uşakla gelen bir kadının elbette zengin olması lazım gelir.
"A woman who comes with such a coachman and two servants must certainly be rich."

- Ne? Arabacıdan maada iki de uşak mı vardı?
"What? Besides the coachman, there were also two servants?"

- Evet, Mister Pickwick.
"Yes, Mr. Pickwick."

- Atlar ne renkte idi? Bunu hatırlıyor musunuz?
"What color were the horses? Do you remember this?"

- İki güzel yağız at.
"Two beautiful dark horses."

- Araba hangi istikametten geldi?
"From which direction did the carriage come from?"

- Beşinci Cadde'den.
"From Fifth Avenue."

- Giderken siz yoktunuz değil mi?
"When they left, you were not there, right?"

- Hayır, Mister Pickwick.
"No [I was not], Mr. Pickwick."

٦٨

ـ غایت کوزل ایدی حتی نظر دقتمی نظر بیله جلب ایتدی میستر پیق ویق .
ـ بکا بر آز تعریف ایدیکز بیللی :
ـ پك ایی تعریف ایده میه جکم . چونکه دقتله باقمدم . یالکز شکل عمومیسی خاطرمده .
ـ شبهه سز کیجه نك بو ساعتنده برینك زیارتنی قبول ایتدیکمی ظن ایتدیکز دکلمی .
ـ اوت . بندن بویله ظن ایتدم .
ـ واقعا حقکز وار . اما بیللی ، بن اوده یوقدم و زائره قارتنی بر اقمغی اونوتمش .
ـ پك زنکین بر قادین اولسه کرك ، دکلمی میستر پیق ویق ؟
ـ نه یه ؟
ـ بویله ، بر آرابه جی و ایکی اوشاقله کلن بر قادینك البته زنکین اولمسی لازمکلیر .
ـ نه ؟ آرابه جیدن ماعدا ایکی ده اوشاقمی واردی .
ـ اوت میستر پیق ویق .
ـ آتلر نه رنکده ایدی ؟ بونی خاطرلیورمیسکز ؟
ـ ایکی کوزل یاغز آت .
ـ آرابه هانکی استقامتدن کلدی .
ـ بشنجی جاده دن ..
ـ کیدرکن سز یوقدیکز دکلمی ؟
ـ خایر ، میستر پیق ویق .

Sayfa/Folio 69

- Araba evimin önünde durduğu esnada buna birkaç defa baktınız mı Billy!
"When the carriage was stopped in front of my house, surely you looked at it a few times, Billy!"

- Evet, Mister Pickwick, merak etmiştim; fakat biraz uzakta olduğum için iyi göremiyordum.
"Yes, Mr. Pickwick, I was curious; but I wasn't seeing well because I was a bit far away."

- Uşaklar arabanın yanında mı kalmışlardı.
"Did the servants stay by the carriage?"

- Şimdi düşündüm zannetmiyorum...
"Now that I think of it, I do not believe so."

- O halde ne yapıyorlardı?
"In that case, what were they doing?"

- Arabacı ile iki uşağın indiklerini hatırlıyorum... fakat değişme vakiti olduğundan tarassud etme devam etmedim.
"I remember the two servants getting out with the coachman... but I did not continue watching since it was time to clock out."

- Sizi değiştiren arkadaşınıza arabadan bahsettiniz mi?
"Did you mention the carriage to your buddy who relieved you?"

- Hayır.
"No, I didn't."

- Sizi kim değiştirdi?
"Who relieved you?"

- James Mulligan.

- James hâlâ nöbette mi?
"Is James still on shift?"

- Hayır onu da simdi değiştirdiler. Işte geliyor.
"No, now they've relieved him too. Here he comes."

- Teşekkür ederim Billy. Verdiğiniz malumat şimdilik benim için kafi.
"Thank you Billy. The information you provided is enough for me right now."

- Mister Pickwick, birşey mi oldu?
"Mister Pickwick, has something happened?"

- Evet Billy fakat inşallah neticesi fena olmaz.
"Yes Billy, but by God, it won't be a bad outcome."

Polis hafiyesi bu sözleri müteakip, içeri giren Mulligan'a düştü ve ona:
After these words, the police detective intercepted Mulligan who was going inside, and asked him,

- Mulligan, nöbete girdiğiniz zaman evimin önünde duran

٦٩

- آرابه اومك اوكنده طورديغى اثناده بوكا بر قاچ دفعه باقديكزمى بيللى !
- اوت ، ميستر پيق ويق ، مراق ايتمشدم ؛ فقط بر آز اوزاقده اولدوغم ايچون ايى كورهميوردم .
- اوشاقلر آرابه نك ياننده‌مى قالمشلردى .
- شيمدى دوشوندم ظن ايتميورم ..
- او حالده نه ياپيورلردى .
- آرابه‌جى ايله ايكى اوشاغك ايندكلرينى خاطرليورم .. فقط دكيشمه وقتى اولديقندن ترصداتمه دوام ايتمدم .
- سزى دكيشديرن آرقداشكزه آرابه دن بحث ايتديكزمى ؟
- خاير .
- سزى كيم دكيشديردى ؟
- جه يمس مولليغان .
- جه يمس حالا نوبتده‌مى .
- خاير اونى‌ده شيمدى دكيشديرديلر .. ايشته كليور .
- تشكر ايدهرم بيللى ويرديككز معلومات شيمديلك بنم ايچون كافى ..
- ميستر پيق ويق بر شيئمى اولدى .
- اوت بيللى فقط انشاالله نتيجه سى فنا اولماز .
پوليس خفيه سى ، بو سوزلرى متعاقب ، ايچرى كيره‌ن مولليغانه دوشدى و اوكا :
- مولليغان ، نوبته كيرديككز زامن ، اُومك اوكنده طوران

Sayfa/Folio 70

konak arabasını gördünüz mü? diye sordu.
"Mulligan, when you were on shift, did you see the residential carriage that stopped in front of my house?"

- Evet, Mister Pickwick.
"Yes, Mr. Pickwick."

- Arabayı yakından mı gördünüz?
"Did you look at the carriage up close?"

- Evet, yanından geçtim.
"Yes, I went past it."

- Saat kaçta?
"At what hour?"

- Nısf-ül-leyli bir kaç dakika kadar geçiyordu.
"It was about a few minutes past midnight."

- Arabacı, yerinde miydi?
"Was the coachman in his place?"

- Hayır, Mister Pickwick; Arabanın yanında ne arabacı ve ne de ispir var idi. Bu hal nazar-ı dikkatımı celp etti.
"No, Mr. Pickwick; there was neither a coachman nor a stableman by the carriage. This situation attracted my attention."

- Atlara kim bakıyordu? Billy Germain, atların pek haşarî olduklarını söylemişti.
"Who was looking after the horses? Billy Germain had said the horses were very wild."

- Atları bir genç çocuk tutuyordu.
"A young child took hold of the horses."

- Onunla konuşdunuzmu?
"Did you speak with him?"

- Evet, ona arabacının nerede olduğunu sordu.
"Yes, I asked him where the coachman was."

- Ne cevap verdi?
"What answer did he give?"

- Sizin evi gösterek: «Oradalar; görülecek bazı işleri varmış... atlara bakmak için bana bir dolar verdiler» dedi.
"Pointing out your house, he said, 'They're over there... they have some business to see to. They gave me a dollar to look after the horses'."

- Ya!... sonra, ne yaptınız?
"Oh!... then what did you do?"

- Dolaşmağa devam ettim.
"I continued to walk around."

- Başka şey gördünüzmü?
"Did you see anything else?"

- Evet, arabacının gittiğini gördüm.
"Yes, I saw the coachman leaving."

- Ne vakit?
"At what time?"

۷۰
قوناق آرابه سنی کوردیکزمی ؟ دییه صوردی .
- اوت ، میستر پیق ویق .
- آرابه یی یاقیندن می کوردیکز ؟
- اوت ، یاننده کچدم .
- ساعت قاچده ؟
- نصف الليلی بر قاچ دقيقه قدر کچیوردی .
- آرابه‌جی ، یرنده‌میدی ؟
- خایر ، میستر پیق ویق ؛ آرابه نك یاننده نه آرابه‌جی و نه ده اسپیر وار ایدی . بو حال نظر دقتمی جلب ایتدی .
- آتلره کیم یاقیوردی ؟ بیللی جرمین ، آتلرك پك حشری اولدوقلرینی سویلمشدی ..
- آتلری بر کنج چوجق طوتیوردی .
- اونکله قونوشدیکزمی ؟
- اوت ، اوکا آرابه‌جینك نره‌ده اولدوغنی صوردم .
- نه جواب ویردی ؟
- سزك أوی کوسترهرك : « اوراده لر ؛ کوریله‌جك بعض ایشلری وارمش .. آتلره باقمق ایچون بکا بر دولار ویردیلر » دیدی .
- یا !.. صوکرا ، نه یاپدیکز ؟
- دولاشمغه دوام ایتدم .
- باشقه شی کوردیکزمی ؟
- اوت ، آرابه نك کیتدیکنی کوردم .
- نه وقت ؟

Sayfa/Folio 71

- Tahminen, bir çeyrek saat kadar sonra...
"Approximately a quarter of an hour later..."

- Hangi istikamete doğru gitti?
"Towards which direction did he go?"

- Beşince Cadde istikametine doğru.
"Towards Fifth Avenue."

- Bir arabacı ile iki uşak vardı, değil mi?
"There was a coachman with two servants, wasn't there?"

- Hayır... İyi gördüm, bir uşak vardı.
"No... I saw clearly, there was one servant."

- Pekala! Atları tutan çocuğu tanıyor musunuz?
"Very well! Do you know the boy who held the horses?"

- Evet... Pek iyi tanırım...
"Yes... I know him well."

- Bu anda onu bulmak kabıl mı?
"At this time, is it possible to find him?"

- Elbette.
"Certainly."

- Mulligan, uyumakcı, yoksa yirmi dolarlık bir banknotu mu tercih edersiniz?
"Mulligan, do you prefer sleep or a twenty dollar banknote?"

Polis, gülerek:
The policeman responded with a laugh,

Tabii, banknotu! ... cevabı verdi.
"A banknote of course!"

- Öyle ise benimle beraber geliniz... Gidip çoçuğu arayalım.
"Now then, come along with me... Let's go look for the kid."

- Hemen şimdi mi?
"Right now?"

- Öyle ya!
"Of course!"

Pick, karakoldaki muavinden izin alarak Mulligan'ı götürü.
Taking leave from the deputy at the police station, Pick took Mulligan along.

Yarım saat sonra, atları tutan çocukla konuşmağa başlamıştı.
A half hour later they had started talking with the kid who took care of the horses.

Pat Sullivan isiminde olan bu çocuk hâlâ uyku sersemi idi. Gözlerini oğuşturuyor. Ve kendisi yattığı ahurda biraz şiddetle uyandıran polisin ne istediğini anlayamıyordu.
This kid, a boy named Pat Sullivan, was still groggy. He was rubbing his eyes. And he was unable to grasp what the policeman, who had somewhat forcefully awakened him in the stable where he was lying, wanted.

Pickwick mülayimane:

٧١

ـ تخميناً ، بر چاريك ساعت قدر صوكرا ..
ـ هانكی استقامته دوغرو كیتدی ؟
ـ بشنجی جاده استقامتنه دوغرو ..
ـ بر آرابهجی ایله ایكی اوشاق واردی ، دكلمی ؟
ـ خایر .. ایی كوردم ، بر اوشاق واردی .
ـ پك اعلی ! آتلری طوتان چوجوغی طانیورمیسكز ؟
ـ اوت .. پك ایی طانیرم .
ـ بو آنده اونی بولمق قابلمی ؟
ـ البته .
ـ موللینغان ، او یومقجی ، یوقسه یكرمی دولارلق بر بانقنوطیمی ترجیح ایدرسكز ؟
ـ پولیس ، كولهرك :
ـ طبیعی ، بانقنوطی !.. جوابنی ویردی .
ـ اویله ایسه بنمله برابر كلیكز ..كیدوب چوجوغی آرایهلم .
ـ همان شیمدیمی ؟
ـ اویله یا !

پیق ، قرهقولدهكی معاوندن اذن آله رق موللینغانی كوتوری .. یارم ساعت صوكرا ، آتلری طوتان چوجوقله قونوشمغه باشلامشدی . پات سوللیوان اسمنده اولان بو چوجوق حالا اویقو سرسمی ایدی . كوزلرینی اوغوشدیرییور . و كندیسی یاتدیغی آخورده بر آز شدتله اویاندیرن پولیسك نه ایستدیكنی آكلایهمیوردی .
پیق ویق ملایمانه :

Sayfa/Folio 72

- Hâlâ uykun mu var, yavrum? diye sordu.
"Are you still sleepy, kiddo?" Pickwick asked softly.

- Var gibi, efendim.
"Sort of, sir."

Polis hafiyesi, beş dolları çocuğa uzatarak:
Handing the kid five bucks, the police detective said:

- Pat Sullivan, işte seni şu uyandıracak! dedi.
"Here, Pat Sullivan, this will wake you up!"

Pat elektriklenmiş gibi:
- Vay! diye bağırdı.
"Whoo!" Pat shouted, as if he was electrified.

- Çocuğum parayı cebine koy ve suallarıma cevap ver.
"Put the money in your pocket son, and answer my questions."

- Ciddi mi söylüyorsunuz efendim; bu parayı bana mı veriyorsunuz?
"Are you talking serious, sir; you're giving this money to me?"

- Evet senindir. Ne ise, gelelim işimize. Bu gece Madison Caddesinde atlarını duyduğun arabayı hatırlıyor musunuz?
"Yes, it's yours. Now, let's get down to business. Do you remember the carriage, the horses of which you handled on Madison Avenue tonight?"

- Evet, evet efendim.
"Sir, yes sir."

- Atların yanında ne kadar müddet kaldın?
"How long did you stay by the horses?"

- Yirmi dakika kadar.
"Up to twenty minutes."

- Seni atlara bakmağa kim memur etti?
"Who hired you to watch the horses?"

- Arabacı.
"The coachman."

- Arabacıdan başka uşaklar da var mıydı?
"Besides the coachman, were there also servants?"

- Evet, sırma şeritli elbiseli iki adam daha vardı.
"Yes, there were two more men dressed in brocade-embroidered suits."

- Bu adamlar atları sana teslim ettikten sonra ne yaptılar?
"What did these men do after they turned the horses over to you?"

- Eve girdiler.
"They went into the house."

- Arkalarındaki elbiselerle mi?
"With the dressed up ones in tow?"

Çocuk, bu sözden bir şey anlamadığından:
- Ne demek istiyorsunuz efendim? diye sordu.
"What do you mean, sir?" the kid asked, not understanding a thing from this remark.

٧٢

- حالا اویقوکمی وار ، یوروم ؟ دییه صوردۿ .
- وار کبی ، افندم !

پولیس خفیه سی ، بش دولاری چوجوغه اوزاتهرق :
- پات سوللیوان ، ایشته سنی شو اویاندیرهجق !. دیدی .

پات ئه لکتریقلنمش کبی :
- وای !. دییه باغیردی .

- چوجوغم پاره یی جیبکه قوی و سؤاللرمه جواب ویر .
- جدیمی سویلیورسکز افندم ؛ بو پاره یی بکامی ویرییورسکز ؟
- اوت سنکدر . نه ایسه ، کله لم ایشمزه . بو کیجه مادیسون جادهسنده آتلرینی طویدیغك آرابه یی خاطرلیورمیسك ؟
- اوت ، اوت افندم .
- آتلرك یاننده نه قدر مدت قالدك ؟
- یکرمی دقیقه قدر .
- سنی آتلره باقمغه کیم مأمور ایتدی؟
- آرابهجی .
- آرابهجیدن باشقه اوشاقلر ده وارمیدی ؟
- اوت ، صیرمه شریدلی البسه لی ایکی آدام دها واردی .
- بو آداملر آتلری سکا تسلیم ایتدکدن صوکرا نه یاپدیلر ؟
- اوه کیردیلر .
- آرقه لرندهکی البسه لرلهمی ؟
- چوجوق ، بو سوزدن بر شی آکله مدیغندن :
- نه دیمك ایستیورسکز افندم ؟ دییه صوردی .

Sayfa/Folio 73

- Yani uşakların elbiseleri arkalarında mıydı diye sordum.
"I asked, in other words, were the dressed-up servants behind them?

- Hayır. Fakat bunlardan birinin koltuğunda bir paket vardı.
"No. But one of them had a package on his seat."

- Ya! Ben de öyle düşünmüşdüm. Evden çıkdıkları zaman bir şey getirmişler miydi?
"Oh! I had figured something like that. When they left the house, were they carrying anything?"

- Evvela, bunlardan biri gelerek beni savdı.
"Before that, one of them came to shoo me off."

- Sen de ne olacağı görmeden hemen evden savuşup gittin öyle mi Pat?
"And you immediately slipped away from the house without seeing what was to happen, was that so, Pat?"

Çocuk manidar bir surette gözünü kırptı.
The boy winked in a meaningful way.

- Yakın bir yerde saklandın ve gözetildin değil mi Pat?
"You hid yourself in a nearby place and watched, didn't you, Pat?"

- Evet.
"Yes."

- Ne gördün?
"What did you see?"

- Ötekilerin de çıktığı gördüm.
"I saw the others leaving as well."

- Bunlar galiba bir şey getirmişlerdi?
"These guys were probably carrying something away?"

- Evet, öyle.
"Yes, they were."

- O ne idi Pat?
"What was it, Pat?"

- Bir kadın.
"A woman."

- Sonra?
"Then?"

- Bir diğerini daha getirmek için gittiler.
"They went to carry another one."

- Bunları nereden gözetildin Pat?
"From where were you watching them, Pat?"

- İki ev ileride bir köşeye gizlenmiştim
"I had been hiding in a corner two houses down."

- Getirdikleri kadınlar, mukavemet gösteriyorlar mıydı?
"Were the women they were carrying away showing resistance?"

- Hayır.
"No."

٧٣

- يعنى اوشاقلرك البسه لرى آرقه لرندهميدى دييه صوردى ؟
- خاير . فقط بونلردن برينك قولتوغنده بر پاكت واردى .
- يا !. بنده اويله دوشونمشدم . أودن چيقدقلرى زمان بر شى كتيرمشلرميدى ؟
- اولا ، بونلردن برى كله رك بنى صاودى .
- سن ده ، نه اوله‌جغنى كورمدن همان اودان صاووشوب كيتدك اويله مى پات ؟
- چوجوق معنيدار بر صورتده كوزينى قيرپدى
- يقين بر يرده صاقلاندك و كوز هتلدك دكلمى پات ؟
- اوت .
- نه كوردك ؟
- اوته‌كيلرك ده چيقديغنى كوردم .
- بونلر غالبا بر شى كتيرمشلردى ؟
- اوت، اويله .
- او نه ايدى پات ؟
- بر قادين .
- صوكرا ؟
- بر ديكرينى دها كتيرمك ايچون كيتديلر .
- بونلرى نرهدن كوز هتلدك پات ؟
- ايكى او ايلريده بر كوشه يه كيزلنمشدم .
- كتيردكلرى قادينلر ، مقاومت كوسترييورلرميدى ؟
- خاير .

Sayfa/Folio 74

- Buna emin misin?
"Are you sure about this?"

- Ölüler kendilerini nasıl müdafaa edebilirlerdi?
"How could the dead ones defend themselves?"

- Onların ölü olduğuna kani misin, Pat?
"Are you positive they were dead, Pat?"

- Evet.
"Yes."

- Ne suretle kanisin?
"How can you be positive?"

- Çünkü, süpürge sapı gibi dimdik idiler.
"Because they were as stiff as a broomstick."

- Sonra ne yaptın, Pat?
"Then what did you do, Pat?"

- Ben de çekilip gittim.
"I, too, up and left."

- Pat, arabacı takip etmiş olundun, çok para kazanacaktın.
"Pat, if you had followed the coachman, you would have earned a lot of money."

- Ne suretle kazanacaktım, efendim.
"How would I have earned it, sir?"

- Ne ise, bu sualı bırakalım, Sullivan. Sana yeni bir elbise hediye edilirse memnun olur musun.
"Nevermind, let's forget this question, Sullivan. If you were given a new suit as a present, would you be happy?"

- Pek dar olmazsa...
"If it wasn't too tight."

- Peki bir şapka, fotin, bir cep bıçağı ve içinde beş dollar bulunan yerde para çantası...
"Well, a cap, shoes, a pocket knife and, on top of that, a wallet with five dollars in it..."

Çocuk, hiddetli bir tavırla:
- Benimle eğleniyorsunuz, efendim! O kadar budala mıyım! dedi.
"Are you kidding me, sir! Am I that much of an idiot!" the boy said, in an angry tone.

- Hayır, Pat; ciddi söylüyorum.
"No, Pat; I'm talking serious."

Korkmağa başlayan çocuk:
The kid, who was starting to get scared, said:

- Bunları vermekteki maksadınız nedir?
"What is your purpose for giving me these things?"

Eğer bir [v]urğun [v]urmak fikirinde iseniz, sizin için kendimi ateşe atamıyacağımı biliniz.
"If you're thinking about some sort of profiteering... know that I can't be throwing myself into the fire for you."

٧٤

- بوكا امينميسك ؟
- ئولولر كنديلريني ناصل مدافعه ايده بيليرلردى ؟
- اونلرك ئولو اولدويغنه قانعميسك ، پات ؟
- اوت .
- نه صورتله قانعسك .
- چونكه ، سپورکه صاپى كبى ديم ديك ايديلر .
- صوكرا نه ياپدك ، پات .
- بن ده چكيلوب كيتدم .
- پات ، آرابه يى تعقيب ايتمش اوليدك ، چوق پاره قازانه‌جقدك .
- نه صورتله قازانه‌جقدم ، افندم ..
- نه ايسه ، بو سؤالى براقه لم ، سولليوان . سكا يكى بر البسه هديه ايديليرسه ممنون اولورميسك .
- پك دار اولمازسه ..
- پكى بر شاپقه ، فوطين ، بر جيب بيچاغى و ايچنده بش دولار بولنان برده پاره چانطه‌سى ..
- چوجوق ، حدتلى بر طورله :
- بنمله اكلنيورسكز ، افندم ! او قدر بدلامىيم ! ديدى .
- خاير ، پات ؛ جدى سويليورم .
قورقمغه باشلايان چوجوق :
- بونلرى ويرمكدكى مقصدكز نه در .
اكر بر اورغون اورمق فكرنده ايسه كز ، سزك ايچون كندمى آتشه اتامىجقمى بيليكز .

Sayfa/Folio 75

- Sullivan, sen ne söylediğini bilmiyorsun. Ben pek ciddi söylüyorum. Benim hesabıma bir veya iki gün çalışır mısın.

"Sullivan, you don't know what you're saying. I'm talking real serious. Would you work a day or two for me?"

- Eğer, zabıta tarafından yakalanmak tehlikesi olmayan bir iş ise tabii çalışırım. Ne vakit başlayacağım!

"If it's not a job [where I'm] in danger of getting caught by the police, of course I'd do it. When do I start?"

- Hemen şimdi.

"Right now."

- Öyle pusu kurmak, adam soymak gibi şeyler yok değil mi?

"So it doesn't involve things like ambushing or robbing people, right?"

- Hayır, hayır, bu cihetten müsterih ol. Hem Mister Mulligan'ın böyle bir şeye muvvafak edeceğini zanneder misin?

"No, no, relax. Besides, do you think Mr. Mulligan would agree to such a thing?"

- Doğru... bunu düşünememiştim. Mulligan pek namuslu bir adamdır. Ya ötekiler! Allahım! Mahhalemizin dörtte üçü fena adamlardan... ne ise bunlardan bahsetmek istemem.

"True... I hadn't thought about this. Mulligan is a very honest man. But the others! Oh my God, our neighborhood is in trouble because of three of the four awful men... anyways I don't want to mention them.

Takip Edilen Caniler
The Pursued Murderers

Pickwick, evvela Sullivan'ı evine götürdü. Bunun kıyafetini o derece tebdil etti kimse tanıyamazdı. Badehu kendisini de tanınmaz bir hale koydu.

Pickwick first took Sullivan to his house. He disguised Sullivan so much that one could not have recognized him. Afterwards, he put on a disguise himself.

Pat'a gündüzen yapacağı şeylere dair talimat verdi. Çocuk zeki olduğundan derhal anladı. Sabahın saat onunda Pick'le Sullivan sokağa çıktılar.

He instructed Pat on the things he needed to do during the day. Since the kid was smart, he understood right away. At ten in the morning Pick and Sullivan hit the streets.

Pickwick orta halli kırk beş yaşlarında, kuvve-i basareden

٧٥

ـ سولليوان، سن نه سويلديككي بيلميورسك .
ـ بن پك جدى سويليورم . بنم حسابمه بر ويا ايكى كون چاليشيرميسك .
ـ اكر ، صابطه طرفندن ياقالانمق تهلكه سى اولمايان بر ايش ايسه طبيعى چاليشيرم . نه وقت باشلايه جغم !
ـ همان شيمدى .
ـ اويله پوصو قورمق ، آدم صويمق كبى شيلر يوق دكلمى ، افندم .
ـ خاير، خاير .. بو جهتدن مستريح اول . هم ميستر موللیغانك بويله بر شيئه موافقت ايده جككى ظن ايدرميسك .
ـ دوغرو .. بونى دوشونه ممشدم . موللیغان پك ناموسلو بر آدمدر . يا اوته كيلر !.. آللهم ! محله مزك درتنده اوچى فنا آدملردن .. نه ايسه بونلردن بحث ايتمك ايستهمم .

تعقيب ايديلن جانيلر

پیق ویق ، اولا سولليوانى اوينه كوتوردى . بونك قيافتنى او درجه تبديل ايتدى كه كيمسه طانيه مزدى . بعده ، كنديسنى ده طاننماز بر حاله قويدى .
پاته ، كوندوزين ياپاجغى شيلره دائر تعليمات ويردى . چوجوق ذكى اولديغندن در حال آكلادى ـ صباحك ساعت اوننده ، پيقله سولليوان سوقاغه چيقديلر .
پیق ویق ، اورته حاللى ، قرق بش ياشلرنده قوهٔ باصره دن

Sayfa/Folio 76

mahrum bir şehirli kıyafetine girmişti. Pat buna rehberlik ediyordu.

Pickwick disguised himself as an urban middle-class forty five year-old deprived of the ability to see. Pat was guiding him.

Sahte a'ma doğruca avukat Greenleaf yazıhanesine gitti. Fakat avukat orada değildi. Vakit kaybetmemek için polis hafiyesi bir telefon merkezine giderek şehrin büyük otelleriyle müteakiban konuştu. Daima:

The fake blind man went straight to the lawyer Greenleaf's office. But the lawyer was not there. In order not to lose time, the police detective went to a telephone exchange and talked with the largest hotels in the city one after another. He kept asking the question,

Müşterileriniz miyanında Siplin isiminde bir doktor var mı sualını soruyordu.

"Do you have someone named Dr. Siplin among your guests?"

Nihayet Madison Parkına nazır eski meşhur bir otel olan Hoffman House'dan atideki cevap aldı:

Finally he got an answer from a famous old hotel overlooking Madison Park called Hoffman House.

- O adam bize idi, fakat bu sabah gitti.

"That person was with us, but he left this morning."

- Adresini birakti mi?

"Did he leave his address? "

- Hayır.

"No."

Üstad bir an kadar düşündü. Planı Pat'la beraber bir birine müteakıp avukat Greenleaf'i, Doktor Siplin'i, Doktor Burton'u gezmek ve çocuğa bunları göstererek araba ile eve gelenlerin miyanında bunların bulunmadığını anlamak idi. Pick, genç rehberine:

The master thought for a moment. His plan was to visit the lawyer Greenleaf, Dr. Siplin, and Dr. Burton one by one along with Pat, and by showing them to the kid, learn if they were not among the ones who came to the house with the carriage.

- Greenleaf'in avdeti için öğlene kadar beklememiz lazım, Pat. Eğer o vakit de gelmezse kendisini nerede bulacağımızı bilirim... dedi. On ikiyi yirmi geçe bunlar Greenleaf'ın dairesine gittiler.

"We must wait until noon for Greenleaf's return, Pat. If he doesn't come, I know where we'll find him by that time," Pick said to his young guide. At twenty past twelve, they went to Greenleaf's apartment.

Avukat gelmişse de meşgul bulunduğu söylenildi.

Even if the lawyer had come, they were told that he was busy.

- Haber veriniz, kendisini beş dakikadan fazla rahatsız etmeyeceğim. Beni kabulden korkmasın, vakiti su-u istimal etmem. Zaten, benim de acele

"Let him know that I will not bother him for more than five minutes. He shouldn't be afraid to receive me, I will not misuse his time. Besides, I have urgent

٧٦

محروم بر شهرلی قیافتنه کیرمشدی . پات بوکا رهبرلك ایدییوردی . ساخته اعمی ، دوغروجه آووقات غرهنلافك یازیخانه سنه کیتدی . فقط آووقات اوراده دکلدی . وقت غائب ایتمه مك ایچون پولیس خفیه سی بر بر تلفون مرکزینه کیدهرك شهرك بویوك اوتللریله متعاقباً قونوشدی . دائما :
مشتریلركز میاننده سیپلین اسمنده بر دوقتور وارمی سؤالنی صورییوردی . نهایت مادیسون پارقنه ناظر اسکی مشهور بر اوتل اولان هوفمان هاوزدن آتیدهکی جوابی آلدی :
ـ او آدام بزه ایدی ، فقط بو صباح کیتدی .
ـ آدرهسنی براقدیمی ؟
ـ خایر .
استاد ، بر آن قدر دوشوندی . پلانی پاتله برابر بربرینی متعاقب آووقات غرهنلافی ، دوقتور سیپلینی ، دوقتور بورتونی کزمك و چوجوغه بونلری کوسترهرك آرابه ایله أوه کلنلرك میاننده بونلرك بولونمدیغنی آکلامق ایدی . پیق ، کنج رهبرینه :
ـ غرهنلاف عودتی ایچون او کلنه قدر بکلمهمز لازم ، پات . اکر او وقتده کلمزسه ، کندیسنی نرهده بولهجغمزی بیلیرم .. دیدی . اون ایکییی یکرمی کچه ، بونلر غرهنلافك دائرهسنه کیتدیلر . آووقات کلمشسهده مشغول بولوندوغی سویلندی .
ـ خبر ویریکز ، کندیسنی بش دقیقهدن فضله راحتسز ایتمیهجکم . بنی قبولدن قورقماسین ، وقتنی سوء استعمال ایتمم . ذاتاً بنمده عجله

Sayfa/Folio 77

işim var. Hem bana pek ziyade tavsiye edildiğini ve kabul olunmadığım takdirde başka bir avukata müracaat etmek mecburiyetinde kalacağımı da söyleyiniz. A'ma olduğumdan dolayı şayan-ı itimad bir adamla iş görmek isterim ve New York'un da yabancısıyım.

business. Also tell him that he was highly recommended to me, and if I am not received, I will be compelled but to seek counsel from another lawyer. Because I am blind, and a stranger to New York, I want to work with a trustworthy man.

Katip (katib), hemen avukatın hususu odasına gitti. Pickwick, katip çıktığı zaman odanın içini görebilecek bir surette durdu. Bir dakika sonra, katip çıkarak Mister Greenleaf'ın bir kaç saniye sonra kendisini kabul edeceğini Pick'e söyledi.

The secretary immediately went to the lawyer's private study. When the secretary left, Pickwick positioned himself so that he could see into the room. As the secretary came out a minute later, he told Pick that Mr. Greenleaf will receive him in a few seconds.

Pick'le yeni muavini, mühim bir tarassudda bulunmuşlardı.

Pick and his new assistant were vigilantly watching.

Pat, yazıhanesınde oturan avukatı yandan pek iyi görmüştü.

Off to the side, Pat clearly saw the lawyer sitting in his office.

Pickwick de, asla görmediği ikinci bir adam görmüştü.

And Pickwick saw a second man he had never seen before.

Maahaza, Jack'ın tarif ettiği Doktor Burton'un eşkali tamamiyle bu adama tevafuk ediyordu.

Nevertheless, the man fitted the features of the Dr. Burton whom Jack had described.

Üstad:
- Ne a'la! En mühim bir şey elde ettim. diye düşündü.

"Wonderful! I acquired the most important evidence," the master thought.

Pat de bunun kullağina:
- Orada bu gece gördüğüm biri var, efendi.. diye fısıldadı.

Pat then whispered in his ear,
"There is somebody there that I saw tonight, sir."

- Bundan emin misin?

"Are you sure about this?"

- Suret-i katiyyede eminim. Kendini arabacı yapmak için sahte bir sakal takmıştı. Onu, burununun eğriliğinden tanıdım. Bundan başka...

"I am completely sure. He put on a fake beard to make himself look like a coachman. I recognized him from the crookedness of his nose. Aside from this..."

- Neyi, söyle Pat,

"What, speak, Pat."

٧٧

ايشم وار . هم بكا پك زياده توصيه ايدلديكنى و قبول اولنمديغم تقديرده باشقه بر اووقاته مراجعت ايتمك مجبوريتنده قالهجغى ده سويليكز . اعمى اولدوغمدن دولايى شايان اعتماد بر آدمله ايش كورمك ايسترم و نيو يورقك ده يبانجيسىيم .
كاتب ، همان آووقاتك خصوصى اوطه سنه كيتدى .. پيق ويق كاتب چيقديغى زمان اوطه نك ايچنى كوره بيلهجك بر صورتده طوردى . بر دقيقه صوكرا ، كاتب چيقه رق ميستر غرهنلافك بر قاچ ثانيه صوكرا كنديسنى قبول ايدهجكنى پيقه سويلدى .
پيقله يكى معاونى ، مهم بر ترصدده بولونمشلردى .
پات ، يازيخانه سنده اوطور ان آووقاتى ياندن پك ايى كورمشدى .
ـ پيق ويق ده ، آصلا كورمديكى ايكنجى بر آدام كورمشدى .
مع هذا ، ژاقك تعريف ايتديكى دوقتور نورتونك اشكالى تماميله بو آدمه توافق ايدييوردى .
استاد :
ـ نه اعلى !. اك مهم بر شى الده ايتدم . دييه دوشوندى .
پات ده بونك قولاغنه :
ـ اوراده ، بو كيجه كورديكم برى وار، افندم دييه فيصيلدادى .
ـ بوندن امينميسك ؟
ـ صورت قطعيه ده امينم . كندينى آرابهجى ياپمق ايچون ساخته بر صقال طاقمشدى . اونى ، بروننك اكريلكندن طانيدم . بوندن باشقه ..
ـ ئەى ، سويله پات

Sayfa/Folio 78

- Gözlerini öyle bir kırpışı burun deliklerini öyle bir oynatışı var ki...
"His eyes have the same twitch and his nostrils the same wriggle..."

- Pat, sen cidden zeki bir çocuksun..
"Pat, you really are a clever kid."

- O gece bunu gördüğüm zaman bu şey nazar-ı dikkatımı celp etmiş olur.
"When I saw him that night, this thing attracted my attention."

- Peki, Pat. Tarassudatının doğruluğuna eminim.
"Very well, Pat. I'm sure your observations were accurate."

Pickwick, turnayı gözünden urmak isteyerek hemen katibin yanına gitti burununa tabancayı dayayarak:
Wanting to hit the jackpot, Pickwick went over to the secretary, and propped the gun against his nose.

- Dostum bunu görüyor musunuz? diye sordu.
"Do you see this, my friend?" he asked.

Katip korkudan titreyerek:
The secretary, trembling in fear:

- Evet, görüyorum ne istiyorsunuz dedi.
"Yes, I see, what do you want?" he said.

- Bu kapı nereye açılır?
"Where does this door open to?"

Üstad, salonda Greenleaf'ın hususi odasının karşısında bulunan bir kapıyı gösterdi.
The master pointed to a door in the parlor across from Greenleaf's private study.

- Orası, el yıkamağa mahsus karanlık bir küçük odadır.
"Over there is a dark small room specific[ally] for washing hands."

- Peki, heman oraya giriniz bakayım.
"Very well, let me see you get in there right now."

- Ben mi? Niçin?
"Me? Why?"

- Ben öyle istiyorum! Eğer ölmek arzu etmezseniz emrime itaat ediniz.
"Because I said so. If you don't wish to die, obey my command."

- Peki, itaat ediyorum.
"Alright, I'm obeying."

Katip, küçük odaya girdi. Pik kapıyı anahtarla kilitledi.
The secretary went into the small room. Pickwick locked the door with the key.

Yavaşça:
Slowly, he said,

٧٨

- كوزلرينى اويله بر قيرپشى برون دليكلرينى اويله بر اويناتيشى وار كه ..
- پات ، سن جداً پك ذكى بر چوجقسك ..
- او كيجه بونى كورديكم زمان بو شيلر نظر دقتمى جلب ايتمش اولور .
- پكى ، پات . ترصداتكك دوغرولغنه امينم .
- پيق ويق ، طورنه يى كوزكندن اورمق ايستيهرك همان كاتبك ياننه كيتدى برونه طبانجه يى دايايارق :

كاتب قورقودن تتره يهرك :

- دوستم ، بونى كورييورميسكز ؟ دييه صوردى.

اوت ، كوريپورم نه ايستيورسكز ديدى .

- بو قپو نرهيه آچيلير ؟

استاد ، صالونده غرهنلافك خصوصى اوطه سنك قارشيسنده بولنان بر قپويى كوستردى .

- اوراسى ، ال ييقامغه مخصوص قاراكلق بر كوچوك اوطه در .
- پكى . همان اورايه كيريكز باقايم .
- بنمى . نيچون .
- بن اويله ايستيورم ؛ اكر اؤلمك ارزو ايتمزسه كز امرمه اطاعت ايديكز .
- پكى اطاعت ايدييورم .
- كاتب ، كوچوك اوطه يه كيردى پيق قپويى اناختارله كليدلدى .

يواشجه :

Sayfa/Folio 79

- Şimdi, oyuna başlaya biliriz, dedi.
"Now, we can start the game."

- Bana, oyun başladı gibi geliyor efendim.
"To me, it's as if the game had already begun, sir."

- Eğer korkuyorsan gidebilirsin..
"If you're scared, you can leave."

- Hayır. Kalacağım.
"No. I'll stay."

- Fakat dikkat et ki sana bir şey olmasın.
"Just be careful so that nothing may happen to you."

- Gözümü açarım.
"I have my eyes open."

Polis hafiyesi, yavaşça avukatın hususi odasının kapısına giderek kulağını dayadı. Bir kaç saniye kadar dikkatla dinlediyse de içeride söylenen sözlerden hiç birini anlayamadı.
The police detective slowly went to the door of the lawyer's private study and leaned his ears against it. Although he listened carefully for a few seconds, he could not understand any of the words spoken inside.

Birdenbire kapıyı etti ve içeri girdi.
He suddenly opened the door and went inside.

Odada üç kişi var idi. Bunlar, bir sıçrayışta ayağa kalktılar..
There were three people in the room. They rose to their feet in one jump.

Bu üç kişi: Greenleaf, Burton ve Doktur Siplin idi.
These three people were: Greenleaf, Burton, and Dr. Siplin.

Avukat tehevvürle:
- Buna demek oluyor diye bağırdı.
"What is the meaning of this!" the lawyer shouted with rage.

Polis hafiyesi, baridane bir tebessümle:
With a cold smile, the police detective said,

- Sizi kanun namına tevkif ediyorum, işte bu dedi.
"I am taking you into custody in the name of the law, that's what."

Her elinde, bir Browning tabancası var idi.
In each hand, he had a Browning pistol.

- İçinizden biri, şüpheli bir harekette bulunur ve bana itaat etmeyecek olursa bila tereddüd beyini patlatırım..
"If any one of you make a suspicious move and do not obey me I will blow his brains out without hesitating."

Greenleaf:
- Bu, salahiyet ve emniyeti su-u istimaldır! diye itirazda bulundu.
"This is an abuse of authority and law enforcement!" Greenleaf said in protest.

٧٩

- شيمدی ، اويونه باشلايه بيليرز . ديدی .
- بکا ، اويون باشلادی کبی کليور افندم .
- اکر قورقيورسه ڭ کيده بيليرسڭ ..
- خاير ، قالهجغم .
- فقط دقت ايت که سکا بر شی اولماسڭ .
- کوزمی آچارم .

پوليس خفيه سی ، يواشجه آووقاتڭ خصوصی اوطه سنڭ قپوسنه کيدهرك قولاغنی دايادی . بر قاچ ثانيه قدر دقتله ديکلديسه ده ايچريده سويلنن سوزلردن هيچ برينی آکلايهمدی .

بردنبره قپويی ايتدی و ايچری کيردی .

اوطهده اوچ کيشی وار ايدی . بونلر ، بر صيچرايشده آياغه قالقديلر ..
بو اوچ کيشی ؛ غرهنلاف ، بورتون و دوقتور سيپلين ايدی .

آووقات تهورله :
- بونه ديمك اولويور دييه باغيردی .

پوليس خفيه سی ، باردانه بر تبسمله :
- سزی قانون نامنه توقيف ايدييورم ، ايشته بو ديدی .
- هر الده ، بر بروونينغ طبانجه سی وار ايدی .
- ايچکزدن بری . شبهه لی بر حرکتده بولونور و بکا اطاعت ايتميهجك اولورسه بلا تردد بينني پاطلاتيرم ..

غرهنلاف :
بو ، صلاحيت و امنيتی سوء استعمالدر ! دييه اعتراضده بولوندی .

Sayfa/Folio 80

Doktur Siplin de hiddetle:
- Kimsiniz? Bize karşı ne hakla böyle bir muamelede bulunuyorsunuz? diye haykırdı.

"Who are you? What right do you have to treat us this way?" Dr. Siplin also shouted angrily.

Üstad müsterihane:
- Ben, Polis Hafiyesi Pickwick'im... cevabını verdi.

"I am Police Detective Pickwick..." the master calmly answered.

Bu söz, üç canide pek büyük bir tesir husule getirdi..

These words had a big effect on the three murderers.

Bunlar, yes ve füturla birbirlerine bakıyorlardı.

They were looking at each other with disappointment and tepidness.

Siplin, kendi kendine lanet ederken Greenleaf renkten renge giriyor ve imdat umuyormuş gibi üçüncü şahıs olan Doktur Burton'a bakıyordu.

While Siplin was cursing to himself, Greenleaf was going all shades of red and looking at the third person, Dr. Burton, as if he was hoping that he would rescue them.

Hepsinden daha az korku asarı gösteren bu şerir, acı bir tebessümle ve cali bir lâkaydîyle:

Showing less signs of being afraid than all [the rest], this scoundrel asked with a bitter smile and a feigned nonchalance:

- Mister Pickwick, hareketiniz biraz mugayir-i kanun değil mi? diye sordu.

"Mr. Pickwick, aren't your actions somewhat illegal?"

- Belki... fakat, her halde dün geceki hareketiniz kadar kanuna mugayir değildir.

"Maybe... but in any case not as illegal as your actions last night."

Burton, masumane bir tavırla:
- Dün geceki mi... diye sordu.

"Last night?" Burton asked in an innocent manner.

- Evet.
"Yes."

- Anlayamıyorum, ne demek istiyorsunuz?

"I can't understand, what do you mean?"

- Şimdi anlarsınız. Pat, biraz buraya gel. Sullivan koşarak geldi.

"Now you'll understand. Pat, come over here a little." Sullivan came running.

٨٠

دوقتور سپلين ده حدتله :

ـ كيمسكز ؟ بزه قارشى نه حقله بويله بر معامله ده بولونيورسكز ؟ دييه هايقيردى .

استاد مستريحانه :

ـ بن ، پوليس خفيه سى پيق ويق‌م .. جوابنى ويردى .

بو سوز ، اوچ جانيده پك بويوك بر تأثير حصوله كتيردى .. بونلر ، يأس و فتورله بربرلرينه باقيورلردى .

سپلين ، كندى كندينه لعنت ايدركن غرهنلاف رنگدن رنگه كيرييور و امداد اوميورمش كبى اوچنجى شخص اولان دوقتور بورتونه باقيورونه باقيوردى .

هپسندن دها آز قورقو آثارى كوسترن بو شرير ، آجى بر تبسمله و جعلى بر لاقيديله :

ـ ميستر پيق ويق ، حركتكز بر آز مغاير قانون دكلمى . دييه صوردى .

ـ بلكه .. فقط ، هر حالده دون كيجه‌كى حركتكز قدر قانونه مغاير دكلدر .

ـ بورتون ، معصومانه بر طورله :

ـ دون كيجه‌مى ... دييه صوردى .

ـ اوت .

ـ آكلايه‌ميورم ، نه ديمك ايستيورسكز ؟

ـ شيمدى آكلارسكز . پات ، بر آز بورايه كل .

سولليوان قوشارق كلدى .

Sayfa/Folio 81

- Bu adamları tanıyormusun?
"Do you recognize these men?"

- Evet... ikisini tanıyorum..
"Yes... I recognize two of them..."

- Hangilerini.
"Which ones?"

- Şu ikiyi..
"Those two.."

- Konuştuğum adamı tanımıyorsun, öyle mi.
"You don't recognize the man I was speaking with, is that so?"

- Evet.
"Yes."

- Ötekileri tanıdığına emin misin?
"Are you sure you recognize the others?"

- Evet, efendim.
"Yes, sir."

Burton sordu:
- Bize ne ile ittiham ediyorsunuz.
"What are you charging us with?" Burton asked.

- Hırsızlıkla ve kız kaçırmakla..
"With burglary and girlnapping."

- İyi düşünüz. İnsan gelişigüzel böyle bir şeyle ittiham edilemez.
"Consider well. A man can't randomly be charged with such a thing."

- İhtarınıza muhtaç değilim.
"I don't need your warning."

- Elinizde bir tevkif müzakeresi var mı.
"Do you have an arrest warrant on you?"

- Ona da ihtiyacım yok.
"I have no need for that."

Avukat:
- Afv edersiniz ama! dedi.
"But I beg you pardon!" the lawyer said.

- Efendiler, bundan dolayı üzülmeyiniz. Tevkif müzakeresi sonra da alabilirim... şimdilik tarafımdan mevkufsunuz.
"Gentlemen, don't get upset because of this. I will be able to get the arrest warrant later. Right now I am putting you under arrest."

- Biz de öyle kolay kolay gidenlerden değiliz.
"We are not the types to give in so easy."

- Hele mukavemet etmeğe kalkınız, o vakit görürsünüz.
"Just stand up and resist, then you'll see."

Üç haydut yek avaz olarak:

٨١
- بو آدملری طانیورمیسك ؟
- اوت .. ایکیسنی طانیورم .
- هانكیلرینی .
- شو ایكییی ..
- قونوشدیغم آدامی طانییورسك، اویله می ؟
- اوت .
- اوته‌كیلری طانیدیغكه امینمیسك .
- اوت ، افندم .
- بورتون صوردی :
- بزی نه ایله اتهام ایدییورسكز .
- خیرسزلقله و قیز قاچیرمقله .
- ایی دوشونكز . انسان كلیشی كوزل بویله بر شیله اتهام ایدیله‌مز .
- اخطاریكزه ، محتاج دكلم .
- الكزده بر طوقیف مذكره‌سی وارمی ؟
- اوكا ده احتیاجم یوق .
آووقات :
- عفو ایدرسكز اما ! دیدی .
- افندیلر ، بوندن دولایی اوزولمه‌ ییكز . توقیف مذكره‌سی صوكراده آله بیلیرم .. شیمدیلك طرفمدن موقوفسكز .
- بز ده اویله قولای فولای كیدنلردن دكلز .
- هله مقاومت ایتمكه قالقكز ، او وقت كوریرسكز .
اوچ حیدود یك آواز اوله‌رق :

Sayfa/Folio 82

- Bunu söylemekten maksadınız nedir diye bağırdılar.

"What is your purpose in saying this?" the three thugs shouted in one voice.

- Kim yürümek istemezse kafasını patlatacağım.

"Whoever doesn't want to walk, I'll blow his head off."

- Demek bizi tevkif etmekte ısrar ediyorsunuz?

"Does this mean you insist on arresting us?"

- Evet... bir şart müstesna olduğu halde:

"Yes... except on one condition:"

Biraz teselli bulan Doktor Burton:
- Ah! Galiba, bizden para koparmak istiyorsunuz? dedi.

"Ah! Perhaps you want to pluck some money from us?" said Dr. Burton, who was slightly relieved.

- Söylediğiniz söze siz de inanmıyorsunuz ya... lâkin, size irat edeceğim bir kaç suala serbestçe cevab verirseniz belki hakkınızda daha müsaadekarane davranırım.

"Not even you believe the words you are saying... Yet I will deliver [a proposal] to you, that if you freely answer some questions, then maybe I would act more accommodatingly on your behalf."

Doktor Burton, ümitle:
- Neye dair soracaksınız?

"What will you ask about?" Dr. Burton [asked] expectantly.

Bu gece evimden kaçırdığınız iki genç kıza dair. Eğer onlara bir fenalık etmediğinizi isbat edecek olursanız ve bulundukları yerleri bana gösterseniz siz de şimdilik istediğiniz yere gidebilirsiniz. Fakat şunu da iyi biliniz ki ergeç cezanızı göreceksiniz.

"About the two young ladies who were abducted from my house tonight. If you can prove that you did not do them any harm and show me where they are, then you can go wherever you want to go right now. But know well that you will see your punishment sooner or later."

Burton:
- Şimdilik öyle mi?

"Right now, right?" Burton [asked].

- Evet... ve yalnız şahsıma ait olan cihet için...

"Yes... and only for that which concerns me personally..."

Burton:
- Soylediğiniz kaçırılan genç kızlar hakkında hiçbir malumatımız yok.

"We have no knowledge about the young ladies whom you said were abducted," Burton said.

Polis hafiyesi, tehdidkar bir tavırla:
- Yalan söylüyorsunuz! diye bağırdı.

"You're lying!" the police detective shouted in a threatening manner.

٨٢

ـ بونى سويلمكدن مقصدكز نه در دييه باغيرديلر .
ـ كيم يورومك ايسته مزسه قفاسنى پاطلاته جغم .
ـ ديمك بزى توقيف ايتمكده اصرار ايدييورسكز ؟
ـ اوت .. بر شرط مستثنا اولدوغى حالده :

بر آز تسلى بولان دوقتور بورتون :

ـ آخ ! غالبا ، بزدن پاره قوپارمق ايستيورسكز ؟ ديدى .
ـ سويلديككز سوزه اينانميورسكز يا .. لاكن ، سزه ايراد ايدهجكم بر قاچ سؤاله سربستجه جواب ويررسه كز بلكه حقكزده دها مساعدكارانه داورانيرم .

دوقتور بورتون ، اميدله :

ـ نه يه دائر صوراجقسكز ؟
ـ بو كيجه أومدن قاچيرديغكز ايكى كنج قيزه دائر . اكر اونلره بر فنالق ايتمديككزى اثبات ايدهجك اولورسه كز و بولوندقلرى يرلرى بكا كوستررسه كز سزده شيمديلك ايستديككز يره كيده بيليرسكز . فقط شونى ده ايى بيليكز كه ايركچ جزاكزى كورهجكسكز .

شيمديلك اويله مى ؟

ـ اوت .. و يالكز شخصمه عائد اولان جهت ايچون ..

بورتون :

ـ سويلديككز ، قاچيريلان كنج قيزلر حقنده هيچ بر معلوماتمز يوق .

پوليس خفيه سى ، تهديدكار بر طورله :

ـ يالان سويليورسكز ! دييه باغيردى .

Sayfa/Folio 83

Burton, omuzlarını silkerek, gözlerini yere dikmiş olan Greenleaf'e baktı.

Shrugging his shoulders, Burton looked up at Greenleaf, whose eyes were fixed on the ground.

Greenleaf, nihayet:
- Burton, en iyisi her şeyi söylemektir. Mister Pickwick sözünün eridir. Madem ki bizi bırakacağını vâât etti, kendisine itimad edebiliriz... dedi.

"Burton, the best thing is to tell everything. Mr. Pickwick is a man of his word. Since he promised to let us go, we can trust him," Greenleaf finally said.

Burton, hiddetle:
- Greenleaf, eğer dilinizi tutamayacaksınız, Mister Pickwick'le siz konuşunuz, işte ben çekiliyorum.

"Greenleaf, if you're not going to be able to hold your tongue, then you talk with Mr. Pickwick, and I'm pulling out," Burton said angrily.

Greenleaf ciddi bir tebessümle:
- Mister Pickwick, Miss Katie'yi sağ ve salim önünüzde bulacaksınız.

"Mr. Pickwick, you will find Miss Katie safe and sound in your house," Greenleaf [said] with a grave smile.

Polis hafiyesi, muhatabına baktı.
The police detective looked at the one to whom he was speaking.

- Ya, Miss Clarita Downing?
"What about Miss Clarita Downing?"

- Size kendisini Clarita Downing olarak takdim eden ve bizimkilerden biri olan o genç kız da buradadır.
"That young lady who introduced herself to you as Clarita Downing, and who is one of ours, is also here."

- Öyle ise onu heman buraya getiriniz.
"In that case, bring her here."

Greenleaf, Burton'a bir işaret etti; bitişik bir odanın kapısını açtı. Avukat:
Miss Downing, lütfen buraya geliniz! diye bağırdı.

Greenleaf gave Burton a signal; he opened the door of an adjacent room.
"Miss Downing, please come over here!" the lawyer shouted.

Bu söz üzerine peçeli bir kadın yazıhaneye girdi.
A veiled woman entered the office on this word.

Burton:
Lütfen peçenızı kaldırınız. dedi.
"Please lift your veil." Burton said.

Kadın itaat etti.
The woman obeyed.

٨٣

بورتون ، اموزلرینی سیلکه رك ، كوزلرینی یره دیكمش اولان غرهنلافه باقدی .
غرهنلاف ، نهایت :
ـ بورتون ، اك ایسی هر شیئی سویلمكدر . میستر پیق ویق سوزینك اری در . مادامكه بزی براقهجغنی وعد ایتدی ، كندیسنه اعتماد ایده بیلیرز .. دیدی .
بورتون ، حدتله :
ـ غرهنلاف ، اكر دیلكزی طوتهمایهجقسكز میستر پیق ویقله سز قونوشكز ، ایشته بن چكیلیورم .
غرهنلاف جدی بر تبسمله :
ـ میستر پیق ویق، میس كهتیـیی صاغ و سالم اوكزده بولهجقسكز .
پولیس خفیه سی مخاطبه باقدی .
یا ، میس قلاریتا دوونینغ ؟
ـ سزه كندیسنی قلاریتا دوونینغ اولارق تقدیم ایدن و بزمكیلردن بری اولان او كنچ قیز ده بوراده در .
ـ اویله ایسه اونی همان بورایه كتیریكز .
ـ غرهنلاف ، بورتونه بر اشارت ایتدی ؛ بیتیشیك بر اوطهنك قاپوسنی آچدی . آووقات:
ـ میس دوونینغ ، لطفاً بورایه كلیكز !. دییه باغیردی .
بو سوز اوزرینه پچه لی بر قادین یازیخانه یی كیردی .
بورتون :
ـ لطفاً پچه كزی قالدیریكز . دیدی .
قادین اطاعت ایتدی .

Sayfa/Folio 84

Polis hafiyesi kadının güzeli simasına hayretle bakıyordu.

The police detective looked at the woman's beauty with astonishment on his face.

Mezbure, muavenet ve himaye talebi için kendisine gelmiş olan genç kızdan başkası değildi.

The said [woman] was none other than the young lady who had come to him to seek assistance and protection.

Ifadesine nazaran senelerce daruşşifada bağırarak sararıp [sararup] solan Clarita Downing şimdi o idi.

Clarita Downing, who according to her testimony had withered away for years screaming in a hospital, was now her.

Evet, şüpheye hiç mahal yoktu. Pick hatta onun kulaklarındaki menekşe şeklindeki küçük küpeleri bile taniyordu.

Yes, there was no room for doubt. Pick even recognized the tiny earrings in the shape of violets on her ears.

Aldatılan polis hafiyesi, kaşlarını çatmış olduğu halde hiddetle dudaklarını ısırarak bu dessas kadına bakıyordu.

Even though he knitted his brow, the duped police detective bit his lips hard as he looked at this deceitful woman.

Tehdidkar bir tavırla:
Söyle bakalım dedi.

"So tell me." he said in a threatening way.

Kadın, lâkaydana olmuzlarını silkerek müstehziyane bir eda ile:
Shrugging her shoulders indifferently, the woman asked in a cynical tone:

- Nihayet Clarita Downing olduğuma inandığınız mı diye sordu.

"Do you finally believe that I am Clarita Downing?"

Pickwick acı bir tebessümle:
- Artık, şüphe etmekliğim kabil değildir... cevabını verdi.

"It is no longer possible for me to doubt it." Pickwick replied with a bitter smile.

- Mister Pickwick, benden ne istiyorsunuz.

"Mr. Pickwick, what do you want from me."

- Katie'den ne vakit ve ne suretle ayrıldınız?

"When and how did you separate from Katie."

- Bir saat kadar evvel sizin oda kendisinden ayrıldım.

"I left her in your room about an hour ago."

Polis hafiyesi, genç kıza daha ziyade dikkatle bakmağa başladı.

The police detective began to look much more carefully at the young lady.

- Sağ ve salim midir? Kaçırıldığı isnade kendisine bir fenalık yapılmadı ya.

"Is she safe and sound? Something bad better not have happened to her at the time of the abduction."

- Hayır. Ona hiçbir fenalık yapılmadığına tamamiyle emin olabilirsiniz.

"No. You can be absolutely sure that no harm was done to her."

- Bana vereceğiniz başka izahat var mı.

"Is there any other explanation you will give me?"

٨٤

پوليس خفيه سى قادينك كوزلى سيماسنه حيرتله باقيوردى .
مزبوره ، معاونت و حمايه طلبى ايچون كنديسنه كلمش اولان كنج قيزدن باشقه سى دكلدى .
افادهسنه نظراً سنه لرجه دار الشفاده بغيرجق صاراروب صولان قلاريتا دوونينغ شيمدى او ايدى .
اوت ، شبهه يه هيچ محل يوقدى . پيق حتى اونك قولاقلرندهكى منكشه شكلندهكى كوچوك كوپه لرى بيله طانيوردى .
آلداتيلان پوليس خفيه سى ، قاشلرينى چاتمش اولدوغى حالده حدتله دوداقلرينى ايصيره رق بو دساس قادينه باقيوردى .
تهديدكار بر طورله :
ـ سويله باقالم ديدى .
قادين ، لاقيدانه اوموزلرينى سيلكه رك مستهزيانه بر ادا ايله :
ـ نهايت ، قلاريتا دوونينغ اولدوغمه ايناندىكزمى دييه صوردى .
پيق ويق آجى بر تبسمله :
ـ آرتق ، شبهه ايتمكلكم قابل دكلدر .. جوابنى ويردى .
ـ ميستر پيق ويق ، بندن نه ايستيورسكز .
ـ كهتيدن نه وقت و نه صورتله آيرلديكز .
ـ بر ساعت قدر اول ، سزك اوده كنديسندن آيرلدم .
پوليس خفيه سى ، كنج قيزه دها زياده دقتله باقمغه باشلادى .
ـ صاغ و صالمميدر قاچرلديغى اثناده كنديسنه بر فنالق ياپيلمدى يا .
ـ خاير . اوكا هيچ بر فنالق ياپيلمديغنه تماميله امين اولا بيليرسكز .
ـ بكا ويرهجككز باشقه ايضاحات وارمى ؟

Sayfa/Folio 85

Kadın, tereddüd gösterdi; Bir an kadar düşündükten sonra, şu şayan-ı hayret sualı sordu:

The woman showed hesitation; after thinking a moment, she asked this astonishing question:

- Bu efendilere alicenabane bir surette bahş edeceğiniz afvda ben de dahil miyim?

"Am I included in the pardon that you so graciously mentioned to these gentlemen?"

Mahmiyesinin, canilarla derece-i münasebetini henüz anlamayan polis hafiyesi, cevap vermeden evvel biraz düşündü sonra:

The police detective, who just realized the extent of his protectee's relationship with the murderers, thought for a moment before answering, then replied,

- Sualliniz, sizin de bu adamlarla müşterek olduğunuzu tamamiyle gösteriyor, cevabini verdi.

"Your question fully shows that you too are in cahoots with these men."

- Fakat, böyle olmasa bile, bana de, bu zevata vâât ettiğiniz gibi uzun müddet serbesti bahş edecek misiniz.

"But even if it isn't so, are you going to grant me as well the long-term freedom as you had promised to these people?"

Polis hafiyesi, anı bir hise kapılarak:

Suddenly seized with a feeling, the police detective said,

- Evet... dedi. Onlara söz verdim ve size karşı da aynı vechle hareket edeceğim. Eğer Katie'ye hakikaten bir şey olmamışsa, evde sağ ve salim bulabilirsem sizi de serbest bırakacağım.

"Yes... I gave them my word and I will act in the same way towards you. If indeed nothing has happened to Katie, and I can find her at home safe and sound, then I will set you free too."

- Teklifinizi kemal-ı şükranla kabul ediyorum ve size bir itirafda bulunmağa hazırım. Bu vechle hareketimin sebebini izah etmeden evvel size, Doktor Kuarç'ın müdhiş bir düşmanı olduğunuzu hatırlatmak isterim.

"I accept your proposal with full gratitude and I am ready to make a confession to you. In light of this, before I explain the reasons for my actions, I would like to remind you that you are a great enemy of Dr. Quarch."

- Evet... belki öyledir.

"Yes... maybe it is so."

- Mister Pickwick, doctorun vefatından vicdanen siz mesulsunuz.

"Mr. Pickwick, you are conscientiously responsible for the doctor's death."

- Bu, belki sizce öyledir. Doktor Kuarç'ın pek şerifli olmayan akıbeti, müteaddit cinayetlerinin neticesi idi.

"Perhaps you think this is so. Dr. Quarch's not-so-honorable end was the result of many crimes."

- Doktorun, samimi ve sadik dostları da var idi. Işte, Katie'yi kaçıranlar miyanında onlar da bulunuyorlardı.

"There were also the doctor's faithful friends. Now, they too were among those who kidnapped Katie."

٨٥

قادین ، تردد کوستردی ؛ بر آن قدر دوشوندکدن صوکرا ، شو شایان حیرت سؤالی صوردی :

- بو افندیلره عالیجنابانه بر صورتده بخش ایتدیککز عفوده بن ده داخلمییم .

محمیه سنك ، جانیلرله درجهٔ مناسبتنی هنوز آکلایه‌میان پولیس خفیه سی ، جواب ویرمدن اول بر آز دوشوندی صوکرا :

- سؤالکز ، سزك ده بو آدamlرله مشترك اولدوغکزی تمامیله کوستریپور ، جوابنی ویردی .

- فقط ، بویله اولمسه بیله ، بکا ده ، بو ذواته وعد ایتدیککز کبی اوزون مدت سربستی بخش ایده‌جکمیسکز .

پولیس خفیه سی ، آنی بر حسه قاپیلهرق :

اوت .. دیدی . اونلره سوز ویردم و سزه قارشی ده عین وجهله حرکت ایده‌جکم . اکر که‌تییه حقیقةً بر شی اولمامشسه ، أوده صاغ و سالم بوله بیلیرسه‌م سزی ده سربست براقه‌جغم .

- تکلیفکزی کمال شکرانله قبول ایدییورم و سزه بر اعترافده بولونمغه حاضرم . بو وجهله حرکتمك سببنی ایضاح ایتمدن اول سزه ، دوقتور قوآرجك مدهش بر دشمنی اولدوغکزی خاطر لاتمق ایسترم .

- اوت .. بلکه اویله در .

- میستر پیق ویق ، دوقتورك وفاتندن و جداناً سز مسئولسکز .

- بو ، بلکه سزجه اویله در . دوقتور قوآرجك پك شرفلی اولمایان عاقبتی ، متعدد جنایتلرینك نتیجه سی ایدی .

- دوقتورك ، صمیمی و صادق دوستلری ده وار ایدی . ایشته ، که‌تی‌یی قاچیرانلر میانده اونلرده بولونیورلردی.

Sayfa/Folio 86

İşi anladığını zan eden Pickwick:
- Ha, Anlıyorum! diye bağırdı, siz, mahut doktorun intikamını almak için bu komidiyayı tertib ediniz... böyle değil mi?

"Ah! I get it!" the illuminated Pickwick shouted, "To take the revenge of the aforementioned doctor, you organized this comedy, isn't that so?"

- Evet. Pek iyi keşfediniz, Mister Pickwick... Muavineniz Katie'yi kaçırmak suretiyle sizin en hassas noktanızdan uracağımızı zan ediyorduk.

"Yes. You made a very good discovery, Mr. Pickwick... we thought we would be striking at your most sensitive point by kidnapping your helper Katie.

- İyi düşünülmüş bir plan. Bu eblehane planı siz mi tasavvur ediniz.

"A well thought out plan. Was it you who thought of this asinine plan?"

- Evet, ben.

"Yes, it was I."

- Ve, işin farkına varılmaması için de kendinizi Katie ile beraber kaçırttınız değil mi.

"And, in order for the job to not be detected, you then absconded, [taking] Katie along with you, is that not so?"

- Kendimi Miss Katie ile beraber kaçırtacak olursam, aleyhiniz de yapılan tertibat-ı hafiyede medhaldar olmadığıma hükmedeceğinizi düşünmüştük.

"We had thought that if I myself took flight along with Miss Katie, then you would judge me as not being involved in the plots hatched up against you."

Pickwick, bu dört şerik habaseti taht-ı tarassudda bulundurarak düşünüyordu. Semasında, hiddet ve tehevvürden mütevellid asar meşhud oluyordu. Nihayet:

Pickwick pondered as he observed the four accomplices in their wickedness. Signs born of rage and ire were becoming evident on his face. Finally he asked,

- İyi ama, bu mükkemel planı mevki tatbike koyduktan sonra, Katie'yi serbest bırakmağa ve onu eve kadar götürmeğe ne sebepe mebni karar verdiniz? diye sordu.

"Okay, but after you put this perfect plan into effect, based on what reason did you decide to set Katie free and take her back home?"

- Çünkü, işin iyi netice vermeyeceğeni anlamıştık. Siz izimizi keşfetmiştiniz. Vakıa, Doktor Kuarçın intikamını almağı pek arzu ediyorduk; Fakat, her şeyden evvel kendi emniyet-i şahsiyemizi de

٨٦

ايشى آكلاديغنى ظن ايدن پيق ويق :

ـ ها ، آكلايورم ! دييه باغيردى ، سز ، معهود دوقتورك انتقامنى آلمق ايچون بو قوميديايى ترتيب ايتديكز .. بويله دكلمى ؟

ـ اوت . پك ايى كشف ايتديكز ، ميستر پيق ويق .. معاونهكز كهتى يى قاچيرمق صورتيله سزك اك حساس نقطهكزدن اورهجغمزى ظن ايدييوردق .

ـ ايى دوشونولمش بر پلان . بو ابلهانه پلانى سزمى تصور ايتديكز ؟

ـ اوت ، بن .

ـ و ، ايشك فرقنه وارلمامسى ايچون ده كندكزى كهتى ايله برابر قاچيرتديكز دكلمى ؟

ـ كندمى ميس كهتى ايله برابر قاچيرتهجق اولورسهم ، عليهكز ده ياپيلان ترتيبات خفيه ده مدخلدار اولمديغمه حكم ايدهجككزى دوشونمشدك .

پيق ويق ، بو درت شريك خباثتى تحت ترصدده بولوندوره رق دوشونيوردى . سيماسنده ، حدت و تهوردن متولد آثار مشهود اوليوردى . نهايت :

ـ ايى اما ، بو مكمل پلانى موقع تطبيقه قويدقدن صوكرا ، كه تى يى سربست براقمغه و اونى اوه قدر كوتورمكه نه سببه مبنى قرار ويرديكز ؟ دييه صوردى .

ـ چونكه ، ايشك ايى نتيجه ويرميهجكنى آكلامشدق . سز ايزمزى كشف ايتمشديكز . واقعا ، دوقتور قوآرچك انتقامنى آلمغه پك ارزو ايدييوردق ؛ فقط ، هر شيدن اول كندى امنيت شخصيه مزى ده

Sayfa/Folio 87

düşünmek mecburiyetinde idik. Mister Pickwick, sizi bihakkın takdir edememiştik. Evinize giren eşhasın eşkalılını tamamiyle öğrenmiş olduğunuzu haber aldık ve o vakit, partiyi kayıp ettiğinizi anladık. İşte bu sebebe mebni, muavineniz Miss Katie'yi iade etmeğe karar verdik, bu suretle takibinizden kurtulacağamızı ümit ediyoruduk. Maahaza, bizi böyle çabucak yaklayacağınız hiç aklımıza gelmemişti.

"Because we understood that the job would not yield a good end. You had discovered our tracks. We were, actually, wishing very much to avenge Dr. Quarch; but before anything we had to think about our personal safety. Mr. Pickwick, we were unable to assess you correctly. We got news that you had definitively learned the identities of the people who entered your house and we understood you lost track of the party at that time. Well, based on this reason, we decided to return your assistant Miss Katie. With this, we were hoping to protect ourselves from being followed by you. Nevertheless, it never occurred to us that you would catch us this fast."

Polis hafiyesi, kadına cevap vermeyerek Sullivan'a Greenleaf'in masası üstünde duran telefon ile merkezi istemesini emir etti.

While not answering the woman, the police detective ordered Sullivan to call headquarters with the telephone that was on Greenleaf's desk.

Bununla beraber, iki Browning tabancasının taht-ı tehdidinde bulundurduğu şerirlerden gözlerini ayırmıyordu.

Together with this, he didn't take his eyes off the evildoers whom he kept under the threat of his two Browning pistols.

Çocuk, elini polis hafiyesine uzattı. Bu da telefonu tutmak için tabancanın birini cebine koydu kendi telefonunun numarasını istedi. Ve bu numaradan cevap alınca:

The kid extended his hand to the police detective. To grab the telephone he placed one of the pistols in his pocket and asked for the telephone number. And when he got an answer, he said,

- Siz misiniz Mister Periş dedi.

"Is that you you Mr. Peterish?"

Polis hafiyesinin hizmetçisi:

The police detective's servant answered,

- Evet Mister Pickwick. Cavabı verdi.

"Yes Mr. Pickwick."

- Miss Katie eve geldi mi?

"Did Miss Katie arrive home?"

- Evet, bir saat kadar oluyor.

"Yes, about an hour ago."

Pickwick, telefonu yerine bıraktı ve şerirlere hitaban:

Pickwick put the telephone in its place and addressing the evil-doers:

- Şahsını işlerimden dolayı sizi ittiham etmemeğe söz vermiştim. Size yirmi dört saatlik bir mühlet veriyorum. Bundan istifa da ediniz. Zira bu mühletin hitamını müteakip New York'tan mufarakat ederek uzaklara

"Because of personal business, I promised I would not press charges. I am giving you a twenty-four hour timeframe. Give this up. Because if you do not leave New York, going far away from here,

٨٧

دوشونمك مجبوريتنده ايدك . ميستر پيق ويق ، سزى بحقٍ تقدير ايده ممشدك . أوكزه كيرەن اشخاصك اشكالنى تماميله اوكرنمش اولدوغكزى خبر آلدق و او وقت ، پارتىيى غائب ايتديكمزى آكلادق . ايشته بو سببه مبنى ، معاونەكز ميس كەتىيى اعاده ايتمكه قرار ويردك ، بو صورتله تعقيبكزدن قورتوله‌جغمزى امير ايدييوردق . مع هذا، بزى بويله چابوجاق ياقالايەجغكز هيچ عقلمزه كلمەمشدى .

پوليس خفيه سى ، قادينه جواب ويرمیه رك سولليوانه غرەنلافك ماصه سى اوستنده طوران تلفون ايله مركزى ايستەمسنى امر ايتدى .

بونكله برابر ، ايكى بروونينغ طبانجه سنك تحت تهديدنده بولونديرديغى شريرلردن كوزلرينى آييرميوردى .

چوجوق ، النى پوليس خفيه سنه اوزاتدى . بوده تلفونى طوتمق ايچون طبانجه نك برينى جبينه قويدى كندى تلفوننك نومروسنى ايستدى . و بو نومرودن جواب آلنجه :

ـ سزميسكز ميستر پەترش ديدى .

ـ پوليس خفيه سنك خدمتجيسى :

ـ اوت ميستر پيق ويق . جوابنى ويردى .

ـ ميس كەتى اوه كلديمى ؟

ـ اوت ، بر ساعت قدر اولويور .

ـ پيق ويق ، تلفونى يرينه براقدى و شريرلره خطاباً :

ـ شخصنى ايشلرمدن دولايى سزى اتهام ايتمەمكه سوز ويرمشدم سزه يكرمى درت ساعتلك بر مهلت ويرييورم بوندن استفاده ايديكز . زيرا بو مهلتك ختامنى متعاقب نيو يورقدن مفارقت ايدەرك اوزاقلر

Sayfa/Folio 88

gitmezseniz size karşı son derece şiddetle hareket edeceğim.

I will come at you with the greatest degree of violence after the end of this timeframe."

- Eğer yine size tesadüf edecek olursam hepinizi müteveffa Doktor Kuarç'ın şüreka-yı melanet telakki ederek o suretle muamelede bulunacağım. Ergeç adaletin dest-i intikamına düşeceksiniz. Haydi şimdi gidiniz... sözlerini söyledi.

"If I come across you again I will treat you as if I consider all of you partners in crime of the late Doctor Quarch. Sooner or later you will be avenged by the hand of justice. Come on now, get out of here."

Dört şerir, bir söz söylemeğe cesaret edemeksizin yazıhaneden çıktıktan ve küçük karanlık odaya hapis edilen katip tahliye edildikten sonra, Pat, polis hafiyesi kolundan çekerek:

After the four evildoers left the office without having the courage to utter a single word, and after the secretary that was locked up in the tiny dark room was released, Pat, tugging on the police detective's arm, asked,

- Mister Pickwick, artık beni yanınızdan ayrımayacaksınız değil mi. diye sordu.

"Mr. Pickwick, you're not going to leave me, are you?"

- Elbette yavrum. Bundan sonra, sen de bizimle berabersin. Vazifeni pek iyi ifa ettin... dedi.

"Of course not, kiddo. After this, you are with us. You performed your duty very well."

Son
The End

Haftaya neşir olunacak [Pickwick]'in harikülade sergüzeştlerinden [13 Numaralı Lokomotif] namındaki vakadır.

To be published next week is the event entitled "Locomotive Number 13" from Pickwick's amazing adventures.

٨٨

كيتمزسه كز سزه قارشى صوك درجه شدتله حركت ايته‌جكم .
اكر ينه سزه تصادف ايده‌جك اولورسه م هپكزى متوفى دوقتور قوآرچك شركاى ملعنتى تلقى ايدرك او صورتله معامله ده بولونه‌جغم . اير كچ عدالتك دست انتقامنه دوشه‌جكسكز . هايدى شيمدى كيديكز .. سوزلرينى سويلدى .
درت شرير ، بر سوز سويلمكه جسارت ايده مكسزين يازيخانه دن چيقدقدن و كوچوك قاراكلق اوطه يه حبس ايدلن كاتب تخليه ايدلدكدن صوكرا ، پات ، پوليس خفيه سنى قولندن چكه‌رك :
ـ ميستر پيق ويق ، آرتق بنى يانكزدن آييرميه‌جقسكز دكلمى . دييه صوردى .
ـ البته باوروم . بوندن صوكرا ، سن ده بزمله برابرسك وظيفه‌كى پك ايى ايفا ايتدك .. ديدى .

صوك

هفته يه نشر اولنه‌جق [پيق ويق] ك خارق العاده سر كذشتلرندن [١٣ نومرولى لوقوموتيف] نامنده‌كى وقعه در .

Select Glossaries by Folio

(by order of first appearance)

٣ Select Glossary

حیله - (Ar.) deceit, fraud, trick. Pl. حَیْل
میراث - (Ar.) inheritance, patrimony, heritage, succession.
غصب - (Ar.) usurping, seizing violently, plundering.
کبار - (Ar.) aristocrat, upper class, conceited; Turkish: polite.
قیافت - (Ar.) appearance, manner of behaving.
خفیه - (Ar.) concealed, hidden; secret. Pl. خفیات. Turkish: detective.
نازك - (Per.) delicate, elegant, neat, slender; Turkish (nazik): polite.
نازکانه - (Per.) gracefully, finely; Turkish (nazikane): politely
اکیلمك - (eğilmek) to bow; to lean; to bend.
زائره - (Ar.) visitor. Masc. زائر Pl. of masc. زوار
شرف - (Ar.) glory, dignity, honor.
مباهی - (Ar.) glorious, exalted; proud.
سبب - (Ar.) reason, cause, motive; thing, belonging, instrument, utensil. Pl. أَسباب
زیارت - (Ar.) visitation, pilgrimage.
مشغول - (Ar.) busy, employed, occupied doing something.
رجا - (Ar.) requesting, beseeching, hoping.
غایت (Ar.) extremity, endpoint, purpose. Turkish: extremely. Pl. غایات
سرّ - (Ar.) secret, mystery. Pl. أَسرار
اسرارانگیز - (Ar. with Per. suffix انگیز) mysterious.
معاونت - (Ar.) assistance, help.
وعد - (Ar.) promise. Pl. وُعود

٤ Select Glossary

متأهل - (Ar.) married.
اعلی - (Ar.) highest, greatest. Fem. عُلْیا Pl. أَعالی
پیچه or پچه - (Per.) veil for covering the face.
قالدیرمق - (kaldırmak) to lift up.
تردد - (Ar.) hesitating, labor, endeavor.
درجه - (Ar.) degree, step, rank. Pl. دَرجات

صوكدرجه - (son derece) extreme degree.
مبهوت - (Ar.) surprised, amazed, horrified.
جاذبه - (Ar.) attraction, a force that attracts.
حقيقةً - (Ar.) truly.
تمثال - (Ar.) image, picture, portrait. Pl. تَماثيل
ملاحت - (Ar.) beauty; grace.
ايلك - (ilk) first. Syn. birinci
دفعه - (Ar.) number of times or instances of doing something. Pl. دَفَعات
يبانجى - (yabancı) stranger.
شبه - (Ar.) resemblance, likeness.
مشابهت - (Ar.) resemblance, comparison. Syn. شَباهَت
تمامى - (Ar. Per.) the whole, the entirety.
 note: abstraction of Arabic تمام by Persian suffix ى

تماميله - (tamamiyle) completely.
بكزەمك - (benzemek) to resemble, to match.
عينى - (Ar.) same, identical.
اسم - (Ar.) name, term, noun. Pl. أسامى
طاشيمق - (taşımak) to bear, to carry, to transport; to remove.
موجود - (Ar.) existing, present.
غريب - (Ar.) strange, rare.
جلوه - (Ar.) showing, manifestation. beauty, splendour, charm.
تصادف - (Ar.) coincidence, encounter. Pl. تصادفات
جرم - (Ar.) crime, offense. Pl. جُروم
حق - (Ar.) truth; obligation, that which is owed to someone; right (as in "having the right to do something"), privilege, entitlement; rectitude. Pl. حُقوق
حائز - (Ar.) possessing, holding; owner.
دسيسه - (Ar.) ruse, deceit, conspiracy, plot, intrigue. Pl. دَسايس or دَسائس

۵ Select Glossary

ثروت - (Ar.) wealth, property.
محافظت - (Ar.) keeping, safeguarding, protection.
مالك - (Ar.) possessor, proprietor, master.

مَیادین - (Per.) a field, plain, or square. Ar. مَیدان Pl. of Ar.
میدانه چیقارمق - (meydana çıkarmak) to reveal, to show.
ساخته - (Per.) fake, formed, made.
    note: Persian verb ساختن - to build.
حقیقی - (Ar.) true, real, essential.
قریب - (Ar.) kinsman, relative; near, close. Pl. أقربا
    note: "akrabalar" is an Arabic plural pluralized into Turkish. This is occasionally to be found.
شی or شیئ - (Ar.) chattel; (in plural) goods, belongings. Pl. أشیاء
اعتراف - (Ar.) admitting, confessing.
آچیق - (açık) open, visible, clear, precise; openly.
طَبیعی - (Ar.) natural, certain.
بکز - (benzer) similar, look-alike, double (person).
حتّی - (Ar.) even [to the point of something].
    note: not to denote "equality" or "even" numbers
تفریق - (Ar.) distinguishing, separating.
دوچار or دچار - (Per.) encountering, meeting, coming across.
مشکل - (Ar.) difficult; difficulty, problem. Fem. مشکله Pl. of fem. مشکلات
صورت - (Ar.) manner, mode, face, likeness, similarity.
فلاکت - (Ar. Per.) disaster, calamity, adversity.
غیر - (Ar.) not (especially as a prefix); other, stranger. Pl. أغیار
ممکن - (Ar.) possible, allowed.

۶ Select Glossary

ماضی - (Ar.) past; past tense.
بحث - (Ar.) debate; discussion; research, investigation. Pl. أبحاث
بحث ایتمک - (bahs etmek) to mention; to talk about.
وفات - (Ar.) death, demise.
قرابت - (Ar.) relationship (e.g. familial), closeness, proximity.
تولد - (Ar.) birth. Pl. تولدات
شخص - (Ar.) person, individual. Pl. أشخاص Fem. شَخْصه
بر حیات - (Per. Ar.) alive, living.
    note: بر is a Persian preposition meaning "on", "over", or "upon."
جهت - (Ar.) side, direction; cause, motive; behalf; consideration. Pl. جِهات

مجهول - (Ar.) unknown, uncharted; passive (grammar).

۷ Select Glossary

رفیقه - (Ar.) friend, companion. Masc. رفیق Pl. of masc. رُفَقاء
نزد - (Per.) near, in company [of], next [to].
خبردار - (Ar. with Per. suffix دار) informed, aware.
موجودیت - (Ar.) existence. See موجود, fol. 6.
تقریباً - (Ar.) approximately.
تقدیم - (Ar.) introduction, presentation.
لزوم - (Ar.) need, necessity.
حیرت - (Ar.) astonishment; perplexity.
سوس - (süs) garnish, attire, adornment.
بورغولمق - (burkulmak) to twist.
امین - (Ar.) trustee; trustworthy; safe; Turkish: certain, sure. Pl. أَمَناء
شبهه - (Ar.) doubt, suspicion. Pl. شبهات
آلدانمق - (aldanmak) to be deceived, to be mistaken
احتمال - (Ar.) possibility. Pl. احتمالات
تحقیق - (Ar.) verification, investigation, research. Pl. تحقیقات

۸ Select Glossary

بالذات - (Ar.) in person.
وجه - (Ar.) method, means; shape; appearance; aspect.
امنیت - (Ar.) security, safety; Turkish: certainty, reliability.
قطعیه - (Ar.) absolute, conclusive, definite, final. Masc. قطعی
حاصل - (Ar.) result, produce, harvest. Pl. حَواصِل
شایان - (Per.) worthy, befitting; permitted.
اعتماد - (Ar. اعتماد) trust, confidence, reliance; depending upon.
ازهر - (Per.) from each.
    note: formed form two separate words, از (from) and هر (every, each).
حادثه (Ar.) event; phenomenon; calamity; accident. Pl. حَوادِث and حادثات
زاواللی - (zavallı) a poor, pitiful person.
زهر - (Ar.) poison.

زهرلنمك - (zehirlenmek) to be poisoned.
كسب - (Ar.) acquiring; profession.
قناعت - (Ar.) complete certainty; contentment.
آنى - (Ar.) sudden, momentary.
طبيب - (Ar.) physician. Pl. اِطِبّاء
مراجعت - (Ar.) petition; consultation; seeking counsel or information; going back (see also عودت, fol. 20).
حين - (Ar.) time, moment. Pl. اَحْيان
خدمت - (Ar.) service, attendance, employment. Pl. خَدَمات
صادق - (Ar.) loyal, devout; truthful; sincere, frank.
آيرلمق - (ayrılmak) to separate; to leave, to part company; to desert.
ظن - (Ar.) thinking; knowing; suspecting.
عجيبه - (Ar.) a wonder, a marvel. Pl. عَجائِب

۹ Select Glossary

نوعاً or نوعا - (Ar.) somewhat, to some extent.
بشيك - (beşik) cradle.
آلداتمق - (aldatmak) to deceive, to cheat, to betray.
مدت - (Ar.) time, period of time.
مقصد - (Ar.) purpose, intent; destination.
تحديد - (Ar.) describing, portraying; prescribing limits.
كشف - (Ar.) revealing, exposing; solving; explaining.
صاقلامق - (saklamak) to keep; to conceal.
اصيل - (Ar.) true-born, thoroughbred; real, original.
قابل - (Ar.) worthy; capable; to be possible. See also شايان, fol. 8.
رد - (Ar.) rejecting; repealing.
دليل - (Ar.) proof; reason. Pl. دَلائِل
غائب - (Ar.) absent; concealed; lost.
جسارت - (Ar.) daring, audacity, boldness.
فرصت - (Ar.) opportunity, chance; break time. Pl. فُرَص
بردنبره - (birdenbire) suddenly.
خسته - (Per.) tired, exhausted; someone who is tired; Turkish: ill, sick; a patient. Pl. خستگان

خسته‌لنمق - (hastalanmak) to fall ill.
تهلکه - (Ar.) danger; doom.
کوزه آلمق - (göze almak) to risk.
مذکور - (Ar.) mentioned, aforementioned.
تشکیل - (Ar.) forming, making up; formation, organization. Pl. تشکیلات
ورق - (Ar.) document, paper, sheet, page. Pl. اَوراق

۱۰ Select Glossary

یکانه - (Per. یگانه) sole, single.
هویت - (Ar.) identity, personality, individuality.
انکار - (Ar.) denial; renunciation.
عفو- (Ar.) forgiving; pardon.
آیریجه - (ayrıca) in addition, besides.
حاشیه - (Ar.) footnote, postscript, margin.
چالمق - (çalmak) to steal; to ring (e.g. a bell); to play (an instrument).
اندیشه - (Per.) thought; consideration; fear.
درحال - (Per. Ar.) immediately.
   note: در by itself is a Persian preposition meaning "at" or "in."
دالغین - (dalgın)- pensive, deep in thought.
صحت - (Ar.) health; truth, authenticity
قانع - (Ar.) convinced, satisfied.
آرامق - (aramak) to search for.
منع - (Ar.) prevention, hindering, forbidding.
موقوف - (Ar.) apprehended; stopped; delayed.
بولوندورمق - (bulundurmak) to keep, to stock.
اینانمق - (inanmak) to believe
لازم - (Ar.) necessary, obligatory. See لُزوم, fol. 7.

۱۱ Select Glossary

خصوصی - (Ar. Per.) private; special.
   note: abstraction of Arabic خصوص by Persian suffix ی
دار الشفا - (Ar.) hospital (literally "abode (دار) of healing (شفا)").

مصرّ - (Ar.) insistent, persistent.

مصراً - (Ar.) insistently, persistently.

طلب - (Ar.) request, demand.

طرف - (Ar.) side, border, limit. Pl. اَطْراف

وقوع - (Ar.) occurring, happening.

تقرر - (Ar.) deciding; ratifying; confirming.

منفور - (Ar.) hated, dreadful.

قاچمق - (kaçmak) to escape, to flee.

موفق - (Ar.) successful, prosperous.

اداره - (Ar.) administration, management; department. Pl. ادارات

وظیفه - (Ar.) duty, task. Pl. وَظائِف

مستریح - (Ar.) at ease, calm.

حرکت - (Ar.) action, behavior; movement. Pl. حرکات

خیرخواه - (Per.) well-wishing [well (خَیْر); want, wish (خْواه)]. Adverbial: خیرخواهانه

    note: silent و

    note: Though the adverbial form appears in the text, strictly speaking, it should be the adjectival.

توقیف - (Ar.) stopping, blocking; seizure; confinement; arrest, detention.

مقتدر - (Ar.) able, capable, powerful.

متألمانه - (Ar. with Per. suffix انه) painfully, sorrowfully.

طور - (Ar.) manner, mode; demeanor.

۱۲ Select Glossary

دلی - (deli) crazy, insane.

معاینه - (Ar.) examination, inspection; observation.

خصوص - (Ar.) a particular matter, issue, point; peculiarity.

عقل - (Ar.) mind, reason, intellect.

حکم - (Ar.) command, judgement, verdict. Pl. اَحکام

چالیشمق - (çalışmak) to work, to function, to endeavor; (with dative -a/e means "to try").

عهده - guardianship; commitment, guarantee.

واسطه - (Ar.) means, instrument. Pl. وَسائِط

تهیه - (Ar.) preparation, provision. Pl. تهیات

موقت - (Ar.) temporary.
مقابل - (Ar.) compensation, payment; opposite, against.
ایجاب - (Ar.) necessitating, requiring.
تصرف - (Ar.) possession, seizure. Pl. تصرفات

۱۳ Select Glossary

براقمق - (bırakmak) to release; to abandon; to hand down.
تصاحب - (Ar.) taking possession.
جداً - (Ar.) seriously.
واقعه - (Ar.) event, incident. Pl. وَقَعات and وَقايع
آگاه (written as آکاه) - (Per.) aware, acquainted, informed.
چاپراشیق - (çapraşık) complicated.
چتاللی - (çatallı) difficult; forked, multi-pronged.
مجادله - (Ar.) dispute, quarrel.
کائن - (Ar.) existing, being; located. Syn. موجود
مالکانه - (Ar. Per.) possessory; land ownership; Turkish: mansion, estate.
ساحل - (Ar.) coast, bank, beach. Pl. سَواحِل
محل - (Ar.) place; station; residence. Pl. مَحال
قبول - (Ar.) accepting, receiving well.

۱٤ Select Glossary

تشبث - (Ar.) attempt; venture; approach. Pl. تشبثات
وقعه - (Ar.) event; accident; encounter; fight, battle.
آجیمق - (acımak) to pain, to ache; (with dative -a/e means "to pity").
کورونمك - (görünmek) to appear, to come in view.
سوقمق - (sokmak) to put in; to let in.
سفیل - (Ar.) wretched, vile.
حریف - (Ar.) fellow; rival, opponent. Pl. حُرَفاء
ظاهراً - (Ar.) seemingly, apparently; outwardly.
منفعت- (Ar.) interest; profit; advantage. Syn. فائِده. Pl. مَنافِع
کوزەتمك - (gözetmek) to protect, to guard; to oversee.
داورانمق - (davranmak) to act, to behave.

دعوا - (Ar.) lawsuit.

طرز - (Ar.) manner; form. Syn طَوْر

باب - (Ar.) a matter, a topic, an affair; chapter; gate, door. Pl. أَبْواب

مُلك - (Ar.) property, possession; estate. Pl. أَمْلاك

اعاده - (Ar.) restoring, reestablishment; repetition.

توصيه - (Ar.) suggestion, recommendation; appointment.

جريان - (Per) course (of events); flowing (of water)

معامله - (Ar.) treatment (of people), conduct.

مساعده - (Ar.) assistance; Turkish: permission.

۱۵ Select Glossary

آخِر - (Ar.) another; final; latter part. Pl. أَواخِر

تعليق - (Ar.) suspension; hanging; delaying.

ملاقات - (Ar.) meeting, encountering; visit.

مجبوريت - (Ar.) compulsion.

اميد - (Per.) hope, desire; expectation.

اصل - (Ar.) root, element; basis; truth. Pl. أُصول doctrines, methods.

دائره - (Ar.) circle; scope, realm; an administrative section; a room. Pl. دَوائر

اويوشومق - (uyuşmak) to get along, to mutually understand, to agree.

تأمين - (Ar.) guarantee; safety, security. Pl. تامينات

آلچق - (alçak) vile, low, cowardly, nefarious.

آلچقلق - (alçaklık) lowliness, cowardliness.

اثناء - (Ar.) during; interval, middle.

مطلب - (Ar.) request, a proposition; topic, subject. Pl. مَطالِب

نظر - (Ar.) view, sight; consideration; opinion. Pl. أَنْظار

اعتبار - (Ar.) credibility; esteem; standpoint, consideration; free will, volition. Pl. اعتبارات

معاينه - (Ar.) examination, inspection. Pl. معاينات

محكمه - (Ar.) court of law. Pl. محكمات and مَحاكِم

ذات - (Ar.) person; personage; identity; breed, species; substance, nature. Pl. ذوات

مال - (Ar.) property, wealth; barnyard animal. Pl. أَمْوال

مصرف - (Ar.) expenditure, consumption. Pl. مَصارِف

16 Select Glossary

اصالت - (Ar.) nobility; genuineness.
استهزا - (Ar.) mockery, scorn.
جعلی - (Ar. Per) feigned, forged.
مرحمت - (Ar.) compassion, pity; kindness, favor. Pl. مَراحِم
بالخاصه - (Ar.) especially, above all.
موقع - (Ar.) location; place where something occurs; Turkish: status.
ولادت - (Ar.) birth.
امکان - (Ar.) possibility. Syn. احتمال, see fol. 7.
اظهار - (Ar.) expression; manifesting; declaration, statement. Pl. اظهارات
تأثر - (Ar.) emulating; being influenced.
وضع - (Ar.) situation; attitude, manner; posture. Pl. أوضاع
کوجنمك - (gücenmek) to take offense.
حبس - (Ar.) imprisonment; prison. Pl. حُبوس
حبسخانه - (Ar. Per.) prison.
بیان - (Ar.) statement; explanation; being clear, manifest.
تکلیف - (Ar.) duty, task; proposal, suggestion. Pl. تَکالیف
حدت - (Ar.) vehemence; sharpness; forcefulness.
سائقه - (Ar.) instigator; factor; instigating.
جنت - (Ar.) insanity, foolishness
صاحب - (Ar.) owner, possessor. Fem. صاحبه Pl. أصْحاب
مشروع - (Ar.) legitimate; legal.
اثبات - (Ar.) proof; affirmation; demonstration.
ذکر - (Ar.) mentioning; reciting.
ابراز - (Ar.) divulging; bringing forth; manifesting.
هیئت - (Ar.) board, committee.
کیزلی - (gizli) secret (adjective).
دولاب - (dolap) cupboard, closet, wardrobe, cabinet.
چیلدیرمق - (çıldırmak) to become insane.
مقاومت - (Ar.) resistance; perseverance.
دماغ - (Per.) brain, mind.
چلیك - (çelik) steel

مع هذا - (Ar.) nevertheless
فرار - (Ar.) escape, flight; desertion.
حمایه - (Ar.) protection; guardianship; support.
التجا - (Ar.) seeking refuge.
مدهش - (Ar.) strange, astonishing; Turkish: terrible, great.
تحمل - (Ar.) endurance, tolerance, forbearance.
مهارت - (Ar.) skill, expertise.
علو - (Ar.) sublimity; eminence.
جناب - (Per.) Excellency, sir; side, margin.

۱۷ Select Glossary

مدافع - (Ar.) defense; defending. Pl. مدافعات
مع الممنونیه - (Ar.) with pleasure.
تعلیم - (Ar.) instruction; teaching. Pl. تعلیمات
تعقیب - (Ar.) following, pursuing; continuing. Pl. تعقیبات
کمال - (Ar.) completion; perfection; maturity; talent. Pl. کمالات
متانت - (Ar.) firmness, steadfastness.
زوج - (Ar.) husband, spouse. Pl. اَزواج
تحت - (Ar.) under, beneath.
تأثیر - (Ar.) influence; impression, effect. Pl. تأثیرات
استخراج - (Ar.) conclusion; logical deduction.
آییرمق - (ayırmak) to separate; to disrupt.
ایضاح - (Ar.) explanation; clarification.
زنکین - (zengin) wealthy.
    note: Possible etymology: سَنْگِین - (Per.) heavy; difficult; numerous; sumptuous.

۱۸ Select Glossary

ابوین - (Ar.) parents
فقر - (Ar.) poverty.
ضرورت - (Ar.) necessity; destitution; distress.
صیق صیق - (sık sık) often, frequently.
شن - (Armenian. şen) happy, cheerful.

شاطر - (Ar.) alert; nimble; cunning.
    note: translated in context as "lively."
مختلف - (Ar.) diversified, various, different.
قورده له - (kurdele) ribbon, braid.
باغلامق - (bağlamak) to tie, to fasten.
على الاكثر - (Ar.) most, great majority.
شاشيرمق - (şaşırmak) to be confused, to be baffled; to be amazed.
ذاتاً - (Ar.) essentially; in substance; naturally; Turkish: besides, anyways; as a matter of fact.
تشويق - (Ar.) encouragement.
لباس - (Ar.) clothing, garments. Pl. البسه
امر - (Ar.) command, order. Pl. أوامِر
ذوق - (Ar.) delight, pleasure; relish; taste (for things).
جالب - (Ar.) interesting; attractive.
دقت - (Ar.) accuracy, exactness; subtlety.
ياكيلمق - (yanılmak) to be mistaken.
فرق - (Ar.) difference.
فرقنه وارمق - (farkına varmak) to become aware.
ايچ چكمك - (iç çekmek) to draw sigh.
سكونت - (Ar.) residence, dwelling; Turkish: peace, tranquility, solace.
    note: translated in context as "solace."
تقليد - (Ar.) imitation.

۱۹ Select Glossary

اصلا or اصلاً - (Ar.) originally; Turkish: never.
مناسبت - (Ar.) appropriateness, seemliness; relation; pertinence. Pl. مناسبات
ظهوره - (Ar.) happening; appearing, coming.
مانع - (Ar.) hindering, preventing; obstacle.
يوزوك - (yüzük) ring
متعاقب - (Ar.) immediately after; subsequent.
تحفه - (Ar.) rarity. Pl. تَحائِف and تُحَف; Turkish (tuhaf): strange.
شكل - (Ar.) shape, form; figure; method. Pl. أَشْكال
خلقه - (Ar.) ring.

غائب - (Ar.) absent; concealed.

مع التأسف - (Ar.) with regret

تعریف - (Ar.) description; definition; commendation. Pl. تَعاریف and تعریفات

کوموش - (gümüş) silver.

حصول - (Ar.) attaining; attainment, produce; happening, taking place.

یاقوت - (Per. Ar.) ruby

تبسم - (Ar) smile, smiling.

سعادت - (Ar.) happiness, bliss; prosperity.

بخش - (Per.) fortune; portion, part.

بخش ایتمك - (bahş etmek) to endow, to grant.

معروض - (Ar.) castaway; exhibited, exposed; granted; proposed.

اهتمام - (Ar.) care, diligence. Pl. اهتمامات

اخطار - (Ar.) warning; notification, notice. Pl. اخطارات

تأیید - (Ar.) confirmation; endorsement. Pl. تأییدات

٢٠ Select Glossary

برابر - (Per.) equal, alike; opposite; Turkish: together.

عودت - (Ar.) coming back, returning. Syn. مراجعت

استفاده - (Ar.) taking advantage; making use; profiting.

قطع - (Ar.) rupture, interruption; traversing.

تحدث - (Ar.) talking; conversing: Turkish: taking place, originating.

جدی - (Ar.) serious; earnest; energetic.

محبت - (Ar.) love, affection, fondness.

مودت - (Ar.) friendship, affection.

متأثر - (Ar.) to become affected; to become saddened.

پایدار - (Per.) durable, permanent, firm.

مغرور - (Ar.) haughty; deluded.

محقر - (Ar.) contemptible, vile; base.

بدایت - (Ar.) the beginning.

٢١ Select Glossary

منازع فیه - (Ar.) in dispute, under litigation.

عظیم - (Ar.) big, great; magnificent.

تفوق - (Ar.) superiority, supremacy.
تأمين - (Ar.) securing, protecting. safety; guarantee. Pl. تأمينات
مرجح - (Ar.) preferred, preferable.
بسيط - (Ar.) simple, elementary.
منفور - (Ar.) detestable, abhorrent.
موسم - (Ar.) season; time. Pl. مَواسِم
حسب - (Ar.) in consideration [of]; on account [of].
اقامت - (Ar.) staying; residence, dwelling.
صره - (Greek. sıra) occasion.
چكلك - (cekilmek) to withdraw; to recede.
رفاقت - (Ar.) companionship, friendship.
محبه - (Ar.) friend, lover. Masc. محب
جوار - (Ar.) vicinity, neighborhood.
قریه - (Ar.) town, village.
مسترحم - (Ar.) pleading, beseeching.
اختيار - (Ar.) power, authority; choosing, electing; Turkish: old (age)
قبل - (Ar.) before, prior.

۲۲ Select Glossary

دم - (Per.) breath; moment.
بالمجبوريه - (Ar.) under necessity, under compulsion. See مجبوريت, fol. 15.
سياحت - (Ar.) traveling, touring.
مؤخراً - (Ar.) lately, of late.
واصل - (Ar.) arrived; reached; joined; obtained.
اعتذار - (Ar) apology.
عجله - (Ar.) hurry, haste.
اوز اقلاشمق - (uzaklaşmak) walk away.
ياكلش - (yanlış) incorrect; incorrectly; error.
صندوق - (Ar.) case, box, coffer, chest. Pl. صَناديق
ذاهب - one who departs, goes away, or disappears.
مدير - (Ar.) manager, director, administrator.
چاغيرمق - (çağırmak) to summon; to call for; to invite.
درشتانه - (Per.) harshly; fiercely; coarsely.

کیرالامق - (kiralamak) to rent.

۲۳ Select Glossary

معما or معمی - (Ar.) mystery, enigma; riddle, puzzle.
شقه - (şaka) joke
قیزمق - (kızmak) to become angry.
علاقه دار - (Ar. Per) - related, involved, connected.
عقل - mind; intellect, wit. Pl. عُقول
اوكلين - (öğleyin) at noon time.
خلاف - (Ar.) contradiction, opposition; offense, misconduct.
طبق - (Ar.) state, condition; conformity, in accordance [with].
نفرت - (Ar.) hatred, antipathy, disgust.
اجرا - (Ar.) obeying; execution of an order, carrying out, enforcing.

۲٤ Select Glossary

موافقت - (Ar.) agreement; assent.
غیرت - (Ar.) endeavoring, striving; zeal; enthusiasm.
مجادله - (Ar.) argument, altercation, quarrel.
اقناع - (Ar.) persuasion; giving satisfaction.
حرمت - (Ar.) respect, deference.
حرمتکارانه - (Ar. Per.) respectfully.
صبر - (Ar.) patience; endurance.
توکنمك - (tükenmek) to be exhausted, to come to an end.
بیهوده - (Per.) futile, vain; immodest; foolish.
یورمق - (yormak) to wear out; to tire.
اوتانمق - (utanmak) to be ashamed; to be shy; to blush.
دهشت - (Ar.) terror; bewilderment.
یأس - (Ar.) hopelessness, despair.
فتوره - (Ar.) listlessness, tepidness.
یوله کتیرمك - (yola getirmek) to reclaim; to discipline; to chasten.
متهیج - (Ar.) agitated; furious.
طالع - (Ar.) fortune; luck; destiny, fate; horoscope.
کوسمك - (küsmek) to vex; to be offended.

قارى - (karı) old woman; prostitute.

۲۵ Select Glossary

بورقولمق - (burkulmak) to twist.
صداقت - candor, sincerity; amiability; Turkish: loyalty.
حسن - (Ar.) beauty; goodness; virtue; worth. Pl. مَحاسِن
نیت - (Ar.) intention; purpose. Pl. نِیّات
کاذب - (Ar.) liar; lying, untruthful. Pl. کَذَبَه
دعوت - (Ar.) invitation, calling [upon].
اجابت - acceptation; compliance; answering [to].

۲۶ Select Glossary

بوزمق - (bozmak) to undo, to unmake, to disorder, to break.
اتهام - (Ar.) accusation, charge; indictment. Pl. اتهامات
ادعاء - (Ar.) a claim; a pretension.
سرد - (Ar.) telling, recounting; presenting.
رده - rejection, denial. Masc. رد
اکتفاء - being content or satisfied.
بعده - (Ar.) afterwards, after that.
فقیر - (Ar.) poor, needy; a poor person. Pl. فُقَرا
مواجهه - (Ar.) presence; meeting face to face; confrontation.
جزئی - (Ar. Per.) tiny, trifling, insignificant.
سعادت - (Ar.) felicity, bliss, happiness; prosperity.
علیه - (Ar.) against, opposing.
تزویر - (Ar.) lying, falsifying.
فوق - (Ar.) above, top; superior; beyond.
فوق العاده - extraordinary (literally "above the ordinary")
مسافر - (Ar.) traveller; visitor; Turkish (misafir): guest. Pl. مسافرین
چکینمك - (çekinmek) to be careful; to hesitate.
موجود - (Ar.) existing, existent. Syn. کائن
متفق - (Ar.) united, allied.
سرعت - (Ar.) speed; quickness, haste.

انتقال - (Ar.) shift, transfer. Pl. انتقالات
مقام - (Ar.) position; place; dwelling.
تصديق - (Ar.) confirmation, attestation; acknowledgement; justification; certification. Pl. تصديقات
صاللامق - (sallamak) to shake, to swing.

27 Select Glossary

قطعیت - (Ar.) certainty, ascertainment.
تفریق - (Ar.) distinguishing; separating; discriminating; classification; subtraction. Pl. تَفاريق
    note: translated in context as "determine."
متضرر - (Ar.) harmed, injured; oppressed.
اقتدار - (Ar.) power, authority; ability.
اوغراشمق - (uğraşmak) to make an effort, to endeavor; to struggle.
تدبیر - (Ar.) prudence; policy; plan. Pl. تَدابیر
نصيحت - (Ar.) advice, counsel; admonition. Pl. نَصائِح
ذهن - (Ar.) memory; mind. Pl. أَذْهان
فكر - (Ar.) thinking, thought; idea; consideration; advice. Pl. أفكار
تكرار - (Ar.) redoing; repetition; reiteration
قربانى - (Ar. Per.) victim; someone or something that is sacrificed.
توسل - (Ar.) beseeching, entreating; Turkish: starting.
خيلى - (Per.) very; much.
فائده - (Ar.) benefit; advantage; profit; usefulness. Syn. منفعت. Pl. فَوائِد
شريك - (Ar.) partner; accomplice. Pl. أَشراك and شُرَكاء

30 Select Glossary

هنوز - (Per.) yet; still; just now; until now.
استقبال - (Ar.) meeting and receiving a visitor; futurity.
تصور - (Ar.) contemplating; imagining; idea; perception. Pl. تصورات
واز - (Ar.) relinquishing; abandoning.
واز كچمك - (vazgeçmek) to abandon; to change one's mind; to back down.
مدح - (Ar.) praise; commendation.
نظر - (Ar.) glance, view; attention. Pl. أَنْظار

دقت - (Ar.) exactness; precision, accuracy; carefulness.

   note: "nazar-ı dikkati" has been translated as "close attention." دقّتى (adj. "close") appears to be a Persianized adjectival of دقت, though it would be beneficial to know دَقيق, the non-Persianized adjectival form.

جلب - (Ar.) attraction; acquiring; bringing; Turkish: summoning.

در عقب - (Per. Ar.) immediately afterwards.

بلا - (Ar.) without.

مرحمت - (Ar.) kindness, favor; mercy.

ترجيح - (Ar.) preferring; preference.

مثبت - (Ar.) positive; confirmed, proved, established.

منفى - (Ar.) negative.

٣١ Select Glossary

سوقاق - (sokak. derived from Ar. زقاق) street, alley.

كزمك - (gezmek) walk, wander about; to visit.

موقةً - (Ar.) temporarily.

عنصر - (Ar.) element; origin; principle. Syn. اصل. Pl. عَناصِر

تجهيز - (Ar.) outfit; equipment; mobilization. Pl. تجهيزات

ايرى - (iri) big.

مخاطب - (Ar.) one spoken to by another in a conversion.

ايفاء - (Ar.) fulfilling, discharging; satisfying.

تشريك - (Ar.) making one a partner. See شريك, fol. 27.

مسعاة - (Ar.) endeavour; action; labor. Pl. مَساعى

معنى دار - (Ar. Per.) expressive; significant.

سيما - (Per.) countenance, face; aspect.

قاپلامق - (kaplamak) to cover; to overspread; to overgrow; to envelop.

كورى كورينه - (körü körüne) blindly

اطاعت - (Ar.) obedience; submission.

مشفق - (Ar.) kind, sympathetic.

٣٢ Select Glossary

قسم - (Ar.) part, portion, section. Pl. أَقْسام

قورتارمق - (kurtarmak) to save, to salvage.
چانطه - (Per. چنته) bag, briefcase.
قیمت - (Ar.) price; value, worth.
قیمتدار - (Ar. Per) valuable.
محتاج - (Ar.) needed; needy; a poor, needy person. Pl. محتاجین
کافه - (Ar.) whole, total; all.
تدارك - (Ar.) preparation; provision; precaution. Pl. تدارکات
کار - (Per.) work; act, action; matter, affair.
ایز - (iz) trace, mark.
معاون - (Ar.) assistant, aide; helper; supporter. Fem. معاونه

٣٣ Select Glossary

الیوم - (Ar.) today.
کیفیت - (Ar.) circumstances; quality; mode, manner.
تدقیق - (Ar.) investigation, examination, scrutiny. Pl. تدقیقات
مغدور - (Ar.) betrayed; forsaken.
مغدوری - (Ar.) victim.
تداوی - (Ar.) medical treatment.
فرضیه - (Ar.) hypothesis, supposition. Pl. فرضیات
امر - (Ar.) matter, affair, concern. Pl. اُمور
    note: not to be confused with امر (Pl. اَوامِر) meaning "command, order." See fol. 18.

٣٤ Select Glossary

غروب - (Ar.) sunset.
شمس - (Ar.) sun. Pl. شُموس
محقق - (Ar.) ascertained, confirmed; authenticated; Turkish: certainly.
چار یك - (Per.) one-fourth, quarter. See Persian numbers 1-10 below.
    note: چار is a colloquial form of چهار ("four")

یك ، دو ، سه ، چهار (چار) ، پنج ، شش ، هفت ، هشت ، نه ، ده

چیفتجی - (çiftçi) farmer.
قولتوغ - (koltuk) armchair, seat.
مکلف - (Ar.) embellished; charged with a duty.

متعدد - (Ar.) many, numerous.
دوشه لی - (döşeli) decorated, fitted.
مشتری - (Ar.) customer, buyer.
   note: translated in context as "client."
كاتبه - (Ar.) scribe, writer; secretary. Masc. كاتب Pl. of masc. كُتّاب or كَتَبَه
اهمیت - (Ar.) importance.
یاسلنمق - (yaslanmak) to lean, to recline, to sit back.
ماصه - (Italian. masa) desk.
آمیز - (Per.) mixture; mixed, mingled. (Persian verb آمیختَن - to mix, to mingle)
صلاقجه - (salakça) awkwardly, clumsily.
صاف - (Ar.) naive; clear; pure; candid.
صافدلانه - (Ar. Per.) naively.

۳۵ Select Glossary

صرف - (Ar.) spending; converting; using, employing.
سلاله - (Ar.) progeny, offspring.
اختلال - (Ar.) disorder; confusion; derangement.
   note: translated in context as "revolution."
چارپیشمق - (çarpışmak) to battle; clash, to collide.
قیرپمق - (kırpmak) to wink.
زائد - (Ar.) additional, extra; superfluous.
دلالت - (Ar.) indication; denoting; expressing.

۳۶ Select Glossary

کوه‌زه - (geveze) talkative.
مجنون - (Ar.) insane, crazy; lunatic, crazy person. Fem. مجنونه Pl. مَجانین
مزبور - (Ar.) aforementioned. Fem. مزبوره Syn. مذکور
استمزاج - (Ar.) asking an opinion; inquiring after health; expressing intention.
اختصاص - (Ar.) specialty; peculiarity; allocation. Pl. اختصاصات
خطاب - (Ar.) addressing; address; discourse.
یاغلی - (yağlı) oily, fatty, greasy.
منافع - (Ar.) benefits; interests; advantages.
مداخله - (Ar.) intervention; meddling, interference. Pl. مداخلات

۳۷ Select Glossary

قپاتیلمه - (kapatılma) confinement.

علاقه - (Ar.) attachment, connection; interest; concern. See علاقه دار, fol. 23. Pl. عَلائِق

بالعكس - (Ar.) on the contrary, vice versa.

حالبو كه - (Ar. Tr. Per.) whereas; however.

معذور - (Ar.) excused, excusable.

امان - (Ar.) safety, security; peace; respite.

شغل - (Ar.) work, business, employment, profession. Pl. اَشْغال

عناد - (Ar.) obstinacy, stubbornness.

خشين - (Ar.) harsh, stern, rude.

خشينلشمك - (haşinleşmek) to become harsh, stern or rude.

غالبًا or غالبا - (Ar.) most of the time; frequently; chiefly.

۳۸ Select Glossary

غیجیرداماق - (gıcırdamak) to squeak; to rustle.

عنایت - (Ar.) favor, grace.

هیبت - (Ar.) imposing presence; formidableness.

شدت - (Ar.) intensity; severity.

تهور - (Ar.) rash, reckless.
    note: translated in context as "enraged."

منسلب - (Ar.) being deprived; plundered.

طیشاری - (dışarı) out, outside, exterior.

آلای ایتمك - (alay etmek) to poke fun, to ridicule.

قودورمق - (kudurmak) to rage, to go mad, to rampage.

۳۹ Select Glossary

صایمق - (saymak) to count, to enumerate; to regard as.

قفا - (Ar.) back part of neck; Turkish: head.

یوریمك - (yürümek) to tread, to walk, to hike.

تربیه - (Ar.) educating, rearing.

متبسمانه - (Ar. Per.) smilingly.

واردیرمق - (vardırmak) to let a matter reach (a certain point).
صوقولمق - (sokulmak) to come close, to draw near.
اختلاج - (Ar.) convulsion; agitation; being dragged.
سرتجه - (Per. sertçe) harshly.
باصمق - (basmak) to press; to step on.

٤٠ Select Glossary

مسكين - wretched; indigent; an indigent person. Pl. مَساكين
شاشقین - (şaşkın) bewildered, taken aback, confused.
آسانسور - (asansör) elevator.
اوج - (uç) tip; extremity; end point.
میرلدانمق - (mırıldanmak) to murmur, to mutter; to grumble.
جانی - (Ar.) sinner; criminal; murderer.
اوزونتو - (üzüntü) affliction; worry; chagrin.
اوزونتولی - (üzüntülü) distressed, worried.
مراق - (Ar.) curiosity.
چهره - (Per.) face; countenance.
قبا - (kaba) rude; vulgar.

٤١ Select Glossary

ظیپیر - (zıpır) mad, insane.
موجب - (Ar.) cause, reason; motive.
صیچرامق - (sıçramak) to leap, to jump.
اثر - (Ar.) sign, vestige. Pl. آثار
    note: آثار also often means "literary works."
مشهود - (Ar.) evident; witnessed; recognized.

٤٢ Select Glossary

تبدیل - (Ar.) changing, alteration; substitution. Pl. تبدیلات
ارشاد - (Ar.) guidance, instruction.
ذره - (Ar.) molecue, a tiny part.
ذرهجه - (zerrece) in the least.

۴۳ Select Glossary

یاقالانمق - (yakalanmak) to be caught.
دردست - (Per.) capturing.
صحیح - (Ar.) perfect; complete; true, authentic; right.
قورناز - (kurnaz) cunning, shrewd.

۴۴ Select Glossary

چاره - (Per.) method; remedy; cure; escape.
طوزاق - (tuzak) trap, ambush; decoy.
هر کس - (Per.) each person; everyone.
هجومِ دمِ دماغ - (Ar. Per. Ar.) stroke.
    note: literally "air attack of the brain."
هجوم - (Ar.) an assault, an attack; a rushing.
دماغ - (Ar.) brain.
نه - (Per.) not; no.
اورته دن قالقمق - (ortadan kalkmak) to disappear.
صاغ - (sağ) alive, living; right (direction).

۴۵ Select Glossary

آزالمق - (azalmak) to be decreased, to be diminished.
قاریشدیرمق - (karıştırmak) to mix; to mix up; to disorder, to confound, to muddle.
مدار - (Per.) not having possession.
تقدیر - (Ar.) fate; destiny; supposition; evaluation, appraisal. Pl. تَقادیر
مصون - (Ar.) immune, inviolable; exempt.
راحت - (Ar.) repose; comfort; relief.
موفقیت - (Ar.) success.
تطبیق - (Ar.) checking, verification; adaptation, conformation.
وارثه - (Ar.) heiress. Masc. وارث. Pl. وَرَثه or وُرّاث
احتیاج - (Ar.) need, necessity; want; indigence. Pl. احتیاجات
احتیاط - (Ar.) caution, precaution; discretion.

۴۶ Select Glossary

متیکظ - (Ar.) alertful, vigilance.
بیاض - (Ar.) white.
زنجی - (Ar.) black.
اشارت - (Ar.) signal; sign, mark.
چیغراق - (çıngırak) bell.
آشاغی - (aşağı) downstairs
تمیز - (Ar.) clean; neat; proper.

۴۷ Select Glossary

کوشه - (Per. گوشه) corner, angle.
تسلیم - (Ar.) surrendering, handing over; consignment.
ثابت - (Ar.) proven; constant; fixed, firm; stationary.
مؤسسه - (Ar.) institution, foundation.
مملکت - (Ar.) country, kingdom. Pl. مَمالِک
مأمور - (Ar.) functionary, agent; commissioner. Pl. مأمورین

۴۸ Select Glossary

حد - (Ar.) border, boundary; limit. Pl. حُدود
معادل - (Ar.) equivalent, equal; balanced;
منبع - (Ar.) source; spring, fountain. Pl. مَنابِع
واردات - (Ar.) revenues, proceeds; imports.
عزم - (Ar.) determination; resolution; purpose, intention.
عزمکار - (Ar. Per) determined, resolute.
فراری - (Ar. Per.) an escapee, a runaway.
مکافات - (Ar.) compensation; retribution, retaliation.

۴۹ Select Glossary

قازانمق - (kazanmak) to earn; to gain; to win.
تترهمك - (titremek) to tremble, to vibrate.
عظمت - (Ar.) hauteur, pomposity;

قدرت - (Ar.) power, might; ability.

۵۰ Select Glossary

مطلقا or مطلقاً - (Ar.) absolutely; freely, independently.
اصابت - (Ar.) precision, hitting the mark; for a lot to fall on something or someone.
    note: translated in context as "coincidence."
زحمت - (Ar.) toils, pains; trouble, inconvenience; discomfort.
قورقونج - (korkunç) terrifying; dreadful; cruel; ghastly.

۵۱ Select Glossary

مبنی - (Ar.) based on, predicated on.
حواله - (Ar.) delegation; cession, transfer, legal transfer. Pl. حوالجات
تسلی - (Ar.) consolation, solace; comfort.
یاخود - (Per.) or, else.
فرض - (Ar.) supposition, hypothesis; assumption; duty. See فرضیه, fol. 33. Pl. فروض
مشوش - (Ar.) chaotic; complicated; intricate; disturbed; apprehensive.

۵۲ Select Glossary

جرأت - (Ar.) courage; boldness.
عادی - (Ar.) ordinary; customary.
لطیفه - (Ar.) witty remark, joke; being graceful. Pl. لَطائِف
عجباً or عجبا - (Ar.) "Astonishing!", "Strange!"
عائد - (Ar.) belongs, relates to; appertaineth; relative; returning, coming back.
توديع - (Ar.) consigning; depositing; bidding farewell.
تعلل - (Ar.) excuse, evasion.
عجول - (Ar.) rash, hasty.
اعتدال - (Ar.) moderation; reasonableness; temperance.
تثبيت - (Ar.) confirming; establishing.
خارجی - (Ar.) outward, exterior; foreign. Fem. خارجیه
غرابت - (Ar.) strangeness; peculiarity.

۵۳ Select Glossary

قاریشیق - (karışık) mixed; complex. See قاریشدیرمق, fol. 45.
تخطر - (Ar.) remembering, reminiscence.
نظارت - (Ar.) supervision; inspection; surveillance.
دائر - (Ar.) concerning, pertaining.
نسخه - (Ar.) a copy, an edition; a transcript. Pl. نُسَخ
مخبر - (Ar.) an informant, a bearer of news. Pl. مخبرین

۵۴ Select Glossary

ادا - (Ar.) expression, manner; coquetry; imitation.
ازعاج - (Ar.) annoyance, disturbance.
ادب - (Ar.) politeness, civility, good upbringing; literature, letters. Pl. آداب
ادیبانه - (Ar. Per.) literal; literally; polite, politely.
اسعاف - (Ar.) helping; carrying out.
مستهزیانه - (Ar.) by way of ridiculing, sarcastically
ضابطه - (Ar.) order; regulation; Turkish: police
مثللو - (Ar. Tr. suffix) similar, like (in the sense of "such as").
جمهور - (Ar.) republic; assembly, crowd. Pl. جَماهیر

۵۵ Select Glossary

N/A

۵۶ Select Glossary

ممنونیت - (Ar.) satisfaction, contentment; gratefulness; pleasure.
یاد - (Per.) memory.
اجرت - (Ar.) wages, rent; recompense.
تأدیه - (Ar.) payment; transmission.
دمین - (demin) just now.
خطا - (Ar.) mistake, blunder; fault; sin.
تصحیح - (Ar.) correction, rectification.

۵۷ Select Glossary

حقارت - (Ar.) degradation; contempt.
تَدبیر - (Ar.) plan; solution, measure; prudence; management. Pl. تَدابیر
شدید - (Ar.) severe; vigorous; violent.
اتخاذ - (Ar.) adopting, choosing for onself.
صایغی - (saygı) respect, deference, homage.
اصرار - (Ar.) insistence; persistence.
زیرا - (Per.) because.
    note: often used in the form of زیرا که
تقیید - (Ar.) binding; restraining.
قارنجهلنمق - (karıncalanmak) to tingle, to prickle.

۵۸ Select Glossary

جبراً - (Ar.) forcibly.
بارقه - (Ar.) lightning.
آسا - (Per.) like, similar to.
یك - (yen) sleeve.
صوپا - (sopa) club, baton, cudgel.
بایېلمق - (bayılmak) to faint, to lose conscious.
فیرلامق - (fırlamak) to jump; to fly off.
غلبه - (Ar.) victory, triumph.
چکه - (Per. چانه) chin.
یومروق - (yumruk) punch, jab; fist.
سرمك - (sermek) to spread out; lay out; to stretch.
مقاوم - (Ar.) opponent; antagonist; resisting; opposing; perservering. See مقاومت, fol. 16.
صالمق - (salmak) to release; to unbind; to let out.
آتیك - (atik) agile.
آدیم - (adım) step.

۵۹ Select Glossary

تام - (Ar.) complete; perfect; Turkish: precise, exact.

معده - (Ar.) stomach.
تكمه - (tekme) kick.
متهور - (Ar.) over excited; reckless.
كورولتو - (gürültü) clamour, noise.
بيق - (bıyık) mustache, whisker.
كوونمك - (güvenmek) to rely on; to have confidence in.
مرديوهن - (Tr. merdiven, from Per. نَرْدُبَان meaning "ladder") stairs, steps.
يوارلانمق - (yuvarlanmak) to roll, to tumble.
محميه - (Ar.) protectee.
نقل - (Ar.) narration; quotation; transmission; transfer.
رواق - (Ar.) porch, portico.
سپت - (Per. سَبَد) basket.

۶۰ Select Glossary

قوجه قارى - (kocakarı) old woman.
حذا - (Ar.) facing; opposite.
ايكلمك - (inlemek) to moan, to groan; to whimper; to wail.
كوشك - (Per.) villa, mansion, pavilion.
ازدواج (Ar.) - marriage.

۶۱ Select Glossary

زوجه - (Ar.) wife. Pl. زوجات. See زوج, fol. 17.
كچينمك - (geçinmek) to get along.
باغچوان - (Ar. Per.) gardener.
شخصاً - (Ar.) in person; personally.
سايس - (Ar.) statesman, politician; manager; Turkish (seyis): stableman. Pl. = سائسين
معلوم - (Ar.) known, evident, manifest, obvious.
معلومات - (Ar.) things that are known; knowledge; qualifications.
يتيشمك - (yetişmek) to catch, to catch up; to overtake.

۶۲ Select Glossary

چته - (Serbian. çete) gang, mob.
قوت, قوه - (Ar.) power, strength, firmness.
لااقل - (Ar.) at least.
دفن - (Ar.) burial, interment.
مشئوم - (Ar.) ill-omened; inauspicious, sinister.
حس قبل الوقوع - (Ar.) foreboding, premonition.
مندیل - (Ar.) handkerchief.
بلیرمك - (belirmek) to appear.
شمشك - (şimşek) lightning.
پارلامق - (parlamak) - to shine, to flash, to sparkle, to gleam.

۶۳ Select Glossary

منظره - (Ar.) view, sight; appearance; scenery; landscape. Pl. مَناظِر
مؤلم - (Ar.) painful; tragic.
چوزمك - (çözmek) to untie; to figure out.
وخیم - (Ar.) dangerous, perilous; noxious; heavy; disastrous.
یارا - (yara) injury, bruise, wound.
ضعیف - (Ar.) weak.
سس - (ses) voice; sound.
تعرض - (Ar.) attack; aggression; opposition. Pl. تعرضات
اوغرامق - (uğramak) to stop by; to visit; to experience.
اپی - (epey) many, a great deal (of).

۶٤ Select Glossary

صاپلامق - (saplamak) to stab, to thrust, to run through, to plunge.
حیدود - (Hungarian. haydut) thug; bandit.
عهد - (Ar.) oath; promise; treaty; testament, will. Pl. عُهود
تأثر - (Ar.) being afflicted, especially by a strong emotion such as love, hate, anger. Compare with تأثر, fol. 16 and متأثر, fol. 20.
تحری - (Ar.) research; investigation. Pl. تحریات
رهبر - (Per) a guide; a leader; an escort.

۶۵ Select Glossary

منتظر - (Ar.) waiting, expecting, watching out for.
غیبوبت - (Ar.) absence.
نسبت - (Ar.) ratio, porportion; relation, connection; reference, regard; comparison.

۶۶ Select Glossary

وخم - (Ar.) harmful, hurtful; adverse, hostile.
خرسز - (hırsız) burglar.
ماهر - (Ar.) skilled, ingenious.
کلید - (Per. through Greek) key; Turkish (kilit): lock.
رئیس - (Ar.) leader, president (modern). Fem. رئیسه
اذن - (Ar.) permission, especially permission to take leave.
اذنلی - (Ar. Tr. suffix) off duty, on leave.
اماره - (Ar.) sign, indication, mark. Pl. امارات
دسترس - (Per.) reaching; obtaining; accessible, available.
 note: دَسْت - (noun) "hand" ; رَس is the present stem of رَسیدَن - (verb) to reach, to arrive. رسیدَن and رس in the modern Persian of Iran.
نتیجه - (Ar.) result; offspring.
عبارت - (Ar.) phrase, expression; meaning; Turkish: include, consist.
قره قول - (karakol) police station.
آطه - (ada) island; block of buildings.
نوبت - (Ar.) turn, shift (period of time for partaking in something); disaster.
اسنه‌مك - (esnemek) to yawn.

۶۷ Select Glossary

متمادیاً - (Ar.) continuously.
زیل - bell.

۶۸ Select Glossary

عمومی - (Ar.) common, general, universal.
واقعاً or واقعا - (Ar.) actually, in fact.

ماعدا - (Ar.) besides, except for; without regard to.
یاغز - (yağız) swarthy, of dark complexion.
استقامت - (Ar.) rectitude; stability, firmness; perseverance; standing erect; acting uprightly, integrity; Turkish: direction, destination.

۶۹ Select Glossary

ترصد - (Ar.) watching, observation; expectation, waiting. Pl. ترصدات

۷۰ Select Glossary

قوناق - (konak) mansion, villa; residence.
حشری - (Ar. Per.) wild, impetuous; overly sensual.
دولاشمق - (dolaşmak) to walk around, to wander, to stroll.

۷۱ Select Glossary

تخمیناً - (Ar.) approximately. See تقریباً, fol. 7.
سرسمی - (Per. سَر سامی) delirious.
اوغوشدیرمق - to rub.
    note: variant of ovuşturmak- to rub.
آخر - (Per. آخور) a stable; a stall.
ملایمانه - (Ar. Per.) softly, gently, affably.

۷۲ Select Glossary

دویمق - (duymak) to feel; to come to know; to bear.
صیرمه - (Greek?) brocade.
شرید - (Ar. شریط) band, ribbon, cord, braid.

۷۳ Select Glossary

صاومق - (savmak) to dismiss, to get rid of.
کیزلنمك - (gizlenmek) to hide oneself.

۷۴ Select Glossary

سوپورکه - (süpürge) broom.

صاپی - (sap) stem, stalk.
ديم ديك - (dimdik) stiff, rigid; erect.
دار - (dar) tight.
اكلنمك - (eğlenmek) to amuse oneself, to make fun.
بدلا - (Ar.) vagabond dervish; Turkish: idiot.

۷۵ Select Glossary

پوصو - (pusu) ambush
قورمق - (kurmak) to set up, to establish.
صويمق - (soymak) to rob, to plunder.
ناموس - (Ar.) principle, law; chastity; female family member. Pl. نَواميس
ناموسلو - (Ar. Tr. suffix) principled, honest.
ذكى - (Ar.) keen, shrewd; sagacious.
بصر - (Ar.) sight, seeing; eye. Fem. بصره. Pl. اَبْصار

۷۶ Select Glossary

محروم - (Ar.) deprived; devoid.
اعمى - (Ar.) blind; ignorant.
متعاقباً - (Ar.) subsequently, one after another.
ميان - (Per.) between; among; middle.
ناظر - (Ar.) observer; seer, controller, steward; watching; supervising. Pl. نُظّار
سوء - (Ar.) bad; badness.
استعمال - use; using; usage, practice; employment.

۷۷ Select Glossary

توافق - (Ar.) agreeing, harmony. concurrence, concord.
فيصيلدامق - (fısıldamak) to whisper.
صقال - (sakal) beard.
طاقمق - (takmak) to attach, to affix; to hang.
اكرى - (eğri) crooked.
اكريلك - (eğrilik) crookedness.

۷۸ Select Glossary

دلیك - (delik) hole.
اویناتمق - (oynatmak) to move, to dislocate; to wriggle.
طورنه - (turna) crane (animal).
طورنه یی کوزکندن اورمق - (turnayı gözünden vurmak) to hit the jackpot.
طبانجه - (tabanca) gun, pistol, revolver.
دایامق - (dayamak) to base on, to prop up, to lean against.
ییقامق - (yıkamak) to clean, to bathe, to wash.
مخصوص - (Ar.) special; particular, specific.
اناختار - (Greek. anahtar) key.

۷۹ Select Glossary

باردانه - (Ar. Per.) in a cold manner.
بین - (beyin) brain. See also دماغ, fol. 16.
پاطلاتمق - (patlatmak) to make something explode.
صلاحیت - (Ar.) authority; jurisdiction; competence; integrity; virtue; appropriateness.
اعتراض - (Ar.) objection; criticism. Pl. اعتراضات

۸۰ Select Glossary

لعنت - (Ar.) a curse, an anathema.
امداد - (Ar.) assistance, help, relief; military reinforcements. Syn. معاونت, fol. 3 ; مساعده, fol. 14.
اوممق - (ummak) to hope, to expect.
شریر - (Ar.) evil; vicious; a wicked person. Pl. اَشْرار
لاقیدی - (Ar. Per.) nonchalance, listlessness, apathy.
    note: قید - (Ar.) confinement, restraint, obstacle.
مغایر - (Ar.) contrary; opposed; repugnant.
معصومانه - (Ar. Per) innocently.

۸۱ Select Glossary

کلیشی کوزل - (gelişigüzel) random; randomly.

مذاکره - (Ar.) memorization; conference, discussion; negotiation; debate; deliberation of a court of law. Pl. مذاکرات

اوزولمك - (üzülmek) to feel bad, to grieve; to worry.

آواز - (Per.) voice, sound; tone.

۸۲ Select Glossary

شرط - (Ar.) condition; convenant, agreement; duty. Pl. شُروط

مستثنی or مستثنا - (Ar.) excepted [from common rule]; extraordinary.

تسلی - (Ar.) comfort, solace; consolation; assurance.

قوپارمق - (koparmak) to cut off; to rip off.

ایراد - (Ar.) adducing (a proof); revenue; objection, protest; mentioning, bringing up, citing, remark; delivery, delivering; observation; causing to arrive; intention. Pl. ایرادات

سربستجه - (Per. Tr. suffix) freely.

مساعدهکارانه - (Ar. Per.) accommodating[ly]; helping[ly].

ایرکچ - (ergeç) sooner of later, eventually.

جزا - (Ar.) retribution; judgement; punishment; reward, recompense.

تهدید - (Ar.) threat. Pl. تهدیدات

تهدیدکار - (Ar. & Per. suffix) threatening.

۸۳ Select Glossary

اموزل - (omuz) shoulder.

سیلکمك - (silkmek) to shrug; to shake.

دیکمك - (dikmek) to sew; to plant.

سالم - (Ar.) safe, sound; healthy; wholesome.

بیتیشیك - (bitişik) adjacent, contiguous, adjoined.

۸٤ Select Glossary

افاده - (Ar.) testimony.

نظراً - (Ar.) as regards to; according to; apparently, evidently; theoretically; by sight.

صارارمق - (sararmak) to turn yellow.

صولمق - (solmak) to fade; to wither; to die away; to discolor.
note: "sararıp solmak" also exists as a compound verb.

منكشه - violet.

كوپه - ear ring.

دساس - (Ar.) deceitful, tricky.

لاقیدانه - (Ar.) indifferently, nonchalantly. See لاقیدی, fol. 80.

۸۵ Select Glossary

عالیجناب - (Ar. Per.) High Excellency; eminent, honorable. See جناب, fol. 16.

عالیجنابانه - Persian adverbial of عالیجناب

مشترك - (Ar.) shared, joint, collective, mutual.

سربست - (Per.) Turkish: free, unrestrained. See سربستجه, fol. 82.

قاپیلمق - (kapılmak) to be seized; to fall in.

حس - (Ar.) feeling, sentiment, sense. Fem. حسه

كمال - (Ar.) perfection, completion; attainment.

شكران - (Ar.) returning thanks, gratefulness.

وجدان - (Ar.) conscience.

وجداناً - (Ar.) conscientiously.

مسئول - (Ar.) responsible, liable; request, desire; asked, demanded, requested.

عاقبت - (Ar.) end, consequence, conclusion. Pl. عَواقِب

صمیم - (Ar.) core; interior; central part.

صمیمی - (Ar. Per.) sincere, true, pure; cordial.

۸۶ Select Glossary

معهود - (Ar.) said, mentioned; familiar, customary; well-acquainted; well-known.

انتقام - (Ar.) vengeance, revenge, retaliation.

ترتیب - (Ar.) putting in order, arranging, arrangement; system; method. Pl. ترتیبات

نقطه - (Ar.) point; dot. Pl. نُقَط and نُقاط

حساس - (Ar.) possessing the five senses; sensitive; shrewd; acute.

اورمق - (urmak) variant of "vurmak" ("ur-" can be found in other Turkic languages, including Uzbek and Uyghur, as the standard word for "to hit").

ابلهانه - (Ar. & Per. suffix) idiotic, stupid; stupidly.

مدخل - (Ar.) going into; entrance; doorway, gate.
مدخلدار - (Ar. & Per. suffix) being involved; intervening.
خباثت - (Ar.) wickedness, depravity, malice:, malevolence.
متولد - (Ar.) born, begotten; one who is born.

۸۷ Selected Glossary

بحق - (Ar.) by truth.
     note: adverbial appears in the text.
خطاباً or خطابا - (Ar.) (adverb) addressing, by way of address.
مهلت - (Ar.) known amount of time, notice.
ختام - (Ar.) end, conclusion.
مفارقت - (Ar.) absence; separation; quitting; leaving; alienation.

۸۸ Select Glossary

متوفی - (Ar.) dead, whose soul is taken by God.
ملعنت - (Ar.) an execrable act, malice.
تلقی - (Ar.) consideration, concept.
تخلیه - (Ar.) release, letting go, discharge.

Glossary by Alphabetical Order

ای او آ ا

ابراز - (Ar.) divulging; bringing forth; manifesting.

ابلهانه - (Ar. & Per. suffix) idiotic, stupid; stupidly.

ابوین - (Ar.) parents

اپی - (epey) many, a great deal (of).

اتخاذ - (Ar.) adopting, choosing for onself.

اتهام - (Ar.) accusation, charge; indictment. Pl. اتهامات

اثبات - (Ar.) proof; affirmation; demonstration.

اثر - (Ar.) sign, vestige. Pl. آثار

    note: آثار also often means "literary works."

اثناء - (Ar.) during; interval, middle.

اجابت - acceptation; compliance; answering [to].

اجرا - (Ar.) obeying; execution of an order, carrying out, enforcing.

اجرت - (Ar.) wages, rent; recompense.

احتمال - (Ar.) possibility. Pl. احتمالات

احتیاج - (Ar.) need, necessity; want; indigence. Pl. احتیاجات

احتیاط - (Ar.) caution, precaution; discretion.

اختصاص - (Ar.) specialty; peculiarity; allocation. Pl. اختصاصات

اختلاج - (Ar.) convulsion; agitation; being dragged.

اختلال - (Ar.) disorder; confusion; derangement.

اختیار - (Ar.) power, authority; choosing, electing; Turkish: old (age)

اخطار - (Ar.) warning; notification, notice. Pl. اخطارات

ادا - (Ar.) expression, manner; coquetry; imitation.

اداره - (Ar.) administration, management; department. Pl. ادارات

ادب - (Ar.) politeness, civility, good upbringing; literature, letters. Pl. آداب

ادعاء - (Ar.) a claim; a pretension.

ادیبانه - (Ar. Per.) literal; literally; polite, politely.

اذن - (Ar.) permission, especially permission to take leave.

اذنلی - (Ar. Tr. suffix) off duty, on leave.

ارشاد - (Ar.) guidance, instruction.

ازدواج (Ar.) - marriage.

ازعاج - (Ar.) annoyance, disturbance.

ازهر - (Per.) from each.
    note: formed form two separate words, از (from) and هر (every, each).

استخراج - (Ar.) conclusion; logical deduction.

استعمال - use; using; usage, practice; employment.

استفاده - (Ar.) taking advantage; making use; profiting.

استقامت - (Ar.) rectitude; stability, firmness; perseverance; standing erect; acting uprightly, integrity; Turkish: direction, destination.

استقبال - (Ar.) meeting and receiving a visitor; futurity.

استمزاج - (Ar.) asking an opinion; inquiring after health; expressing intention.

استهزا - (Ar.) mockery, scorn.

اسرارانگیز - (Ar. with Per. suffix انگیز) mysterious.

اسعاف - (Ar.) helping; carrying out.

اسم - (Ar.) name, term, noun. Pl. اسامی

اسنه‌مك - (esnemek) to yawn.

اشارت - (Ar.) signal; sign, mark.

اصابت - (Ar.) precision, hitting the mark; for a lot to fall on something or someone.

اصالت - (Ar.) nobility; genuineness.

اصرار - (Ar.) insistence; persistence.

اصل - (Ar.) root, element; basis; truth. Pl. اصول doctrines, methods.

اصلاً or اصلا - (Ar.) originally; Turkish: never.

اصیل - (Ar.) true-born, thoroughbred; real, original.

اطاعت - (Ar.) obedience; submission.

اظهار - (Ar.) expression; manifesting; declaration, statement. Pl. اظهارات

اعاده - (Ar.) restoring, reestablishment; repetition.

اعتبار - (Ar.) credibility; esteem; standpoint, consideration; free will, volition. Pl. اعتبارات

اعتدال - (Ar.) moderation; reasonableness; temperance.

اعتذار - (Ar) apology.

اعتراض - (Ar.) objection; criticism. Pl. اعتراضات

اعتراف - (Ar.) admitting, confessing.

اعتماد - (Ar. اعتماد) trust, confidence, reliance; depending upon.

اعلی - (Ar.) highest, greatest. Fem. عُلْیا Pl. اَعالی

اعمی - (Ar.) blind; ignorant.

افاده - (Ar.) testimony.

اقامت - (Ar.) staying; residence, dwelling.

اقتدار - (Ar.) power, authority; ability.

اقناع - (Ar.) persuasion; giving satisfaction.

اکتفاء - being content or satisfied.

اکری - (eğri) crooked.

اکریلك - (eğrilik) crookedness.

اکلنمك - (eğlenmek) to amuse oneself, to make fun.

اکیلمك - (eğilmek) to bow; to lean; to bend.

الیوم - (Ar.) today.

اماره - (Ar.) sign, indication, mark. Pl. امارات

امان - (Ar.) safety, security; peace; respite.

امداد - (Ar.) assistance, help, relief; military reinforcements. Syn. معاونت, fol. 3 ; مساعده, fol. 14.

امر - (Ar.) command, order. Pl. أَوامِر

امر - (Ar.) matter, affair, concern. Pl. أُمور

note: not to be confused with امر (Pl. أَوامِر) meaning "command, order." See fol. 18.

امکان - (Ar.) possibility. Syn. احتمال, see fol. 7.

امنیت - (Ar.) security, safety; Turkish: certainty, reliability.

اموزل - (omuz) shoulder.

امید - (Per.) hope, desire; expectation.

امین - (Ar.) trustee; trustworthy; safe; Turkish: certain, sure. Pl. أُمَناء

اناختار - (Greek. anahtar) key.

انتقال - (Ar.) shift, transfer. Pl. انتقالات

انتقام - (Ar.) vengeance, revenge, retaliation.

اندیشه - (Per.) thought; consideration; fear.

انکار - (Ar.) denial; renunciation.

اوتانمق - (utanmak) to be ashamed; to be shy; to blush.

اوج - (uç) tip; extremity; end point.

اورته دن قالقمق - (ortadan kalkmak) to disappear.

اورمق - (urmak) variant of "vurmak" ("ur-" can be found in other Turkic languages, including Uzbek and Uyghur, as the standard word for "to hit").

اوزاقلاشمق - (uzaklaşmak) walk away.

اوزولمك - (üzülmek) to feel bad, to grieve; to worry.

اوزونتو - (üzüntü) affliction; worry; chagrin.

اوزونتولی - (üzüntülü) distressed, worried.

اوغراشمق - (uğraşmak) to make an effort, to endeavor; to struggle.

اوغرامق - (uğramak) to stop by; to visit; to experience.

اوغوشدیرمق - to rub.
   note: variant of ovuşturmak- to rub.

اوکلین - (öğleyin) at noon time.

اوممق - (ummak) to hope, to expect.

اویناتمق - (oynatmak) to move, to dislocate; to wriggle.

اویوشومق - (uyuşmak) to get along, to mutually understand, to agree.

اهتمام - (Ar.) care, diligence. Pl. اهتمامات

اهمیت - (Ar.) importance.

ایجاب - (Ar.) necessitating, requiring.

ایچ چکمك - (iç çekmek) to draw sigh.

ایراد - (Ar.) adducing (a proof); revenue; objection, protest; mentioning, bringing up, citing, remark; delivery, delivering; observation; causing to arrive; intention. Pl. ایرادات

ایرکچ - (ergeç) sooner of later, eventually.

ایری - (iri) big.

ایز - (iz) trace, mark.

ایضاح - (Ar.) explanation; clarification.

ایفاء - (Ar.) fulfilling, discharging; satisfying.

ایکلمك - (inlemek) to moan, to groan; to whimper; to wail.

ایلك - (ilk) first. Syn. birinci

اینانمق - (inanmak) to believe

آتیك - (atik) agile.

آجیمق - (acımak) to pain, to ache; (with dative -a/e means "to pity").

آچیق - (açık) open, visible, clear, precise; openly.

آخر - (Ar.) another; final; latter part. Pl. أَوَاخِر

آخر - (Per. آخور) a stable; a stall.

آدیم - (adım) step.

آرامق - (aramak) to search for.

آزالمق - (azalmak) to be decreased, to be diminished.
آسا - (Per.) like, similar to.
آسانسور - (asansör) elevator.
آشاغى - (aşağı) downstairs
آطه - (ada) island; block of buildings.
آگاه (written as آكاه) - (Per.) aware, acquainted, informed.
آلای ایتمك - (alay etmek) to poke fun, to ridicule.
آلچق - (alçak) vile, low, cowardly, nefarious.
آلچقلق - (alçaklık) lowliness, cowardliness.
آلداتمق - (aldatmak) to deceive, to cheat, to betray.
آلدانمق - (aldanmak) to be deceived, to be mistaken
آمیز - (Per.) mixture; mixed, mingled. (Persian verb آمیختَن - to mix, to mingle)
آنی - (Ar.) sudden, momentary.
آواز - (Per.) voice, sound; tone.
آیریجه - (ayrıca) in addition, besides.
آییرمق - (ayırmak) to separate; to disrupt.
آیرلمق - (ayrılmak) to separate; to leave, to part company; to desert.

ب

باب - (Ar.) a matter, a topic, an affair; chapter; gate, door. Pl. اَبْواب
باردانه - (Ar. Per.) in a cold manner.
بارقه - (Ar.) lightning.
باصمق - (basmak) to press; to step on.
باغچوان - (Ar. Per.) gardener.
باغلامق - (bağlamak) to tie, to fasten.
بالخاصه - (Ar.) especially, above all.
بالذات - (Ar.) in person.
بالعکس - (Ar.) on the contrary, vice versa.
بالمجبوریه - (Ar.) under necessity, under compulsion. See مجبوریت, fol. 15.
بایيلمق - (bayılmak) to faint, to lose conscious.
بحث - (Ar.) debate; discussion; research, investigation. Pl. أبحاث
بحث ایتمك - (bahs etmek) to mention; to talk about.
بحق - (Ar.) by truth.

note: adverbial appears in the text.

بخش - (Per.) fortune; portion, part.

بخش ایتمک - (bahş etmek) to endow, to grant.

بدایت - (Ar.) the beginning.

بدلا - (Ar.) vagabond dervish; Turkish: idiot.

بر حیات - (Per. Ar.) alive, living.

note: بر is a Persian preposition meaning "on", "over", or "upon."

برابر - (Per.) equal, alike; opposite; Turkish: together.

براقمق - (bırakmak) to release; to abandon; to hand down.

بردنبره - (birdenbire) suddenly.

بسیط - (Ar.) simple, elementary.

بشیک - (beşik) cradle.

بصر - (Ar.) sight, seeing; eye. Fem. بصره. Pl. اَبْصار.

بعده - (Ar.) afterwards, after that.

بکز - (benzer) similar, look-alike, double (person).

بکزەمک - (benzemek) to resemble, to match.

بلا - (Ar.) without.

بلیرمک - (belirmek) to appear.

بورغولمق - (burkulmak) to twist.

بورقولمق - (burkulmak) to twist.

بوزمق - (bozmak) to undo, to unmake, to disorder, to break.

بولوندورمق - (bulundurmak) to keep, to stock.

بیاض - (Ar.) white.

بیان - (Ar.) statement; explanation; being clear, manifest.

بیتیشیک - (bitişik) adjacent, contiguous, adjoined.

بین - (beyin) brain. See also دماغ, fol. 16.

بیهوده - (Per.) futile, vain; immodest; foolish.

بییق - (bıyık) mustache, whisker.

پ

پارلامق - (parlamak) - to shine, to flash, to sparkle, to gleam.

پاطلاتمق - (patlatmak) to make something explode.

پایدار - (Per.) durable, permanent, firm.

پیچه or پچه - (Per.) veil for covering the face.

پوصو - (pusu) ambush

ت

تأثر - (Ar.) being afflicted, especially by a strong emotion such as love, hate, anger. Compare with تأثر, fol. 16 and متأثر, fol. 20.

تأثر - (Ar.) emulating; being influenced.

تأثیر - (Ar.) influence; impression, effect. Pl. تأثیرات

تأدیه - (Ar.) payment; transmission.

تام - (Ar.) complete; perfect; Turkish: precise, exact.

تأمین - (Ar.) guarantee; safety, security. Pl. تامینات

تأمین - (Ar.) securing, protecting. safety; guarantee. Pl. تامینات

تأیید - (Ar.) confirmation; endorsement. Pl. تأییدات

تبدیل - (Ar.) changing, alteration; substitution. Pl. تبدیلات

تبسم - (Ar) smile, smiling.

تترهمك - (titremek) to tremble, to vibrate.

تثبیت - (Ar.) confirming; establishing.

التجا - (Ar.) seeking refuge.

تجهیز - (Ar.) outfit; equipment; mobilization. Pl. تجهیزات

تحت - (Ar.) under, beneath.

تحدث - (Ar.) talking; conversing: Turkish: taking place, originating.

تحدید - (Ar.) describing, portraying; prescribing limits.

تحری - (Ar.) research; investigation. Pl. تحریات

تحفه - (Ar.) rarity. Pl. تُحَف and تَحائِف; Turkish (tuhaf): strange.

تحقیق - (Ar.) verification, investigation, research. Pl. تحقیقات

تحمل - (Ar.) endurance, tolerance, forbearance.

تخطر - (Ar.) remembering, reminiscence.

تخلیه - (Ar.) release, letting go, discharge.

تخمیناً - (Ar.) approximately. See تقریباً, fol. 7.

تدارك - (Ar.) preparation; provision; precaution. Pl. تدارکات

تداوی - (Ar.) medical treatment.

تدبیر - (Ar.) plan; solution, measure; prudence; management. Pl. تَدابیر

تدبير - (Ar.) prudence; policy; plan. Pl. تَدابير

تدقيق - (Ar.) investigation, examination, scrutiny. Pl. تدقيقات

تربيه - (Ar.) educating, rearing.

ترتيب - (Ar.) putting in order, arranging, arrangement; system; method. Pl. ترتيبات

ترجيح - (Ar.) preferring; preference.

تردد - (Ar.) hesitating, labor, endeavor.

ترصد - (Ar.) watching, observation; expectation, waiting. Pl. ترصدات

تزوير - (Ar.) lying, falsifying.

تسلى - (Ar.) comfort, solace; consolation; assurance.

تسلى - (Ar.) consolation, solace; comfort.

تسليم - (Ar.) surrendering, handing over; consignment.

تشبث - (Ar.) attempt; venture; approach. Pl. تشبثات

تشريك - (Ar.) making one a partner. See شريك, fol. 27.

تشكيل - (Ar.) forming, making up; formation, organization. Pl. تشكيلات

تشويق - (Ar.) encouragement.

تصاحب - (Ar.) taking possession.

تصادف - (Ar.) coincidence, encounter. Pl. تصادفات

تصحيح - (Ar.) correction, rectification.

تصديق - (Ar.) confirmation, attestation; acknowledgement; justification; certification. Pl. تصديقات

تصرف - (Ar.) possession, seizure. Pl. تصرفات

تصور - (Ar.) contemplating; imagining; idea; perception. Pl. تصورات

تطبيق - (Ar.) checking, verification; adaptation, conformation.

تعرض - (Ar.) attack; aggression; opposition. Pl. تعرضات

تعريف - (Ar.) description; definition; commendation. Pl. تعريفات and تَعاريف

تعقيب - (Ar.) following, pursuing; continuing. Pl. تعقبيات

تعلل - (Ar.) excuse, evasion.

تعليق - (Ar.) suspension; hanging; delaying.

تعليم - (Ar.) instruction; teaching. Pl. تعليمات

تفريق - (Ar.) distinguishing, separating.

تفريق - (Ar.) distinguishing; separating; discriminating; classification; subtraction. Pl. تَفاريق

تفوق - (Ar.) superiority, supremacy.

تقدیر - (Ar.) fate; destiny; supposition; evaluation, appraisal. Pl. تَقادیر

تقدیم - (Ar.) introduction, presentation.

تقرر - (Ar.) deciding; ratifying; confirming.

تقریباً - (Ar.) approximately.

تقلید - (Ar.) imitation.

تقیید - (Ar.) binding; restraining.

تکرار - (Ar.) redoing; repetition; reiteration

تکلیف - (Ar.) duty, task; proposal, suggestion. Pl. تَکالیف

تکمه - (tekme) kick.

تلقی - (Ar.) consideration, concept.

تمامی - (Ar. Per.) the whole, the entirety.

    note: abstraction of Arabic تمام by Persian suffix ی

تمامیله - (tamamiyle) completely.

تمثال - (Ar.) image, picture, portrait. Pl. تَماثیل

تمیز - (Ar.) clean; neat; proper.

توافق - (Ar.) agreeing, harmony. concurrence, concord.

تودیع - (Ar.) consigning; depositing; bidding farewell.

توسل - (Ar.) beseeching, entreating; Turkish: starting.

توصیه - (Ar.) suggestion, recommendation; appointment.

توقیف - (Ar.) stopping, blocking; seizure; confinement; arrest, detention.

توکنمك - (tükenmek) to be exhausted, to come to an end.

تولد - (Ar.) birth. Pl. تولدات

تهدید - (Ar.) threat. Pl. تهدیدات

تهدیدکار - (Ar. & Per. suffix) threatening.

تهلکه - (Ar.) danger; doom.

تهور - (Ar.) rash, reckless.

تهیه - (Ar.) preparation, provision. Pl. تهیات

ث

ثابت - (Ar.) proven; constant; fixed; firm; stationary.

ثروت - (Ar.) wealth, property.

ج

- جاذبه - (Ar.) attraction, a force that attracts.
- جالب - (Ar.) interesting; attractive.
- جانى - (Ar.) sinner; criminal; murderer.
- جبراً - (Ar.) forcibly.
- جداً - (Ar.) seriously.
- جدى - (Ar.) serious; earnest; energetic.
- جرأت - (Ar.) courage; boldness.
- جرم - (Ar.) crime, offense. Pl. جُروم
- جريان - (Per) course (of events); flowing (of water)
- جزا - (Ar.) retribution; judgement; punishment; reward, recompense.
- جزئى - (Ar. Per.) tiny, trifling, insignificant.
- جسارت - (Ar.) daring, audacity, boldness.
- جعلى - (Ar. Per) feigned, forged.
- جلب - (Ar.) attraction; acquiring; bringing; Turkish: summoning.
- جلوه - (Ar.) showing, manifestation. beauty, splendour, charm.
- جمهور - (Ar.) republic; assembly, crowd. Pl. جَماهير
- جناب - (Per.) Excellency, sir; side, margin.
- جنت - (Ar.) insanity, foolishness
- جوار - (Ar.) vicinity, neighborhood.
- جهت - (Ar.) side, direction; cause, motive; behalf; consideration. Pl. جِهات

چ

- چاپراشيق - (çapraşık) complicated.
- چار يك - (Per.) one-fourth, quarter. See Persian numbers 1-10 below.
  note: چار is a colloquial form of چهار ("four")

  يك ، دو ، سه ، چهار (چار) ، پنج ، شش ، هفت ، هشت ، نه ، ده

- چارپيشمق - (çarpışmak) to battle; clash, to collide.
- چاره - (Per.) method; remedy; cure; escape.
- چاغيرمق - (çağırmak) to summon; to call for; to invite.
- چالمق - (çalmak) to steal; to ring (e.g. a bell); to play (an instrument).

چالیشمق - (çalışmak) to work, to function, to endeavor; (with dative -a/e means "to try").

چانطه - (Per. چنته) bag, briefcase.

چتاللی - (çatallı) difficult; forked, multi-pronged.

چته - (Serbian. çete) gang, mob.

چکلك - (cekilmek) to withdraw; to recede.

چکه - (Per. چانه) chin.

چکینمك - (çekinmek) to be careful; to hesitate.

چلیك - (çelik) steel

چوزمك - (çözmek) to untie; to figure out.

چهره - (Per.) face; countenance.

چینغراق - (çıngırak) bell.

چیفتجی - (çiftçi) farmer.

چیلدیرمق - (çıldırmak) to become insane.

ح

حادثه - (Ar.) event; phenomenon; calamity; accident. Pl. حَوادِث and حادثات

حاشیه - (Ar.) footnote, postscript, margin.

حاصل - (Ar.) result, produce, harvest. Pl. حَواصِل

حالبو که - (Ar. Tr. Per.) whereas; however.

حائز - (Ar.) possessing, holding; owner.

حبس - (Ar.) imprisonment; prison. Pl. حُبوس

حبسخانه - (Ar. Per.) prison.

حتی - (Ar.) even [to the point of something].
    note: not to denote "equality" or "even" numbers

حد - (Ar.) border, boundary; limit. Pl. حُدود

حدت - (Ar.) vehemence; sharpness; forcefulness.

حذا - (Ar.) facing; opposite.

حرکت - (Ar.) action, behavior; movement. Pl. حرکات

حرمت - (Ar.) respect, deference.

حرمتکارانه - (Ar. Per.) respectfully.

حریف - (Ar.) fellow; rival, opponent. Pl. حُرَفاء

حس - (Ar.) feeling, sentiment, sense. Fem. حسه

حس قبل الوقوع - (Ar.) foreboding, premonition.

حسّاس - (Ar.) possessing the five senses; sensitive; shrewd; acute.

حسب - (Ar.) in consideration [of]; on account [of].

حسن - (Ar.) beauty; goodness; virtue; worth. Pl. مَحاسِن

حشری - (Ar. Per.) wild, impetuous; overly sensual.

حصول - (Ar.) attaining; attainment, produce; happening, taking place.

حق - (Ar.) truth; obligation, that which is owed to someone; right (as in "having the right to do something"), privilege, entitlement; rectitude. Pl. حُقوق

حقارت - (Ar.) degradation; contempt.

حقیقی - (Ar.) true, real, essential.

حقيقةً - (Ar.) truly.

حکم - (Ar.) command, judgement, verdict. Pl. اَحکام

حمایه - (Ar.) protection; guardianship; support.

حواله - (Ar.) delegation; cession, transfer, legal transfer. Pl. حوالجات

حیدود - (Hungarian. haydut) thug; bandit.

حیرت - (Ar.) astonishment; perplexity.

حیله - (Ar.) deceit, fraud, trick. Pl. حَیْل

حین - (Ar.) time, moment. Pl. اَحْیان

خ

خارجی - (Ar.) outward, exterior; foreign. Fem. خارجیه

خباثت - (Ar.) wickedness, depravity, malice:, malevolence.

خبردار - (Ar. with Per. suffix دار) informed, aware.

ختام - (Ar.) end, conclusion.

خدمت - (Ar.) service, attendance, employment. Pl. خَدَمات

خرسز - (hırsız) burglar.

خسته - (Per.) tired, exhausted; someone who is tired; Turkish: ill, sick; a patient. Pl. خستگان

خستهلنمق - (hastalanmak) to fall ill.

خشین - (Ar.) harsh, stern, rude.

خشینلشمك - (haşinleşmek) to become harsh, stern or rude.

خصوص - (Ar.) a particular matter, issue, point; peculiarity.

خصوصی - (Ar. Per.) private; special.

    note: abstraction of Arabic خصوص by Persian suffix ی

خطا - (Ar.) mistake, blunder; fault; sin.

خطاب - (Ar.) addressing; address; discourse.

خطاباً or خطابا - (Ar.) (adverb) addressing, by way of address.

خفیه - (Ar.) concealed, hidden; secret. Pl. خفیات. Turkish: detective.

خلاف - (Ar.) contradiction, opposition; offense, misconduct.

خلقه - (Ar.) ring.

خیرخواه - (Per.) well-wishing [well (خَیْر); want, wish (خْواه)]. Adverbial: خیرخواهانه

    note: silent و

    note: Though the adverbial form appears in the text, strictly speaking, it should be the adjectival.

خیلی - (Per.) very; much.

د

دار - (dar) tight.

دار الشفا - (Ar.) hospital (literally "abode (دار) of healing (شفا)").

دالغین - (dalgın) - pensive, deep in thought.

داورانمق - (davranmak) to act, to behave.

دایامق - (dayamak) to base on, to prop up, to lean against.

دائر - (Ar.) concerning, pertaining.

دائره - (Ar.) circle; scope, realm; an administrative section; a room. Pl. دَوائر

در عقب - (Per. Ar.) immediately afterwards.

درجه - (Ar.) degree, step, rank. Pl. دَرَجات

درحال - (Per. Ar.) immediately.

    note: در by itself is a Persian preposition meaning "at" or "in."

دردست - (Per.) capturing.

درشتانه - (Per.) harshly; fiercely; coarsely.

دساس - (Ar.) deceitful, tricky.

دسترس - (Per.) reaching; obtaining; accessible, available.

    note: دَسْت - (noun) "hand" ; رَس is the present stem of رَسیدَن - (verb) to reach, to arrive. رِسیدَن and رِس in the modern Persian of Iran.

دسیسه - (Ar.) ruse, deceit, conspiracy, plot, intrigue. Pl. دَسایس or دَسائس

دعوا - (Ar.) lawsuit.
دعوت - (Ar.) invitation, calling [upon].
دفعه - (Ar.) number of times or instances of doing something. Pl. دَفَعات
دفن - (Ar.) burial, interment.
دقت - (Ar.) accuracy, exactness; subtlety.
دقت - (Ar.) exactness; precision, accuracy; carefulness.
    note: "nazar-ı dikkati" has been translated as "close attention." دقّتى (adj. "close") appears to be a Persianized adjectival of دقت, though it would be beneficial to know دَقيق, the non-Persianized adjectival form .
دلالت - (Ar.) indication; denoting; expressing.
دلى - (deli) crazy, insane.
دليك - (delik) hole.
دليل - (Ar.) proof; reason. Pl. دَلائِل
دم - (Per.) breath; moment.
دماغ - (Ar.) brain.
دماغ - (Per.) brain, mind.
دمين - (demin) just now.
دوچار or دچار - (Per.) encountering, meeting, coming across.
دوشه لى - (döşeli) decorated, fitted.
دولاب - (dolap) cupboard, closet, wardrobe, cabinet.
دولاشمق - (dolaşmak) to walk around, to wander, to stroll.
دويمق - (duymak) to feel; to come to know; to bear.
دهشت - (Ar.) terror; bewilderment.
ديكمك - (dikmek) to sew; to plant.
سالم - (Ar.) safe, sound; healthy; wholesome.
ديم ديك - (dimdik) stiff, rigid; erect.

ذ

ذات - (Ar.) person; personage; identity; breed, species; substance, nature. Pl. ذَوات
ذاتاً - (Ar.) essentially; in substance; naturally; Turkish: besides, anyways; as a matter of fact.

ذاهب - one who departs, goes away, or disappears.

ذره - (Ar.) molecue, a tiny part.

ذرهجه - (zerrece) in the least.

ذکر - (Ar.) mentioning; reciting.

ذکی - (Ar.) keen, shrewd; sagacious.

ذوق - (Ar.) delight, pleasure; relish; taste (for things).

ذهن - (Ar.) memory; mind. Pl. اَذْهان

ر

راحت - (Ar.) repose; comfort; relief.

رجا - (Ar.) requesting, beseeching, hoping.

رد - (Ar.) rejecting; repealing.

رده - rejection, denial. Masc. رد

رفاقت - (Ar.) companionship, friendship.

رفیقه - (Ar.) friend, companion. Masc. رفیق Pl. of masc. رُفَقاء

رواق - (Ar.) porch, portico.

رهبر - (Per) a guide; a leader; an escort.

رئیس - (Ar.) leader, president (modern). Fem. رئیسه

ز

زاوللی - (zavallı) a poor, pitiful person.

زائد - (Ar.) additional, extra; superfluous.

زائره - (Ar.) visitor. Masc. زائر Pl. of masc. زَوار

زحمت - (Ar.) toils, pains; trouble, inconvenience; discomfort.

زنجی - (Ar.) black.

زنکین - (zengin) wealthy.

    note: Possible etymology: سَنْگین - (Per.) heavy; difficult; numerous; sumptuous.

زوج - (Ar.) husband, spouse. Pl. اَزْواج

زوجه - (Ar.) wife. Pl. زوجات. See زوج, fol. 17.

زهر - (Ar.) poison.

زهرلنمك - (zehirlenmek) to be poisoned.

زیارت - (Ar.) visitation, pilgrimage.

زیرا - (Per.) because.
    note: often used in the form of زیرا که
زیل - bell.

س

ساحل - (Ar.) coast, bank, beach. Pl. سَواحِل
ساخته - (Per.) fake, formed, made.
    note: Persian verb ساختن - to build.
سایس - (Ar.) statesman, politician; manager; Turkish (seyis): stableman. Pl. = سائسین
سائقه - (Ar.) instigator; factor; instigating.
سبب - (Ar.) reason, cause, motive; thing, belonging, instrument, utensil. Pl. أَسباب
سپت - (Per. سَبَد) basket.
سرّ - (Ar.) secret, mystery. Pl. أَسرار
سربست - (Per.) Turkish: free, unrestrained. See سربستجه, fol. 82.
سربستجه - (Per. Tr. suffix) freely.
سرتجه - (Per. sertçe) harshly.
سرد - (Ar.) telling, recounting; presenting.
سرسمی - (Per. سَر سامی) delirious.
سرعت - (Ar.) speed; quickness, haste.
سرمك - (sermek) to spread out; lay out; to stretch.
سس - (ses) voice; sound.
سعادت - (Ar.) felicity, bliss, happiness; prosperity.
سعادت - (Ar.) happiness, bliss; prosperity.
سفیل - (Ar.) wretched, vile.
سکونت - (Ar.) residence, dwelling; Turkish: peace, tranquility, solace.
سلاله - (Ar.) progeny, offspring.
سوء - (Ar.) bad; badness.
سوپورکه - (süpürge) broom.
سوس - (süs) garnish, attire, adornment.
سوقاق - (sokak. derived from Ar. زقاق) street, alley.
سوقمق - (sokmak) to put in; to let in.

سياحت - (Ar.) traveling, touring.

سيلكمك - (silkmek) to shrug; to shake.

سيما - (Per.) countenance, face; aspect.

ش

شاشقين - (şaşkın) bewildered, taken aback, confused.

شاشيرمق - (şaşırmak) to be confused, to be baffled; to be amazed.

شاطر - (Ar.) alert; nimble; cunning.

شايان - (Per.) worthy, befitting; permitted.

شبه - (Ar.) resemblance, likeness.

شبهه - (Ar.) doubt, suspicion. Pl. شبهات

شخصاً - (Ar.) in person; personally.

شخص - (Ar.) person, individual. Pl. اَشْخاص Fem. شَخْصه

شدت - (Ar.) intensity; severity.

شديد - (Ar.) severe; vigorous; violent.

شرط - (Ar.) condition; convenant, agreement; duty. Pl. شُروط

شرف - (Ar.) glory, dignity, honor.

شريد - (Ar. شريط) band, ribbon, cord, braid.

شرير - (Ar.) evil; vicious; a wicked person. Pl. اَشْرار

شريك - (Ar.) partner; accomplice. Pl. شُرَكاء and اَشراك

شغل - (Ar.) work, business, employment, profession. Pl. اَشْغال

شقه - (şaka) joke

شكران - (Ar.) returning thanks, gratefulness.

شكل - (Ar.) shape, form; figure; method. Pl. اَشْكال

شمس - (Ar.) sun. Pl. شُموس

شمشك - (şimşek) lightning.

شن - (Armenian. şen) happy, cheerful.

شیء or شی - (Ar.) chattel; (in plural) goods, belongings. Pl. اَشْیاء

ص

صاپلامق - (saplamak) to stab, to thrust, to run through, to plunge.

صاپی - (sap) stem, stalk.

صاحب - (Ar.) owner, possessor. Fem. صاحبه Pl. أصْحاب
صادق - (Ar.) loyal, devout; truthful; sincere, frank.
صارارمق - (sararmak) to turn yellow.
صاغ - (sağ) alive, living; right (direction).
صاف - (Ar.) naive; clear; pure; candid.
صافدلانه - (Ar. Per.) naively.
صاقلامق - (saklamak) to keep; to conceal.
صاللامق - (sallamak) to shake, to swing.
صالمق - (salmak) to release; to unbind; to let out.
صاومق - (savmak) to dismiss, to get rid of.
صايغى - (saygı) respect, deference, homage.
صايمق - (saymak) to count, to enumerate; to regard as.
صبر - (Ar.) patience; endurance.
صحت - (Ar.) health; truth, authenticity
صحيح - (Ar.) perfect; complete; true, authentic; right.
صداقت - candor, sincerity; amiability; Turkish: loyalty.
صرف - (Ar.) spending; converting; using, employing.
صره - (Greek. sıra) occasion.
صقال - (sakal) beard.
صلاحيت - (Ar.) authority; jurisdiction; competence; integrity; virtue; appropriateness.
صلاقجه - (salakça) awkwardly, clumsily.
صميم - (Ar.) core; interior; central part.
صميمى - (Ar. Per.) sincere, true, pure; cordial.
صندوق - (Ar.) case, box, coffer, chest. Pl. صَناديق
صوپا - (sopa) club, baton, cudgel.
صورت - (Ar.) manner, mode, face, likeness, similarity.
صوقولمق - (sokulmak) to come close, to draw near.
صوكدرجه - (son derece) extreme degree.
صولمق - (solmak) to fade; to wither; to die away; to discolor.
    note: "sararıp solmak" also exists as a compound verb.
صويمق - (soymak) to rob, to plunder.
صيچرامق - (sıçramak) to leap, to jump.
صيرمه - (Greek?) brocade.

صیق صیق - (sık sık) often, frequently.

ض

ضابطه - (Ar.) order; regulation; Turkish: police
ضرورت - (Ar.) necessity; destitution; distress.
ضعیف - (Ar.) weak.

ط

طاشیمق - (taşımak) to bear, to carry, to transport; to remove.
طاقمق - (takmak) to attach, to affix; to hang.
طالع - (Ar.) fortune; luck; destiny, fate; horoscope.
طبانجه - (tabanca) gun, pistol, revolver.
طبق - (Ar.) state, condition; conformity, in accordance [with].
طبیب - (Ar.) physician. Pl. اِطِبّاء
طَبیعی - (Ar.) natural, certain.
طرز - (Ar.) manner; form. Syn طَوْر
طرف - (Ar.) side, border, limit. Pl اَطْراف
طلب - (Ar.) request, demand.
طور - (Ar.) manner, mode; demeanor.
طورنه - (turna) crane (animal).
طورنه یی کوزکندن اورمق - (turnayı gözünden vurmak) to hit the jackpot.
طوزاق - (tuzak) trap, ambush; decoy.
طیشاری - (dışarı) out, outside, exterior.

ظ

ظاهراً - (Ar.) seemingly, apparently; outwardly.
ظن - (Ar.) thinking; knowing; suspecting.
ظهوره - (Ar.) happening; appearing, coming.
ظیپیر - (zıpır) mad, insane.

ع

عادی - (Ar.) ordinary; customary.

عاقبت - (Ar.) end, consequence, conclusion. Pl. عَواقِب

عالیجناب - (Ar. Per.) High Excellency; eminent, honorable. See جناب, fol. 16.

عالیجنابانه - Persian adverbial of عالیجناب

عائد - (Ar.) belongs, relates to; appertaineth; relative; returning, coming back.

عبارت - (Ar.) phrase, expression; meaning; Turkish: include, consist.

عجباً or عجبا - (Ar.) "Astonishing!", "Strange!"

عجله - (Ar.) hurry, haste.

عجول - (Ar.) rash, hasty.

عجیبه - (Ar.) a wonder, a marvel. Pl. عَجائِب

عزم - (Ar.) determination; resolution; purpose, intention.

عزمکار - (Ar. Per) determined, resolute.

عظمت - (Ar.) hauteur, pomposity;

عظیم - (Ar.) big, great; magnificent.

عفو - (Ar.) forgiving; pardon.

عقل - (Ar.) mind, reason, intellect.

عقل - mind; intellect, wit. Pl. عُقول

علاقه - (Ar.) attachment, connection; interest; concern. See علاقه دار, fol. 23. Pl. عَلائِق

علاقه دار - (Ar. Per) - related, involved, connected.

علو - (Ar.) sublimity; eminence.

علی الاکثر - (Ar.) most, great majority.

علیه - (Ar.) against, opposing.

عمومی - (Ar.) common, general, universal.

عناد - (Ar.) obstinacy, stubbornness.

عنایت - (Ar.) favor, grace.

عنصر - (Ar.) element; origin; principle. Syn. اصل. Pl. عَناصِر

عودت - (Ar.) coming back, returning. Syn. مراجعت

عهد - (Ar.) oath; promise; treaty; testament, will. Pl. عُهود

عهده - guardianship; commitment, guarantee.

عینی - (Ar.) same, identical.

غ

غالبا‎ or غالباً‎ - (Ar.) most of the time; frequently; chiefly.
غایت‎ (Ar.) extremity, endpoint, purpose. Turkish: extremely. Pl. غایات‎
غائب‎ - (Ar.) absent; concealed.
غائب‎- (Ar.) absent; concealed; lost.
غرابت‎ - (Ar.) strangeness; peculiarity.
غروب‎ - (Ar.) sunset.
غریب‎ - (Ar.) strange, rare.
غصب‎ - (Ar.) usurping, seizing violently, plundering.
غلبه‎ - (Ar.) victory, triumph.
غیبوبت‎ - (Ar.) absence.
غیر‎ - (Ar.) not (especially as a prefix); other, stranger. Pl. اَغْیار‎
غیرت‎ - (Ar.) endeavoring, striving; zeal; enthusiasm.
غیجیردامق‎ - (gıcırdamak) to squeak; to rustle.

ف

فائده‎ – (Ar.) benefit; advantage; profit; usefulness. Syn. منفعت‎. Pl. فَوائِد‎
فتوره‎ - (Ar.) listlessness, tepidness.
فرار‎ - (Ar.) escape, flight; desertion.
فراری‎ - (Ar. Per.) an escapee, a runaway.
فرصت‎ - (Ar.) opportunity, chance; break time. Pl. فُرَص‎
فرض‎ - (Ar.) supposition, hypothesis; assumption; duty. See فرضیه‎, fol. 33. Pl. فروض‎
فرضیه‎ - (Ar.) hypothesis, supposition. Pl. فرضیات‎
فرق‎ - (Ar.) difference.
فرقنه وارمق‎ - (farkına varmak) to become aware.
فقر‎ - (Ar.) poverty.
فقیر‎ - (Ar.) poor, needy; a poor person. Pl. فُقَرا‎
فکر‎ - (Ar.) thinking, thought; idea; consideration; advice. Pl. اَفکار‎
فلاکت‎ - (Ar. Per.) disaster, calamity, adversity.
فوق‎ - (Ar.) above, top; superior; beyond.
فوق العاده‎ - extraordinary (literally "above the ordinary")
فیرلامق‎ - (fırlamak) to jump; to fly off.

ق

قابل - (Ar.) worthy; capable; to be possible. See also شایان, fol. 8.

قاپلامق - (kaplamak) to cover; to overspread; to overgrow; to envelop.

قاپیلمق - (kapılmak) to be seized; to fall in.

قاچمق - (kaçmak) to escape, to flee.

قارنجهلنمق - (karıncalanmak) to tingle, to prickle.

قاریشدیرمق - (karıştırmak) to mix; to mix up; to disorder, to confound, to muddle.

قاریشیق - (karışık) mixed; complex. See قاریشدیرمق, fol. 45.

قاری - (karı) old woman; prostitute.

قازانمق - (kazanmak) to earn; to gain; to win.

قالدیرمق - (kaldırmak) to lift up.

قانع - (Ar.) convinced, satisfied.

قبا - (kaba) rude; vulgar.

قبل - (Ar.) before, prior.

قبول - (Ar.) accepting, receiving well.

قپاتیلمه - (kapatılma) confinement.

قدرت - (Ar.) power, might; ability.

قرابت - (Ar.) relationship (e.g. familial), closeness, proximity.

قربانی - (Ar. Per.) victim; someone or something that is sacrificed.

قره قول - (karakol) police station.

قریه - (Ar.) town, village.

قریب - (Ar.) kinsman, relative; near, close. Pl. اَقْربا
    note: "akrabalar" is an Arabic plural pluralized into Turkish. This is occasionally to be found.

قسم - (Ar.) part, portion, section. Pl. اَقْسام

قطع - (Ar.) rupture, interruption; traversing.

قطعیت - (Ar.) certainty, ascertainment.

قطعیه - (Ar.) absolute, conclusive, definite, final. Masc. قطعی

قفا - (Ar.) back part of neck; Turkish: head.

قناعت - (Ar.) complete certainty; contentment.

قوپارمق - (koparmak) to cut off; to rip off.

قوجه قاری - (kocakarı) old woman.

قودورمق - (kudurmak) to rage, to go mad, to rampage.
قورتارمق - (kurtarmak) to save, to salvage.
قورده له - (kurdele) ribbon, braid.
قورقونج - (korkunç) terrifying; dreadful; cruel; ghastly.
قورمق - (kurmak) to set up, to establish.
قورناز - (kurnaz) cunning, shrewd.
قولتوغ - (koltuk) armchair, seat.
قوناق - (konak) mansion, villa; residence.
قوت, قوه - (Ar.) power, strength, firmness.
قیافت - (Ar.) appearance, manner of behaving.
قیرپمق - (kırpmak) to wink.
قیزمق - (kızmak) to become angry.
قیصیلدامق - (fısıldamak) to whisper.
قیمت - (Ar.) price; value, worth.
قیمتدار - (Ar. Per) valuable.

ک

کاتبه - (Ar.) scribe, writer; secretary. Masc. کاتب Pl. of masc. کُتّاب or کَتَبَه
کاذب - (Ar.) liar; lying, untruthful. Pl. کَذَبَه
کار - (Per.) work; act, action; matter, affair.
کافه - (Ar.) whole, total; all.
کائن - (Ar.) existing, being; located. Syn. موجود
کچینمك - (geçinmek) to get along.
کزمك - (gezmek) walk, wander about; to visit.
کسب - (Ar.) acquiring; profession.
کشف - (Ar.) revealing, exposing; solving; explaining.
کلید - (Per. through Greek) key; Turkish (kilit): lock.
کلیشی کوزل - (gelişigüzel) random; randomly.
کمال - (Ar.) completion; perfection; maturity; talent. Pl. کمالات
کمال - (Ar.) perfection, completion; attainment.
کوپه - ear ring.
کوجنمك - (gücenmek) to take offense.
کورولتو - (gürültü) clamour, noise.

كورونمك - (görünmek) to appear, to come in view.
كورى كورينه - (körü körüne) blindly
كوزه آلمق - (göze almak) to risk.
كوزەتمك - (gözetmek) to protect, to guard; to oversee.
كوشك - (Per.) villa, mansion, pavilion.
كوشه - (Per. گوشه) corner, angle.
كوموش - (gümüş) silver.
كووەنمك - (güvenmek) to rely on; to have confidence in.
كيرالامق - (kiralamak) to rent.
كيزلنمك - (gizlenmek) to hide oneself.
كيزلى - (gizli) secret (adjective).
كيفيت - (Ar.) circumstances; quality; mode, manner.
كبار - (Ar.) aristocrat, upper class, conceited; Turkish: polite.
كوسمك - (küsmek) to vex; to be offended.
كوەزه - (geveze) talkative.

ل

لااقل - (Ar.) at least.
لازم - (Ar.) necessary, obligatory. See لُزوم, fol. 7.
لاقيدانه - (Ar.) indifferently, nonchalantly. See لاقيدى, fol. 80.
لاقيدى - (Ar. Per.) nonchalance, listlessness, apathy.
  note: قيد - (Ar.) confinement, restraint, obstacle.
لباس - (Ar.) clothing, garments. Pl. البسه
لُزوم - (Ar.) need, necessity.
لطيفه - (Ar.) witty remark, joke; being graceful. Pl. لَطائِف
لعنت - (Ar.) a curse, an anathema.

م

ماصه - (Italian. masa) desk.
ماضى - (Ar.) past; past tense.
ماعدا - (Ar.) besides, except for; without regard to.

مال - (Ar.) property, wealth; barnyard animal. Pl. أَمْوال
مالكانه - (Ar. Per.) possessory; land ownership; Turkish: mansion, estate.
مالك - (Ar.) possessor, proprietor, master.
مأمور - (Ar.) functionary, agent; commissioner. Pl. مأمورين
مانع - (Ar.) hindering, preventing; obstacle.
ماهر - (Ar.) skilled, ingenious.
مباهى - (Ar.) glorious, exalted; proud.
مبنى - (Ar.) based on, predicated on.
مبهوت - (Ar.) surprised, amazed, horrified.
متأثر - (Ar.) to become affected; to become saddened.
متألمانه - (Ar. with Per. suffix انه) painfully, sorrowfully.
متانت - (Ar.) firmness, steadfastness.
متأهل - (Ar.) married.
متبسمانه - (Ar. Per.) smilingly.
متضرر - (Ar.) harmed, injured; oppressed.
متعاقب - (Ar.) immediately after; subsequent.
متعاقباً - (Ar.) subsequently, one after another.
متعدد - (Ar.) many, numerous.
متفق - (Ar.) united, allied.
متمادياً - (Ar.) continuously.
متوفى - (Ar.) dead, whose soul is taken by God.
متولد - (Ar.) born, begotten; one who is born.
متهور - (Ar.) over excited; reckless.
متهيج - (Ar.) agitated; furious.
متيكظ - (Ar.) alertful, vigilance.
مثبت - (Ar.) positive; confirmed, proved, established.
مثللو - (Ar. Tr. suffix) similar, like (in the sense of "such as").
مجادله - (Ar.) argument, altercation, quarrel.
مجادله - (Ar.) dispute, quarrel.
مجبوريت - (Ar.) compulsion.
مجنون - (Ar.) insane, crazy; lunatic, crazy person. Fem. مجنونه Pl. مَجانين
مجهول - (Ar.) unknown, uncharted; passive (grammar).
محافظت - (Ar.) keeping, safeguarding, protection.
محبت - (Ar.) love, affection, fondness.

محب - (Ar.) friend, lover. Masc. محبه

محتاج - (Ar.) needed; needy; a poor, needy person. Pl. محتاجين

محروم - (Ar.) deprived; devoid.

محقر - (Ar.) contemptible, vile; base.

محقق - (Ar.) ascertained, confirmed; authenticated; Turkish: certainly.

محكمه - (Ar.) court of law. Pl. محكمات and مَحاكِم

محل - (Ar.) place; station; residence. Pl. مَحال

محميه - (Ar.) protectee.

مخاطب - (Ar.) one spoken to by another in a conversion.

مخبر - (Ar.) an informant, a bearer of news. Pl. مخبرين

مختلف - (Ar.) diversified, various, different.

مخصوص - (Ar.) special; particular, specific.

مداخله - (Ar.) intervention; meddling, interference. Pl. مداخلات

مدار - (Per.) not having possession.

مدافع - (Ar.) defense; defending. Pl. مدافعات

مدت - (Ar.) time, period of time.

مدح - (Ar.) praise; commendation.

مدخل - (Ar.) going into; entrance; doorway, gate.

مدخلدار - (Ar. & Per. suffix) being involved; intervening.

مدهش - (Ar.) strange, astonishing; Turkish: terrible, great.

مدير - (Ar.) manager, director, administrator.

مذاكره - (Ar.) memorization; conference, discussion; negotiation; debate; deliberation of a court of law. Pl. مذاكرات

مذكور - (Ar.) mentioned, aforementioned.

مراجعت - (Ar.) petition; consultation; seeking counsel or information; going back (see also عودت, fol. 20).

مراق - (Ar.) curiosity.

مرجح - (Ar.) preferred, preferable.

مرحمت - (Ar.) compassion, pity; kindness, favor. Pl. مَراحِم

مرحمت - (Ar.) kindness, favor; mercy.

مرديون - (Tr. merdiven, from Per. نَرْدُبان meaning "ladder") stairs, steps.

مزبور - (Ar.) aforementioned. Fem. مزبوره Syn. مذكور

مساعده - (Ar.) assistance; Turkish: permission.

مساعدهکارانه - (Ar. Per.) accommodating[ly]; helping[ly].

مسافر - (Ar.) traveller; visitor; Turkish (misafir): guest. Pl. مسافرین

مستثنی or مستثنا - (Ar.) excepted [from common rule]; extraordinary.

مسترحم - (Ar.) pleading, beseeching.

مستریح - (Ar.) at ease, calm.

مستهزیانه - (Ar.) by way of ridiculing, sarcastically

مسعاة - (Ar.) endeavour; action; labor. Pl. مَساعی

مسکین - wretched; indigent; an indigent person. Pl. مَساکین

مسئول - (Ar.) responsible, liable; request, desire; asked, demanded, requested.

مشابهت - (Ar.) resemblance, comparison. Syn. شَباهَت

مشترك - (Ar.) shared, joint, collective, mutual.

مشتری - (Ar.) customer, buyer.

مشروع - (Ar.) legitimate; legal.

مشغول - (Ar.) busy, employed, occupied doing something.

مشفق - (Ar.) kind, sympathetic.

مشکل - (Ar.) difficult; difficulty, problem. Fem. مشکله Pl. of fem. مشکلات

مشوش - (Ar.) chaotic; complicated; intricate; disturbed; apprehensive.

مشهود - (Ar.) evident; witnessed; recognized.

مشئوم - (Ar.) ill-omened; inauspicious, sinister.

مصرّ - (Ar.) insistent, persistent.

مصراً - (Ar.) insistently, persistently.

مصرف - (Ar.) expenditure, consumption. Pl. مَصارِف

مصون - (Ar.) immune, inviolable; exempt.

مطلب - (Ar.) request, a proposition; topic, subject. Pl. مَطالِب

مطلقاً or مطلقا - (Ar.) absolutely; freely, independently.

مع التأسف - (Ar.) with regret

مع الممنونیه - (Ar.) with pleasure.

مع هذا - (Ar.) nevertheless

معادل - (Ar.) equivalent, equal; balanced;

معامله - (Ar.) treatment (of people), conduct.

معاون - (Ar.) assistant, aide; helper; supporter. Fem. معاونه

معاونت - (Ar.) assistance, help.

معاینه - (Ar.) examination, inspection. Pl. معاینات

معاینه - (Ar.) examination, inspection; observation.

معده - (Ar.) stomach.

معذور - (Ar.) excused, excusable.

معروض - (Ar.) castaway; exhibited, exposed; granted; proposed.

معصومانه - (Ar. Per) innocently.

معلوم - (Ar.) known, evident, manifest, obvious.

معلومات - (Ar.) things that are known; knowledge; qualifications.

معمی or معما - (Ar.) mystery, enigma; riddle, puzzle.

معنی دار - (Ar. Per.) expressive; significant.

معهود - (Ar.) said, mentioned; familiar, customary; well-acquainted; well-known.

مغایر - (Ar.) contrary; opposed; repugnant.

مغدور - (Ar.) betrayed; forsaken.

مغدوری - (Ar.) victim.

مغرور - (Ar.) haughty; deluded.

مفارقت - (Ar.) absence; separation; quitting; leaving; alienation.

مقابل - (Ar.) compensation, payment; opposite, against.

مقام - (Ar.) position; place; dwelling.

مقاوم - (Ar.) opponent; antagonist; resisting; opposing; perservering. See مقاومت, fol. 16.

مقاومت - (Ar.) resistance; perseverance.

مقتدر - (Ar.) able, capable, powerful.

مقصد - (Ar.) purpose, intent; destination.

مکافات - (Ar.) compensation; retribution, retaliation.

مکلف - (Ar.) embellished; charged with a duty.

ملاحت - (Ar.) beauty; grace.

ملاقات - (Ar.) meeting, encountering; visit.

ملایمانه - (Ar. Per.) softly, gently, affably.

ملعنت - (Ar.) an execrable act, malice.

مُلك - (Ar.) property, possession; estate. Pl. اَمْلاك

ممکن - (Ar.) possible, allowed.

مملکت - (Ar.) country, kingdom. Pl. مَمالِک

ممنونیت - (Ar.) satisfaction, contentment; gratefulness; pleasure.

منازع فیه - (Ar.) in dispute, under litigation.

مناسبت - (Ar.) appropriateness, seemliness; relation; pertinence. Pl. مناسبات

منافع - (Ar.) benefits; interests; advantages.
منبع - (Ar.) source; spring, fountain. Pl. مَنابِع
منتظر - (Ar.) waiting, expecting, watching out for.
منديل - (Ar.) handkerchief.
منسلب - (Ar.) being deprived; plundered.
منظره - (Ar.) view, sight; appearance; scenery; landscape. Pl. مَناظِر
منع - (Ar.) prevention, hindering, forbidding.
منفعت - (Ar.) interest; profit; advantage. Syn. فائِده. Pl. مَنافِع
منفور - (Ar.) detestable, abhorrent.
منفور - (Ar.) hated, dreadful.
منفى - (Ar.) negative.
منكشه - violet.
مواجهه - (Ar.) presence; meeting face to face; confrontation.
موافقت - (Ar.) agreement; assent.
موجب - (Ar.) cause, reason; motive.
موجود - (Ar.) existing, existent. Syn. كائن
موجود - (Ar.) existing, present.
موجوديت - (Ar.) existence. See موجود, fol. 6.
مودت - (Ar.) friendship, affection.
موسم - (Ar.) season; time. Pl. مَواسِم
موفق - (Ar.) successful, prosperous.
موفقيت - (Ar.) success.
موقةً - (Ar.) temporarily.
موقت - (Ar.) temporary.
موقع - (Ar.) location; place where something occurs; Turkish: status.
موقوف - (Ar.) apprehended; stopped; delayed.
مهارت - (Ar.) skill, expertise.
مهلت - (Ar.) known amount of time, notice.
مؤخراً - (Ar.) lately, of late.
مؤسسه - (Ar.) institution, foundation.
مؤلم - (Ar.) painful; tragic.
ميان - (Per.) between; among; middle.
ميدان - (Per.) a field, plain, or square. Ar. مَيدان Pl. of Ar. مَيادين
ميدانه چيقارمق - (meydana çıkarmak) to reveal, to show.

ميراث - (Ar.) inheritance, patrimony, heritage, succession.
ميرلدانمق - (mırıldanmak) to murmur, to mutter; to grumble.

ن

نازك - (Per.) delicate, elegant, neat, slender; Turkish (nazik): polite.
نازكانه - (Per.) gracefully, finely; Turkish (nazikane): politely
ناظر - (Ar.) observer; seer, controller, steward; watching; supervising. Pl. نُظّار
ناموس - (Ar.) principle, law; chastity; female family member. Pl. نَواميس
ناموسلو - (Ar. Tr. suffix) principled, honest.
نتيجه - (Ar.) result; offspring.
نزد - (Per.) near, in company [of], next [to].
نسبت - (Ar.) ratio, porportion; relation, connection; reference, regard; comparison.
نسخه - (Ar.) a copy, an edition; a transcript. Pl. نُسَخ
نصيحت - (Ar.) advice, counsel; admonition. Pl. نَصائِح
نظارت - (Ar.) supervision; inspection; surveillance.
نظر - (Ar.) glance, view; attention. Pl. أَنْظار
نظر - (Ar.) view, sight; consideration; opinion. Pl. أَنْظار
نظراً - (Ar.) as regards to; according to; apparently, evidently; theoretically; by sight.
نفرت - (Ar.) hatred, antipathy, disgust.
نقطه - (Ar.) point; dot. Pl. نُقَط and نُقاط
نقل - (Ar.) narration; quotation; transmission; transfer.
نوبت - (Ar.) turn, shift (period of time for partaking in something); disaster.
نوعاً or نوعا - (Ar.) somewhat, to some extent.
نه - (Per.) not; no.
نيت - (Ar.) intention; purpose. Pl. نِيّات

و

وارثه - (Ar.) heiress. Masc. وارث. Pl. وَرَثه or وُرّاث
واردات - (Ar.) revenues, proceeds; imports.
وارديرمق - (vardırmak) to let a matter reach (a certain point).

واز - (Ar.) relinquishing; abandoning.

واز کچمك - (vazgeçmek) to abandon; to change one's mind; to back down.

واسطه - (Ar.) means, instrument. Pl. وَسائِط

واصل - (Ar.) arrived; reached; joined; obtained.

واقعا or واقعاً - (Ar.) actually, in fact.

واقعه - (Ar.) event, incident. Pl. وَقَعات and وَقایع

وجدان - (Ar.) conscience.

وجداناً - (Ar.) conscientiously.

وجه - (Ar.) method, means; shape; appearance; aspect.

وخم - (Ar.) harmful, hurtful; adverse, hostile.

وخیم - (Ar.) dangerous, perilous; noxious; heavy; disastrous.

ورق - (Ar.) document, paper, sheet, page. Pl. أوراق

وضع - (Ar.) situation; attitude, manner; posture. Pl. أوضاع

وظیفه - (Ar.) duty, task. Pl. وَظائِف

وعد - (Ar.) promise. Pl. وُعود

وفات - (Ar.) death, demise.

وقعه - (Ar.) event; accident; encounter; fight, battle.

وقوع - (Ar.) occurring, happening.

ولادت - (Ar.) birth.

ه

هجوم - (Ar.) an assault, an attack; a rushing.

هجومِ دمِ دماغ - (Ar. Per. Ar.) stroke.
    note: literally "air attack of the brain."

هر کس - (Per.) each person; everyone.

هنوز - (Per.) yet; still; just now; until now.

هویت - (Ar.) identity, personality, individuality.

هیبت - (Ar.) imposing presence; formidableness.

هیئت - (Ar.) board, committee.

ی

یا کیلمق - (yanılmak) to be mistaken.

یاد - (Per.) memory.

يارا - (yara) injury, bruise, wound.

يأس - (Ar.) hopelessness, despair.

ياسلنمق - (yaslanmak) to lean, to recline, to sit back.

ياغز - (yağız) swarthy, of dark complexion.

ياغلى - (yağlı) oily, fatty, greasy.

ياقالانمق - (yakalanmak) to be caught.

ياقوت - (Per. Ar.) ruby

ياكلش - (yanlış) incorrect; incorrectly; error.

يبانجى - (yabancı) stranger.

يتيشمك - (yetişmek) to catch, to catch up; to overtake.

يكانه - (Per. یگانه) sole, single.

يوارلانمق - (yuvarlanmak) to roll, to tumble.

يوريمك - (yürümek) to tread, to walk, to hike.

يوزوك - (yüzük) ring

اليوم - (Ar.) today.

يومروق - (yumruk) punch, jab; fist.

ييقامق - (yıkamak) to clean, to bathe, to wash.

ياخود - (Per.) or, else.

يك - (yen) sleeve.

يورمق - (yormak) to wear out; to tire.

يوله كتيرمك - (yola getirmek) to reclaim; to discipline; to chasten.

Bibliography

Adıvar, Halide Edib. *Memoirs of Halide Edib*. Piscataway: Gorgias, 2005.

Ahmad, Feroz. *From Empire to Republic: Essays on the Late Ottoman Empire and Modern Turkey*. Istanbul Bilgi University Press, 1st ed. Vol. 2. Istanbul: Istanbul Bilgi University Press, 2008.

English-Turkish Online Dictionary: a Bilingual Dictionary from ECTACO. Last accessed 26 July 2014. <http://www.ectaco.co.uk/English-Turkish-Dictionary/>.

Harris-Hernandez, Damian. "Prowling the Avenues of Contested Imaginings: Detective Fiction in the Late Ottoman Empire and Early Turkish Republic." Master's thesis, Columbia University, 2012.

Hayyim, Sulayman. *New Persian-English Dictionary*. Tehran: Librairie-imprimerie Béroukhim, 1934. Web, last updated Aug. 2010. Web. Last accessed 26 July 2014. <http://dsal.uchicago.edu/dictionaries/hayyim/>.

Nişanyan Sözlük: Çağdaş Türkçenin Etimolojisi. 26 July 2014. <http://www.nisanyansozluk.com/>.

Pickwick: Kadın Hilesi. Istanbul: Kütüphane-i Sud, 1921.

Redhouse, J.W. *A Lexicon: English and Turkish*. Third Ed. Constantinople, 1884.

Steingass, Francis. *A Comprehensive Persian-English Dictionary: Including the Arabic Words and Phrases to Be Met with in Persian Literature*. London: Routledge & K. Paul, 1892. Web, last updated Sept. 2007. Last accessed 26 July 2014. <http://dsal.uchicago.edu/dictionaries/steingass/>.

———. *The Student's Arabic-English Dictionary: Companion Volume to the Author's English-Arabic Dictionary*. London: W.H. Allen and Co., 1884. Web. Last accessed 26 July 2014. <http://ejtaal.net/aa>.

Tahir-Gürçağlar, Şehnaz. *Politics and Poetics, 1923-1960*. Amsterdam: Rodopi, 2008.

Toury, Gideon. *Descriptive Translation Studies and Beyond*. Amsterdam: John Benjamins, 1995.

Üyepazarcı, Erol. *Korkmayınız Mister Sherlock Holmes!*. Istanbul: Maceraperest Kitaplar, 2008.

Wehr, Hans, and J. Milton Cowan. *A Dictionary of Modern Written Arabic: (Arabic-English)*. 4th edition. Ithaca, NY: Spoken Language Services, 1994. Web. Last accessed 26 July 2014. <http://ejtaal.net/aa.>.

Biosketches

Dr. Züleyha Çolak

Züleyha Çolak is a lecturer and coordinator of the Turkish and Ottoman language program at Columbia University. She worked at Indiana University Bloomington and at the University of Minnesota Twin Cities, Minneapolis in Global Studies, the Institute of Linguistics, English as a Second Language, and Slavic Studies between 2005-2010. She received her B. A. in Arabic Language and Literature from Istanbul University, Turkey (1998), and holds two master's degrees, in comparative literature in Arabic Literature from Marmara University, Istanbul, Turkey (2000), and in Central Eurasian Studies/Ottoman and Modern Turkish studies from Indiana University (2003). Her Ph.D. dissertation from Indiana University is titled "Romancing the Female Role in Ottoman Joseph and Zulaykha *Mesnevī*s: Taşlıcalı Yaḥyā's *Yūsuf u Zelīhā*." She worked as a Certified Proficiency Tester for Turkish for ACTFL (American Council of Teaching Foreign Languages) ACTFL/ILR OPI Qualified Tester and Mentor in 2004-2014 in addition to working as an external reviewer for DLI /DLPT5 for Reading and Listening Test Materials. She has been teaching several courses on Modern Turkish and Ottoman (Beginning, Intermediate and Advanced Turkish and Ottoman), Romance in Islamicate Literature, Islam and Woman, Theory of Novel and Reading Orhan Pamuk. She implements Tochon's Deep Approach (TDA) in her teaching since 2010 as soon as it came out. Teaching has always been her passion and TDA has proved itself tremendously in her teaching.

Damian Harris-Hernandez

Damian studied modern and Ottoman Turkish with Dr. Züleyha Çolak while earning his bachelor's degree at Columbia University. Dr. Çolak introduced him to *Pickwick*, which sparked his interest in Ottoman detective fiction leading to his senior thesis, "Prowling the Avenues of Contested Imaginings: Detective Fiction in the Late Ottoman Empire and Early Turkish Republic." He works as a freelance translator while being a full time dad. Current translation projects include a history of beekeeping in Turkey, children's literature, and a 1920s pulp detective series set in Istanbul.

Shuntu Kuang (匡順圖)

Shuntu was a MA student at Columbia University when he first took Dr. Züleyha Çolak's Ottoman Turkish class in 2011. He is interested in the history of the Islamic world and Central Eurasia, as well as Turkic and Persian languages and cultures. As of 2016, he is a Ph.D. candidate in the Department of Near and Middle Eastern Civilizations, University of Toronto, focusing on Timurid and Ottoman history.

DEEP EDUCATION PRESS

SCIENTIFIC BOARD MEMBERS

Dr. Araceli Alonso, Global Health Institute, Department of Gender and Women's Studies, University of Wisconsin-Madison, USA

Dr. Ronald C. Arnett, Chair and Professor, Department of Communication & Rhetorical Studies, Duquesne University

Dr. Gilles Baillat, Rector, ex-Director of CDIUFM Conference of French Teacher Education Directors, University of Reims, France

Dr. Niels Brouwer, Graduate School of Education, Radboud Universiteit Nijmegen, The Netherlands

Dr. Jianlin Chen, Shanghai International Studies University, China

Dr. Yuangshan Chuang, President of APAMALL, NETPAW Director, Kaohsiung Normal University, Taiwan, ROC

Dr. Enrique Correa Molina, Professor and Vice-Dean, Faculty of Education, University of Sherbrooke, Canada

Dr. José Correia, Dean of Education, University of Porto, Portugal

Dr. Muhammet Demirbilek, Head, Educational Science Department, Suleyman Demirel University, Isparta, Turkey

Dr. Ángel Díaz-Barriga Casales, Professor, Autonomous National University of Mexico UNAM, Mexico

Dr. Isabelle C. Druc, Department of Anthropology, University of Wisconsin-Madison, USA

Bertha Du-Babcock, Professor, Department of English for Business, City University of Hong Kong, Hong Kong, China

Daniela Busciglio, University of Oklahoma, Normal, OK, USA

Dr. W. John Coletta , Professor, University of Wisconsin-Stevens Point, USA

Marc Durand, Professor, Faculty of Psychology and Education, University of Geneva, Switzerland

Dr. Paul Durning, Doctoral School, French National Observatory, EUSARF, University of Paris X Nanterre, Paris, France

Dr. Manuel Fernández Cruz, Professor, University of Granada, Spain

Dr. Stephanie Fonvielle, Associate Professor, Teacher Education University Institute, University of Aix-Marseille, France

Dr. Elliot Gaines, Professor, Wright State University, President of the Semiotic Society of America, Internat. Communicology Institute

Dr. Mingle Gao, Dean, College of Education, Beijing Language and Culture University (BLCU), Beijing, China

Dr. José Gijón Puerta , Professor, University of Granada, Spain

Dr. Mercedes González Sanmamed, Professor at the University of Coruña, Spain

Dr. Kristine M. Harrison, University of Puerto Rico-Rio Piedras

Dr. Gabriela Hernández Vega, Professor, University of Nariño, Colombia

Dr. Teresa Langle de Paz, Autonomous University, Feminist Research Institute Council, Complutense University of Madrid, Spain

Dr. Xiang Long, Guilin University of Electronic Technology, China

Dr. Maria Masucci, Drew University, New Jersey, USA

Dr. Liliana Morandi, Associate Professor, National University of Rio Cuarto, Cordoba, Argentina

Dr. Joëlle Morrissette, Professor, Department of Educational Psychology, Université of Montreal, Quebec, Canada

Dr. Martha Murzi Vivas, Professor, University of Los Andes, Venezuela

Dr. Thi Cuc Phuong Nguyen, Vice Rector, Hanoi University, Vietnam

Dr. Shirley O'Neill, Associate Professor, President of the International Society for leadership in Pedagogies and Learning, University of Southern Queensland, Australia

Dr. José-Luis Ortega, Professor, Foreign Language Education, Faculty of Education, University of Granada, Spain

Dr. Surendra Pathak, Head and Professor, Department of Value Education, IASE University of Gandhi Viday Mandir, India

Dr. Charls Pearson, Logic, Semiotics, Philosophy of Science, Peirce Studies, Director of Research, Semiotics Research Institute

Dr. Luis Porta Vázquez, Professor at the National University of Mar del Plata CONICET (Argentina)

Dr. Shen Qi, Associate Professor, Shanghai Foreign Studies University (SHISU), Shanghai, China

Dr. Timothy Reagan, Professor and Dean of the College of Education at Zayed University in Abu Dhabi/Dubai, Saudi Arabia

Dr. Antonia Schleicher, Professor, NARLC Director, NCTOLCTL Exec. Director, ACTFL Board, Indiana University-Bloomington, USA

Dr. Farouk Y. Seif, Exec. Director of the Semiotic Society of America, Center for Creative Change, Antioch University Seattle, Washington

Dr. Gary Shank, Professor, Educational Foundations and Leadership, Duquesne University, Pittsburgh, Pennsylvania

Dr. Kemal Silay, Professor, Flagship Program Director, Department of Central Eurasia, Indiana University-Bloomington, USA

Dr. José Tejada Fernández, Professor at the Autonomous University of Barcelona, Spain

Dr. François Victor Tochon, Professor, University of Wisconsin-Madison, Deep Education Institute, President of the International Network for Language Education Policy Studies, USA

Dr. Brooke Williams Deely, Women, Culture and Society Program, Philosophy Department, University of St. Thomas, Houston

Dr. Jianfang Xiao, Associate Professor at School of English and Education, Guangdong University of Foreign Studies, China

Dr. Dan Jiao, Henan University of Technology, Zhengzhou, China

Dr. Danielle Zay, University of Lille 3 Charles De Gaulle, France

Dr. Ronghui Zhao, Director, Institute of Linguistic Studies, Shanghai Foreign Studies University, Shanghai, China

Other referees may be contacted depending the Book Series or the nature and topic of the manuscript proposed.

Contact: publisher@deepeducationpress.org

LANGUAGE EDUCATION POLICY

BOOK SERIES

deepeducationpress.org

Language Education Policy (LEP) is the process through which the ideals, goals, and contents of a language policy can be realized in education practices. Language policies express ideological processes. Their analysis reveals the perceptions of realities proper to certain sociocultural contexts. LEPs further their ideologies by defining and disseminating the values of policymakers. Because Language Education Policies are related to status, ideology, and vision of what society should be and traditions of thoughts, such issues are complex, quickly evolving, submitted to trends and political views, and they need to be studied calmly. The way to approach them is to get comparative information on what has been done in many settings, which are working or not, which are their flaws and merits, and try to grasp the contextual variables that might apply in specific locations, without generalizing too fast.

Policy discourses and curricula reveal the ideological framing of the constructs that they encode and create, project, enact, and enforce aspects such as language status, power and rights through projective texts generated to forward and describe the contexts of their enactments. Policy documents are therefore socially transformative through their evaluative function that frames and guides action in order to achieve language reforms. While temperance and reflection are required to address such complex issues, because moving to fast may create trouble, nonetheless the absence of action in this domain may lead to systemic intolerance, injustice, inequity, mass discrimination and even, genocidal crimes.

DEEP LANGUAGE LEARNING
BOOK SERIES

Language learning needs to be reconceptualized in two ways: first, as an expression of dynamic planning prototypes that can be activated through self-directed projects. Second, integrating structure and agency to meet deeper, humane aims. The dynamism of human exchange is meaning- producing through multiple connected intentions among language task domains.

Language-learning tasks have a cross-cultural purpose which then become meaningful within broader projects that meet higher values and aims such as deep ecology, deep culture, deep politics and deep humane economics. Applied semiotics will be a tool beyond the linguistic in favor of value-loaded projects that are chosen in order to revolutionize the current state of affairs, in increasing our sense of responsibility for our actions as humans vis-à-vis our fellow humans and our home planet. In this respect, deep instructional planning offers a grammar for action. Understanding adaptive and complex cross-cultural situations is the prime focus of such a hermeneutic inquiry.

For more, see: deepeducationpress.org

SIGNS AND SYMBOLS IN EDUCATION
EDUCATIONAL SEMIOTICS

François Victor Tochon, Ph.D.
University of Wisconsin-Madison, USA

In this monograph on Educational Semiotics, Francois Tochon (along with a number of research colleagues) has produced a work that is truly groundbreaking on a number of fronts. First of all, in his concise but brilliant introductory comments, Tochon clearly debunks the potential notion that semiotics might provide yet another methodological tool in the toolkit of educational researchers. Drawing skillfully on the work of Peirce, Deely, Sebeok, Merrell, and others, Tochon shows us just how fundamentally different semiotic research can be when compared to the modes and techniques that have dominated educational research for many decades. That is, he points out how semiotic methods can provide the capability for both students and researchers to look at this basic and fundamental human process in inescapably transformational ways, by acknowledging and accepting that the path to knowledge is, in his words "through the fixation of belief."

But he does not stop there – instead, in four brilliantly conceived studies, he shows us how semiotic concepts in general, and semiotic mapping in particular, can allow both student teachers and researchers alike insights in these students' development of insights and concepts into the very heart of the teaching and learning process. By tackling both theoretical and practical research considerations, Tochon has provided the rest of us the beginnings of a blueprint that, if adopted, can push educational research out of (in the words of Deely) its entrenchment in the Age of Ideas into the new and exciting frontiers of the Age of Signs.

Gary Shank
Duquesne University

OUT OF HAVANA

Memoirs of Ordinary Life in Cuba

Dr. Araceli Alonso
University of Wisconsin-Madison

deepeducationpress.org

Out of Havana provides an uncommon ordinary woman's insight into the last half century of Cuba's tumultuous recent history. More powerfully than an academic study or historical account, it allows us intimately to grasp the enthusiasm, commitment and sense of promise that defined many average Cubans' experience of the 1959 Revolution and the first triumphant decades of the Castro regime. As the story shifts into the final decades of the last century (the 1980s Mariel Boatlift, the so-called "special period in time of peace" [from 1991 to the end of the decade], and the 1994 Balseros or Rafters Crisis), it starts gradually to reveal, with understated yet relentless eloquence, an ultimately insuperable rift between the high-flown official rhetoric of uncompromising struggle and revolutionary sacrifice and the harsh conditions and cruelly absurd situations that the protagonist, along with the majority of Cubans, begin routinely to live out. It is a rare and important document, a unique personal chronicle of an everyday Cuban reality that most Americans continue to know only fragmentarily.

Dr. Araceli Alonso is a 2013 United Nations Award Winner for her activism on women's health and women right. Associate Faculty at the University of Wisconsin-Madison in the Department of Gender and Women's Studies and in the School of Medicine and Public Health, she is the Founder and Director of the award-winning non-profit organization Health by Motorbike.

SCIENCE TEACHERS WHO DRAW

The *Red* Is Always There

Dr. Merrie Koester
Project Draw for Science
Center for Science Education
University of South Carolina

deepeducationpress.org

This book documents the ways in which science teacher researchers used drawing to construct semiotic spaces inside which students acquired significant aesthetic capital and agency. Many previously failing students brokered this new capital into improved academic achievement and a sense of felt freedom. *Science Teachers Who Draw: The Red is Always There* is a book which asks, "What happens when science teachers adopt an *aesthetic* approach to inquiry, using drawing to communicate deep understanding?" This narrative inquiry was driven by quantitative studies which reveal a robust positive correlation between students' test scores in reading and science, beginning at the middle school level. When the data are disaggregated, there exists a vast achievement gap for low income and English language learners. Science teachers are faced with a semiotic nightmare. Often possessing inadequate pedagogical content knowledge themselves, science teachers must somehow symbolically *communicate* often highly abstract knowledge in ways that can be not only be decoded by their students' but later used to construct deeper, more differentiated knowledge, which can be applied to make sense of and adapt successfully to life on Planet Earth.

PERFORMING THE ART OF LANGUAGE LEARNING
Deepening the Learning Experience through Theatre and Drama

Dr. Kelly Kingsbury Brunetto
University of Nebraska-Lincoln, USA

Truly innovative, *Performing the Art of Language Learning* delivers an exhaustive account of the role theater can and should play in second language acquisition. Kingsbury-Brunetto makes a compelling case for the integration of the performing arts within foreign language and literature departments. This will surely be an influential study for the advancement of the field.

- Florent Masse, Director, L'Avant-Scène,
The French Theater Workshop, Princeton University, U.S.A.

This is a well-researched and beautifully written text investigating how engagement with theater in courses designed for language acquisition and development can enhance undergraduate university students' learning. Grounded in Bakhtinian notions regarding discourse practices and Van Lier's ecological approach to second language acquisition, Professor Kingsbury Brunetto has produced a theory-rich book that also is highly readable and enjoyable. The text is methodologically rigorous and rich in detail concerning students' understandings and interactions with one another, their faculty members, the plays they enacted, and their audiences. Also included after each chapter are questions for readers' critical reflection that should produce complex discussions among readers, and especially will be helpful in graduate classes in both second language acquisition and theater.

–Mary Louise Gomez, Professor, Languages and Literacies,
Teacher Education, University of Wisconsin-Madison, U.S.A.

For REVIEWS SEE: deepeducationpress.org

TRANSFER OF LEARNING AND THE CULTURAL MATRIX
Culture, Beliefs and Learning in Thailand Higher Education

Dr. Jonathan H. Green
University of Southern Queensland

The field of quality teaching and learning is a complex and dynamic one. Jonathan Green's book on the transfer of learning makes an original contribution to this field in that it adds value to the discourse on influences and forces impacting on quality student learning. Learning is not a one-directed process, characterised by teacher-centeredness, but one where students are at the centre. Understanding how students perceive and experience their own learning is a key to unlocking their potential. This is a long-overdue publication.

—Professor Arend E. Carl, Vice-Dean: Teaching, Stellenbosch University, South Africa

Through this research, Jonathan Green has contributed to the body of knowledge about transfer of learning. His rigorous research investigates transfer in the context of learners' personal epistemology and culture, yielding a culturally relative understanding of transfer that is highly relevant in today's increasingly diverse classrooms. The findings, which have implications for educators in a wide range of educational contexts, will be of particular interest to those who teach in internationalized and multicultural institutions.

—Alexander Nanni, Director, Preparation Center for Languages and Mathematics at Mahidol
University International College, Thailand

Guide for Authors

What our Publishing Team can offer:

- An international editorial team, in more than 30 universities around the world.
- Dedicated and experienced topic editors who will review and provide feedback on your initial proposal.
- A specific format that will speed up the production of your book and its publication.
- Higher royalties than most publishers and a discount on batch orders.
- Global distribution through Amazon and Barnes & Noble in the U.S., UK, Australia, Europe, Russia, China, South Korea, and many other countries with Expresso Book Machines, printed in minutes on site for in-store pickup.
- Fair recognition of your work in your area of specialization.
- Quality design. Using the latest technology, our books are produced efficiently, quickly and attractively.
- Dissemination through Deep Education campuses.
- Book Series: Deep Education; Deep Language Learning; Signs & Symbols in Education; Language Education Policy; Deep Professional Development; Inclusive Education; Deep Early Childhood Education; Deep Activism.

deepeducationpress.org

Contact: publisher@deepeducationpress.org

Deep Institute Online

For updates and more resources
Visit the Deep Institute Website: **deepinstitute.org**

Deep Education Press

Deep University Inc.
10657 Mayflower Road
Blue Mounds, WI 53517 USA

Contact: publisher@deepeducationpress.org

Correspondance for this volume:
Zuleyha Colak: Turkishatcolumbia@gmail.com